Die vegetarische Kochschule

Christel Kurz
Fotos Klaus-Maria Einwanger

Die vegetarische Kochschule

Küchenpraxis • 250 Rezepte • Warenkunde

CHRISTIAN

GESCHÄTZTE LESER,

vor vielen Jahren begann für mich eine Reise in eine interessante Welt mit noch weitgehend unbeschriebener Landkarte, denn ich habe begonnen, für mich selbst gesünder zu kochen. Ich entdeckte Schritt für Schritt einen ganz neuen, sehr wertvollen Lebensstil. Aus meinen Vorräten verschwanden nach und nach Weißmehl, Zucker, Konserven und Fleisch. Ich fing an, selbst Brot zu backen – aus in meiner eigenen Steinmühle frisch gemahlenem Vollkornmehl. In meinem Garten zog ich Biosalate und -gemüse. Ich sammelte zarte Wildkräuter und kochte damit. Es war einfach mein ganz privater Qualitätsanspruch an meine eigene Ernährung. Ich war längst noch kein Profi und wollte auch keiner werden, lernte jedoch wissbegierig und gründlich alle Grundlagen der gesunden Ernährung, des Biogartenbaus, des Brotbackens usw.

Dass aus dieser Leidenschaft mein Beruf wurde, kam durch eine Anregung von außen zustande.

Angefangen hat alles mit einer Nachbarin, die mich vor über 30 Jahren fragte, ob sie für einige Zeit bei mir Müsli und Salat mit essen dürfte. Sie wollte abnehmen und hatte beruflich zu viel um die Ohren, um sich ums Kochen selbst zu kümmern. Da sie gegenüber wohnte und völlig unkompliziert war, hatte ich damit weiter kein Problem – nur einer mehr am Tisch und die Gelegenheit für anregende Gespräche während des Essens.

Sie war der Auslöser für eine erstaunliche Entwicklung: Schon nach einem Tag Verköstigung bei mir fragte sie, ob ihr Bruder ebenfalls mitkommen dürfe, dann noch die beste Freundin, dann ein weiterer Nachbar – es war der Metzger, der ebenfalls eine Weile gesünder essen wollte ... Es dauerte nicht lange, und ich gab die ersten Kochkurse. Und bekam noch mehr Gäste. Nach kurzer Zeit waren unser Esszimmer und die Küche viel zu klein, um der vehementen Nachfrage gerecht zu werden. Und so entstand die Idee, vegetarische Küche aus biologischen, vollwertigen Zutaten professionell anzubieten. Ich wusste, sie würde erfolgreich sein. Und sie ist es heute mehr denn je.

Anfang der 80er-Jahre eröffnete ich das Biohotel Kurz in Bischofswiesen, mit ausschließlich vegetarischer Küche. Das Hotel und seine Kochschule führte ich viele Jahre zusammen mit meiner Tochter Gabi. Unsere vegetarische Küche war bekannt und wurde hoch geschätzt. Am Anfang waren unsere Gäste hauptsächlich Vegetarier, über die Jahre jedoch wurde unser Haus mehr und mehr zum Treffpunkt von Genießern aller Art.

2007 folgte meine Tochter dem Ruf in die Vereinigten Arabischen Emirate, um in Dubai das erste vegetarische Gourmetlokal in einem Luxusresort zu eröffnen.

Und 2010 habe auch ich mich beruflich verändert. Ich habe meinen beruflichen wie privaten Standort nach Berchtesgaden verlegt und in meinem 500 Jahre alten, aufs Feinste renovierten Großelternhaus meinen Traum realisiert: eine Art interaktives Restaurant mit Kochvorführungen im außergewöhnlichen Ambiente. Hier können die Gäste genießend mehr über leichte, gesunde und köstliche vegetarische Küche lernen. Der große Garten liefert seltene Gemüsesorten aus Bioanbau, zahlreiche Kräuter und essbare Blüten – die Grundlage meiner Küche und das, was diese Art zu kochen so interessant und spannend macht. Denn nichts ist inspirierender als die Vielfalt farbenfroher, wunderbarer, saftiger Gemüse und aromatischer Kräuter.

Längst ist der, der vegetarisch isst oder kocht, kein kulinarischer Außenseiter mehr. Immer mehr Menschen genießen auf diese Art, aus unterschiedlichen Gründen. Mit der Frische und köstlichen Leichtigkeit von Gemüsen, Kräutern und Salaten ist so leicht nicht zu konkurrieren. Dennoch ist im Allgemeinen noch immer ein Ungleichgewicht zwischen wachsender Nachfrage beim Kunden und eher überschaubarem Angebot an vegetarischer Küche in Restaurants zu bemerken.

Vegetarisch zu kochen stellt ganz andere Anforderungen an den Koch, als nur Beilagen zu kombinieren. Diese Umstellung ist für viele, ob Profi oder nicht, eine echte Herausforderung. Sich ihr zu stellen macht durchaus Sinn. Denn Vegetarier sind heute eine große und beständig wachsende Zielgruppe. Die Gesellschaft hat sich verändert, es gehört eher zum guten Ton, vegetarisch zu essen, denn das heißt auch, sich umweltbewusster, anspruchsvoller, gesünder und nachhaltiger zu verhalten.

Als ich von Florentine Schwabbauer vom Christian Verlag gefragt wurde, ob ich ein umfangreiches Werk über die vegetarische Küche schreiben wollte, war ich sofort begeistert. Ein Grundlagenwerk, das die Basics Schritt für Schritt genau erklärt und das ebenso eine Hommage an die Vielfalt der Gemüse und ihrer kulinarischen Möglichkeiten ist. Ein Buch zum Nachschlagen und Nachkochen. Ein Buch, dessen Rezepte Sie hoffentlich durch viele köstliche Momente und Feste mit Freunden begleiten.

Herzlich Ihre

Christel Kurz

INHALT

Küchenpraxis

VORBEREITEN

Das kleine Einmaleins der Küchenpraxis ist das Vorbereiten. Diese vielen kleinen Handgriffe, die vor dem eigentlichen Kochen getan werden können, erleichtern und vereinfachen die spätere Durchführung eines Rezepts enorm. Das sogenannte Vor-Bereiten kommt also vor dem Zu-Bereiten. Das sind die beiden tragenden Säulen eines Rezepts.

In der professionellen Küchenpraxis nennt man es Mise en Place – alle nötigen Zutaten müssen am Platz stehen, gewaschen, geputzt, geschält oder gehäutet, von den Kernen oder Samen befreit und geschnitten oder zerdrückt. So gerüstet, kann man seine ganze Aufmerksamkeit entspannt dem Kochen widmen. Probieren Sie es aus! Am besten mit einem neuen Rezept. Das gelingt auf diese Weise federleicht und stressfrei.

Da es höchst unterschiedliche Vorbereitungsarten gibt, finden Sie auf den nachfolgenden Seiten die, die uns am wichtigsten erscheinen, genau erklärt. Da gibt es oftmals kleine Tricks, die die Arbeit erheblich erleichtern können.

Wer zum Beispiel im Mörser zerstoßene, getrocknete Pilze bereits im Vorratsschrank hat, kann damit spielend leicht eine Suppe oder eine Sauce aromatisieren. Mit den leckeren Dicken Bohnen, die man zuerst aus der Schote palen und dann auch noch Stück für Stück enthäuten muss, sollte man rechtzeitig beginnen. Wenn Kräuter und Salatblätter bereits sauber gewaschen und mundgerecht gezupft auf der Arbeitsfläche stehen, bereiten Sie einen Salat in wenigen Minuten ganz frisch zu. Aus den gewaschenen Schalen von Äpfeln oder Birnen lassen sich aromatische Tees zubereiten, wenn man ihre Zubereitung rechtzeitig einplant. Die Freude über bereits vor Stunden sauber ausgelöste Artischockenböden ist groß, wenn Sie sie dann schnell für das geplante Rezept verarbeiten können.

Je exakter diese unzähligen kleinen Arbeitsschritte geplant und ausgeführt werden, desto besser und entspannter geht das anschließende Kochen von der Hand. Diesen vielen kleinen Details kann man gar nicht genug Aufmerksamkeit schenken. Dies gilt generell für jedes Rezept, jedoch im Besonderen für aufwendigere Gerichte und wenn ein Gastgeber für seine Gäste kocht. So vermeiden Sie Chaos in der Küche, Zeitdruck und Nervosität.

Genießen Sie es, mit optimal vorbereiten Zutaten für sich selbst und Ihre Gäste zu kochen und so einen entspannten Abend zu verbringen!

Lauch waschen

Das Ende der Lauchstange in einer Schüssel mit frischem kaltem Wasser oder unter fließendem kaltem Wasser mit der Wurzelbürste sauber abreiben.

Zwischen den langen Wurzeln hält sich die Erde besonders gut: Die Wurzeln behutsam teilen und Erde und Sand sorgfältig ausspülen.

Den Lauch am Wurzelende festhalten und die Stange mit einem scharfen Gemüsemesser einmal von unten nach oben aufschlitzen.

Die Blätter etwa in der Mitte der Stange mit beiden Händen vorsichtig aufklappen, um dazwischen eingeschlossene Erde oder Sand freizulegen.

Die geöffnete Lauchstange noch einmal gut durchspülen – in einer Schüssel oder unter fließendem kaltem Wasser –, damit keine Verunreinigungen zwischen den Blättern haften bleiben und beim Essen zwischen den Zähnen knirschen.

Tomaten häuten und Samen entfernen

Die vorbereiteten und blanchierten Tomaten in einer Schüssel mit Eiswasser abschrecken. (Zum Vorbereiten den Stielansatz der Tomaten mit einem kleinen Messer keilförmig herausschneiden und die Haut an der Unterseite der Früchte kreuzförmig einritzen. Die Tomaten 12 Sekunden in kochend heißes Wasser legen und dann mit einem Schaumlöffel herausheben.)

1

2

Die Haut der Tomaten mit einem kleinen Messer abziehen. Dabei unten an der eingeritzten Stelle beginnen.

3

Die Tomaten mit der Oberseite nach unten auf eine Arbeitsfläche legen und vierteln.

4a

4b

Die Samen entfernen: Mit einem kleinen Messer das weiche Innere und die Samen aus den Tomatenvierteln heraustrennen und separat in eine Glasschale legen. Man kann es später noch für Fonds, Suppen oder Saucen verwenden.
Das Tomatenfruchtfleisch wie im Rezept beschrieben weiterverarbeiten.

Spargel schälen

Die Spargelstangen waschen, damit die Schale später für einen Fond verwendet werden kann. Eine Platte für die geschälten Stangen bereitstellen. Beim Schälen von der Spitze zum Stielende arbeiten.

Eine Spargelstange in die Hand nehmen und den Stiel über das Handgelenk legen. Weißen Spargel, kurz unterhalb der Spitze beginnend, bis zum Stielende mit einem Sparschäler schälen.

Nach jedem abgeschälten Streifen Schale die Stange in der Hand ein wenig drehen, bis die Stange rundherum geschält ist. Die Stielenden prüfen: holzige Enden abschneiden.

Die Stange kontrollieren und, falls nötig, an einigen Stellen noch einmal nachschälen.

Grünen Spargel schälen

1

Die Schalen des grünen Spargels sind im oberen Drittel so zart, dass man sie erst weiter unten abschält. Die Stangen vor dem Schälen waschen.

Die Schale der unteren zwei Drittel der Spargelstange mit dem Sparschäler entfernen. Nach jedem abgeschälten Streifen Schale die Stange in der Hand ein wenig drehen, bis sie rundherum geschält ist, holzige Enden abschneiden.

2

3

Die Stangen, falls nötig, an einigen Stellen noch nachschälen. Die Schalen für einen Spargelfond verwenden.

Schwarzwurzeln vorbereiten

Die Schwarzwurzeln gründlich waschen und von Sand befreien. Ein ausreichend großes Gefäß mit kaltem Wasser füllen und einen Schuss Apfel- oder Weißweinessig hineingeben.

Die schwarze Schale der Schwarzwurzeln mit dem Sparschäler entfernen. Die Stangen dabei möglichst wenig anfassen, da der Schwarzwurzelsaft die Haut verfärbt.

Ganz lange Schwarzwurzeln halbieren.

Dicke Schwarzwurzeln längs durchschneiden.

Die geschälten und zugeschnittenen Schwarzwurzeln bis zur Zubereitung in das Essigwasser legen, damit sie sich nicht verfärben.

Topinambur schälen und schneiden

Die Topinamburknollen mit der Gemüsebürste gründlich reinigen und in kaltem Wasser waschen.

1

2

Die Schale der Topinambur, falls es für das Rezept erforderlich ist, mit dem Sparschäler entfernen.

Die geschälten Topinambur mit einem großen Gemüsemesser auf einem Brett in Scheiben schneiden. Je nach Rezept können die Scheiben mehr oder weniger dick ausfallen.

3

Kürbis vorbereiten

Die meisten Kürbisse haben eine dicke, sehr feste Schale, die beim Kochen nicht weich wird, wie hier im Bild der dekorative Muskatkürbis. Eine Ausnahme bilden der Hokkaidokürbis und der kleine Patisson.

1

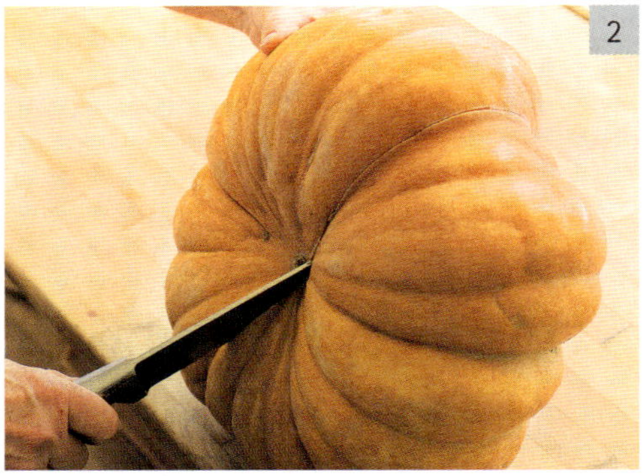

2

Um einen großen Kürbis durchzuschneiden, ein großes, stabiles Messer verwenden. Mit dem Messer in die Mitte der Frucht stechen und kräftig nach unten in Richtung Arbeitsplatte schneiden.

Dann den Kürbis drehen und halbieren. Aus den Hälften können nun handliche Spalten geschnitten werden.

3

4

Die harte Kürbisschale mit dem Sparschäler entfernen. Dabei muss man oft mehrmals über eine Stelle fahren.

5

Ist die Schale zu hart, ein scharfes Messer zum Schälen verwenden. Aufpassen, dass die Finger weit genug vom Messer entfernt sind.

An unebenen Stellen, beispielsweise in den tiefen Kerben, die Schale mit dem Messer entfernen. Dabei von beiden Seiten bis zur Kerbe einschneiden.

Die Kerne aus dem Kürbisinnern mit einem Löffel herausheben.

Dabei gründlich die schleimigen Fasern vom festen Fruchtfleisch abschaben.

Variante: Einen Kürbis aushöhlen

Mit einem kleinen, scharfen Messer an der Oberseite des Kürbisses einen Deckel ausschneiden und diesen vorsichtig abheben.

Mit einem Löffel aus dem Kürbisinnern die Kerne und Fasern entfernen. Dann das Fruchtfleisch herausschaben und den Kürbis dabei so aushöhlen, dass noch ein etwa ein Zentimeter dicker Rand bestehen bleibt.

Paprika schälen

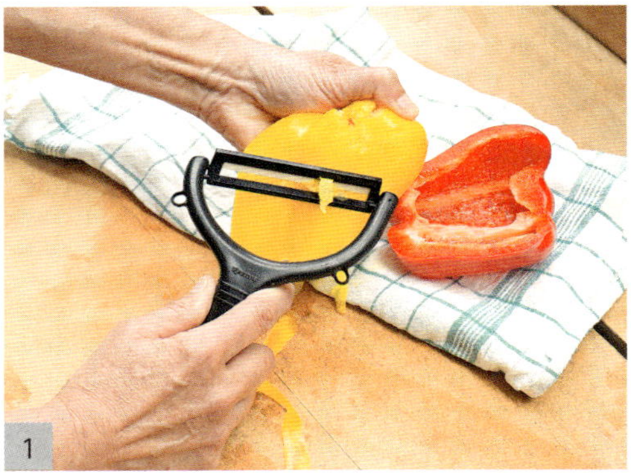

Die gewaschenen Paprikaschoten halbieren, Stiel, Samen und weiße Scheidewände entfernen und die Hälften zum Abtrocknen auf ein sauberes Küchentuch legen.

Die halbierten roten und gelben Schoten in die Hand nehmen und mit dem Sparschäler die Schale dünn abschneiden.

Die Paprikaschale aufbewahren und für die Herstellung von Gemüsefond (siehe Seite 351) verwenden.

Paprika häuten

Die halbierten Gemüsepaprika oder ganzen Spitzpaprika auf ein mit Olivenöl gefettetes Backblech legen. Bei 200 °C im Backofen so lange backen, bis die Haut karamellisiert, dunkle Stellen bekommt und Blasen wirft.

Die heißen Paprika mit dem Pfannenwender oder Schaumlöffel vom Backblech heben. Die Paprika in einen Gefrierbeutel geben und darin abkühlen lassen, damit sich die Haut später gut lösen lässt.

Die abgekühlten Paprika in eine flache Schale legen und die Haut abziehen. Je nach Sorte geht das ganz leicht, und die Schale lässt sich im Ganzen einfach von Hand entfernen.

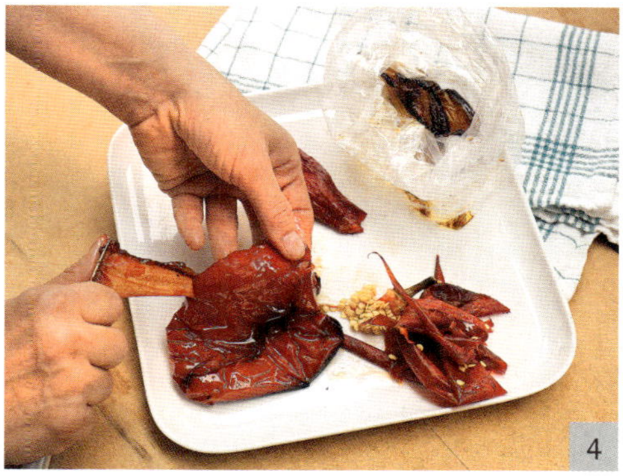

Die Paprika in der Schale an allen Stellen mithilfe eines kleinen Messers gründlich enthäuten.

In manchen Fällen geht es leichter, wenn man die Hälften in die Hand nimmt, aber man sollte über der Schale arbeiten, um den Saft aufzufangen.

Paprika aushöhlen

Die Paprika- oder Chilischoten waschen und den grünen Stielansatz von der Schote abschneiden.

Mit einem kleinen spitzen Messer in die Schote fahren und das Samenpolster von den Scheidewänden trennen.

Mithilfe des Messers Samen und Samenpolster entfernen. Verbleibende Samen aus der Paprikaschote klopfen.

Kartoffeln pressen

Beispielhaft wurde hier die sehr dekorative violette Kartoffel verwendet, doch auch jede andere Püreekartoffel eignet sich sehr gut zum Durchpressen.

1

Die Kartoffeln in einem Siebeinsatz im Dampf so weich garen, dass man sie leicht zerdrücken kann.

2

Die noch heißen Kartoffeln schälen und portionsweise in die Kartoffelpresse füllen.

3

Die Kartoffeln in eine weite Schüssel pressen. Das geht ganz leicht, wenn die Kartoffeln noch heiß und weich gegart sind.

4

Den durchgepressten Kartoffelteig vor der weiteren Verarbeitung in der Schüssel ausdampfen lassen.

Artischocken vorbereiten

1 Die Artischocke an die Kante der Arbeitsfläche legen und gut festhalten. Den Stiel kräftig nach unten drücken und von der Artischocke abbrechen.

2 Besonders bei großen Exemplaren hat der Stiel besenartige Fäden, die bis in den Artischockenboden hineinreichen und durch das Abbrechen gründlich entfernt werden können.

3 Die Artischocke mit einem scharfen Messer am abgebrochenen Stielende begradigen.

4 Die unteren Blätter von der Blüte abschneiden.

5 Die zähen oberen Blattspitzen der Artischocke mit einem sehr scharfen Messer oder einem Sägemesser um etwa ein Drittel kürzen.

6 Die Artischocke am Stielende festhalten und so viel von der Spitze der Blüte abschneiden, dass die violetten Innenblätter zu sehen sind.

7 Die Artischocke mit dem Stielende nach oben auf das Schneidbrett legen und vom Stielende zur Spitze hin den Boden freilegen.

Zum Freilegen des Bodens mit einem scharfen Sägemesser an den Blattstrünken vorsichtig entlangschneiden, bis das Fruchtfleisch zu sehen ist.

Die Unterseite des Artischockenbodens ist fertig vorbereitet, wenn wirklich alle zähen Blattreste entfernt sind.

Die Artischocke umdrehen, in die Hand nehmen und die Blätter an den Rändern mit einem kleinen scharfen Messer abschneiden.

Mit einem kleinen scharfen Messer keilförmig in den Artischockenboden schneiden und die violetten Innenblätter lösen.

Nun lassen sich die gelösten Innenblätter und das Artischockenheu ganz leicht entfernen.

Das Heu mit dem Parisienne-Ausstecher aus der Mitte des Bodens herausschaben.

Zarte Stiele zuschneiden. Dafür zuerst das harte untere Ende entfernen.

Dann die Stiele in die Hand nehmen und mit einem Sparschäler die Schale entfernen.

Rhabarber schälen

1

Den Rhabarber waschen und dann von jeder Stange den Blattansatz abschneiden.

Vorsichtig die harte Haut vom Stielende weg abziehen.

2

3

Beim Enthäuten zähe Fasern aus den Stangen mit herausziehen.

Birne aushöhlen

1

Die Birne waschen und mit dem Sparschäler schälen. Die Schalen zum späteren Pochieren aufheben (siehe Seite 47).

2

Um eine ganze Birne auszuhöhlen, mit einem spitzen, scharfen Messer am Blütenansatz der Birne vorsichtig bis zum Kerngehäuse hineinstechen und das Kernhaus rund herausschneiden.

Variante: Birnenhälfte aushöhlen

1

Aus einer halbierten Birne das Kerngehäuse mit dem Parisienne-Ausstecher entfernen.

2

Zum späteren Pochieren der Birnen die Kerngehäuse und Birnenschalen mit in das Wasser geben, das intensiviert das Aroma (siehe Seite 47).

Meeresgemüse vorbereiten

Die benötigte Menge getrocknete Hijiki-Algen abwiegen.

Hijiki in eine Schüssel mit kaltem Wasser geben und mindestens 30 Minuten einweichen.

Die eingeweichten Algen abgießen und in kochendem Wasser 10 Minuten garen. In ein Sieb abseihen und bis zur Weiterverwendung auf eine Platte legen.

Die benötigte Menge getrocknete Kombu-Algen abwiegen.

Die Kombu-Algen in eine Schüssel mit kaltem Wasser geben und 30 Minuten einweichen.

Aufgequollene Kombu-Algen aus dem Wasser heben und auf eine Platte legen. Sie schmecken geschnitten in Suppen und Gemüsegerichten oder gebraten zu Tofu.

Wakame wird getrocknet in langen Bahnen, die wie Nudeln zu kleinen Paketen aufgerollt sind, angeboten.

Die Wakame-Algen in eine Schüssel mit kaltem Wasser geben und 1 Stunde einweichen.

Die fertig eingeweichten Algen aus dem Wasser nehmen und auf eine Platte legen. Sie können roh weiterverarbeitet werden.

Die benötigte Menge getrockneten Meeressalat abwiegen.

Den Meeressalat in eine Schüssel mit kaltem Wasser geben und 30 Minuten einweichen.

Den Meeressalat aus dem Wasser nehmen, auf eine Platte legen und roh weiterverarbeiten.

Dicke Bohnen palen

Die Hülsen der Dicken Bohnen längs aufschneiden und die Bohnenkerne aus den Schoten lösen. Die Bohnenkerne im Dampf garen.

Die Haut der gegarten Bohnenkerne mit einem kleinen Messer anritzen, ohne den Kern dabei zu verletzen.

Beim Anritzen die Haut der Kerne ein wenig öffnen, damit sich die Kerne möglichst leicht herauslösen lassen.

Die zarten Kerne aus der Haut palen. In der Regel lassen sie sich ganz leicht herausdrücken.

Kräuter vorbereiten

1

Ein Bund krause Petersilie an den Stielen festhalten und kopfüber in einer Schüssel mit kaltem Wasser oder unter fließendem Wasser gründlich waschen.

Die Petersilie gut abtropfen lassen und dann auf einem Tuch trocken tupfen.

2

3

Die Petersilienzweige wieder in die Hand nehmen und die Blätter von den Stielen zupfen.

4

Kerbel ist zarter als Petersilie und sollte vorsichtig gewaschen werden. Die Kerbelblätter von den Stielen abzupfen.

Ein Bund Schnittlauch waschen und trocken tupfen. Dann mit einer Hand gut festhalten und, am Halmende beginnend, mit der Schere in feine Röllchen schneiden.

5

SCHNITTTECHNIKEN

Das Schneiden der Zutaten gehört zu den bei Einsteigern manchmal nicht ganz so beliebten Basisarbeiten des Kochens beziehungsweise des Vorbereitens (Mise en Place). Man benötigt dazu etwas Geduld, vor allem am Anfang, wenn man das Schneiden noch ein bisschen üben muss. Sehr bald jedoch, wenn man sich mit den Schnitttechniken befasst und nicht gleich aufgibt, stellen sich der Erfolg und der Spaß dabei ganz von selbst ein.

Eine sehr gute und unverzichtbare Anschaffung sind ein bis zwei wirklich gute Küchenmesser und ein nicht zu kleines Schneidebrett, auf dem man richtig arbeiten kann. Weitere wunderbare Schneidehilfen sind ein Sparschäler, eine Schere, eine Röstireibe, eine einfache Edelstahl-Universalreibe und eine feine Razortech-Raspel (beispielsweise von Microplane).

Abgestimmt auf das Gemüse und Rezept werden die Zutaten unterschiedlich zerkleinert, denn die Schnittart hat einen entscheidenden Einfluss auf den Geschmack der Zutat. Es macht durchaus einen Unterschied, ob etwas grob oder fein zerkleinert, geraspelt oder exakt in Würfel oder Streifen geschnitten ist. Je nach Verwendungszweck schneidet man mehr oder weniger exakt. Ganz einfach sind zum Beispiel Gemüsesorten, die nach dem Garen für Püree, Suppen oder Saucen püriert werden. Die muss man lediglich in grobe, gerne auch ungleiche, Stücke schneiden. Das ist extrem zeitsparend und einfach, da die Optik des zerkleinerten Gemüses überhaupt keine Rolle spielt.

Genauere Schnittarten wie das Schneiden von Julienne oder Brunoise (siehe Seite 34) erfordern wesentlich mehr Aufmerksamkeit. Versuchen Sie vor allem am Anfang, nicht unter Zeitdruck zu arbeiten. Nehmen Sie sich die Ruhe zum Schneiden und Vorbereiten und genießen Sie es.

Prüfen Sie, ob Ihre Messer scharf sind, und schneiden Sie aufmerksam, mit eingezogenen Fingern, sodass das unterste Fingerglied auf dem Gemüse liegt (die klassische Krallenhand, die das Schneidegut festhält), immer von sich weg. Wichtig ist auch, ein wenig Mut zum sogenannten „Abfall" zu entwickeln – beim genauen Schneiden muss manche Rundung eines natürlich gewachsenen Gemüses weichen, damit exakte Würfel oder Streifen entstehen können. Legen Sie diese Stücke lieber für Ihren Gemüsefond beiseite, als dass Sie sich mühen, sie doch noch auf das gewünschte Maß hin zu trimmen.

Vergleichsweise leicht ist hingegen das Schneiden mit dem Sparschäler, mit dem Sie wunderbare, breite und gleichzeitig hauchdünne Streifen von jedem langen Gemüse abschälen können (siehe Gemüsebänder Seite 35). Kleine Mengen frische Kräuter schneidet man ganz leicht mit einer Schere direkt dorthinein, wo man sie später haben will – über eine Suppe, einen Salat ...
Für Rohkostsalate oder Füllungen ist die Verwendung einer Rösti- oder Haushaltsreibe eine einfache Möglichkeit, das Gemüse effektiv zu zerkleinern. Die Röstireibe fabriziert feine, jedoch stabile Stifte, die Haushaltsreibe zerkleinert ganz fein, wie man es beim schwarzen Rettich braucht, oder hobelt Streifen, wie man sie für eingelegtes Spitzkohlsauerkraut (siehe Seite 72) benötigt.
Ein spezielles Gerät ist die sogenannte Ingwerreibe, an deren kleinen Zähnen die zähen Ingwerfasern hängen bleiben, während das Fruchtfleisch und der Saft zähflüssig abfließen. Das ist sehr praktisch, wenn man viel Ingwer verwendet, aber definitiv kein Muss für die Grundausstattung einer Küche. Ein weiteres solches Spezialgerät ist der Trüffelhobel mit fein verstellbarem, sehr scharfem, gezahntem Messer und Handgriff.

Julienne und Brunoise

1

Juliennestreifen haben in etwa die Länge und Stärke eines Streichholzes. Das Gemüse in vier bis fünf Zentimeter lange Stücke zerteilen. Die Stücke längs in dünne Scheiben schneiden.

2

Die Scheiben übereinanderstapeln und in dünne Stifte schneiden.

3

Gemüsejulienne ist die ideale Suppeneinlage für Essenzen und Consommés.

4

Für Brunoise wie oben bei Julienne beschriebenen die Gemüsestücke zuerst in Scheiben und dann in Stifte schneiden. Die Stifte anschließend quer in feine Würfel schneiden.

5

Kleine Gemüsewürfel oder Brunoise eignen sich zur Herstellung von Saucen, als Gemüsebeigabe in Laibchen und für Füllungen.

Gemüsebänder

Das jeweilige Gemüse vorbereiten, beispielsweise einen Muskatkürbis schälen, von Kernen und Samenfäden befreien und in Stücke teilen. Dann mit dem Sparschäler in dünne, breite Streifen schneiden.

1

2

Gut für die Herstellung von Gemüsebändern eignen sich große oder längliche Gemüsesorten wie Karotten, Zucchini, Kürbis, Rettich, Pastinaken, Schwarz- und Petersilienwurzeln.

Raspeln und Hobeln

Ein von Kernen und Fasern befreites und geschältes Stück Kürbis auf der Haushaltsreibe grob raspeln. Diese Schnittart eignet sich für Salate.

Geschälte Kartoffeln auf der Röstireibe in feine Stifte raspeln. So geschnittene Kartoffeln eignen sich gut für Rösti.

Für ein Gratin die geschälten Kartoffeln auf dem V-Hobel in dünne Scheiben schneiden.

1 Für Carpaccio oder Chips ungeschälte Topinambur auf dem V-Hobel in hauchdünne Scheiben schneiden.

2 Rohe Trüffel auf dem Trüffelhobel in hauchdünne Scheiben schneiden.

3 Der Trüffelhobel ist handlich und kann bei Tisch eingesetzt werden, um hauchdünne Trüffelspäne in letzter Minute über ein Gericht zu hobeln.

Reiben – Meerretich

Den Meerrettich waschen und schälen. Auf der Razortech-Reibe, die extra scharfe Klingen hat, fein raspeln.

Diese spezielle, sehr scharfe Reibe, die es in verschiedenen Schnittgrößen gibt, ist nötig, wenn man Wurzeln oder Hartkäse in sehr feine, luftige Flocken reiben will.

Reiben – Ingwer

1 Die Ingwerwurzel in handliche Stücke zerteilen. Das geht entweder mit einem Messer oder man bricht die einzelnen Verzweigungen einfach ab.

Den Ingwer vor dem Reiben schälen.

2

3

Den Ingwer fein reiben. Die Ingwerreibe ist aus Ton oder glasiertem Steinzeug mit ganz kleinen spitzen Zacken, an denen die zähen Fasern hängen bleiben, während das Fruchtfleisch zu feinem Mus zerrieben wird und nach unten in die Auffangschale abfließt.

Pürieren – Kürbis und Spargel

1 Einen Hokkaidokürbis von Samen und Fasern befreien und mit der Schale in grobe Stücke schneiden. Andere Kürbissorten müssen zusätzlich geschält werden. Einen großen Topf mit so viel Wasser füllen, dass der eingehängte Siebeinsatz das Wasser nicht berührt. Das Wasser zum Kochen bringen, die Kürbisstücke in den Einsatz legen und im Dampf so weich garen, dass man sie pürieren kann.

2 Die noch heißen, gegarten Kürbisstücke in den Mixer geben.

3

Fein abgeriebene Schale von einer unbehandelten Bioorange hinzufügen.

Ein Stückchen kalte Butter und je nach Geschmack Chili dazugeben.

4

Den Orangensaft aus der Orange pressen und über das Gemüse gießen.

Den Kürbis mitsamt den anderen Zutaten im Mixer zu einer homogenen Masse pürieren.

Variante: Püree passieren

Manche Gemüsesorten sind sehr faserig, sodass es sich lohnt, das Püree noch durch ein Sieb zu streichen. Weißen Spargel schälen, im Dampf garen und pürieren. Das Püree durch ein feines Sieb in eine Schüssel passieren.

Die Fasern des Spargels gut ausdrücken, die dabei austretende Flüssigkeit ebenfalls in der Schüssel auffangen.

GARMETHODEN

Garen ist die Verwandlung von Rohem zu Gekochtem, von hart zu weich oder auch von flüssig zu fest. Um dies zu erreichen, gibt es ganz verschiedene, manchmal erstaunliche Methoden. Eine sehr schonende und empfehlenswerte Garmethode ist das Dämpfen über kochendem Wasser. Bei ihr bleiben die Inhaltsstoffe und der Eigengeschmack des Garguts weitgehend erhalten. Deshalb, und weil sie sich auch für manche vorbereitenden Schritte eignet, wie beispielsweise die Zubereitung von Gemüse für ein Püree oder eine Suppe oder für mariniertes Gemüse, wird sie hier sehr oft verwendet.

Dazu benötigen Sie nicht unbedingt einen Kombidämpfer oder irgendein anderes Hightechgerät. Dampfgaren funktioniert hervorragend mit einem Kartoffeldämpfer, einem Siebeinsatz aus Edelstahl, der in einen Ihrer Töpfe passt, oder einem Bambuskorb für Dim Sum mit dem Durchmesser von einem Ihrer Töpfe. Speziell der Bambuskorb ist ideal für Zutaten mit unterschiedlichen Garzeiten wie zum Beispiel Kartoffeln,

Brokkoli und Spinat. Wenn alle drei Gemüsesorten gleichzeitig gar sein sollen, verwenden Sie drei Bambuskörbe, die exakt aufeinanderpassen. Die Kartoffeln dämpft man als Erstes in einem der Körbe. Sind sie fast fertig, setzt man den Korb mit dem Brokkoli darauf und gart diesen mit. Etwa 1 Minute vor dem Servieren kommt der Korb mit dem Spinat darüber.

Ebenfalls schonend ist das Garen im Wok und das Schmoren von Gemüse in einer tiefen, weiten Pfanne. Bei dieser Methode können verschiedene Aromazutaten bereits beim Garvorgang hinzugefügt werden wie zum Beispiel Knoblauch, Lorbeerblatt, Chili oder Ingwer und man kann Gemüsesorten mit unterschiedlicher Garzeit in einem Topf vereinen. Jedoch gibt man sie nicht gleichzeitig in den Wok oder die Pfanne, sondern je nach Garzeit nacheinander. Ebenfalls in der Pfanne wird karamellisiert. Ein Vorgang, der erdigem Wurzelgemüse oder leicht bitterem Blattgemüse einen lieblichen Akzent verleiht und es zugleich gart.

Sehr vielseitig ist das Backen im Ofen. Hier wird das Gemüse zugleich saftig und weich gegart, während sich sein Eigenaroma intensiviert. Bei dieser Art des Garens lassen sich auch ganz interessante Spielarten und Abwandlungen anwenden: Hauchdünne Scheiben von Wurzelgemüse können ohne Fett zu aromatischen und knusprigen Chips getrocknet werden. Dickfleischiges Gemüse wie Kürbis, Kartoffeln, Rote Bete oder Auberginen garen perfekt im eigenen Saft oder in der eigenen Schale. Zudem können verschiedene Zutaten gemeinsam in einer Form überbacken oder im heißen Wasserbad pochiert werden. Hitzeresistente Folien oder Backpapier sind da genauso wunderbare Helfer wie hübsche, kleine Formen, in denen man das Gericht gleich servieren kann.

Die Milchsäuregärung ist eine uralte Gar- und Einmachmethode, die unter diesem Kapitel zunächst ungewöhnlich erscheint, vor allem in Anbetracht dessen, dass nicht mit Temperaturzufuhr, also Hitze von außen, sondern mit Säure, also Gärung von innen, gearbeitet wird. Sie beansprucht am meisten Zeit zum Reifen, ist jedoch extrem werterhaltend und kulinarisch wie küchentechnisch interessant. Sie gart Gemüsestücke wie Kohl oder Mixed Pickles im Glas. Sie sind nach einem Zeitraum von etwa 6 Wochen weich, angenehm gesäuert und sehr wohlschmeckend.
Frittieren ist das Garen in heißem Fett. Das Gargut wird schnell und relativ kurz bei großer Hitze knusprig gegart, mit oder ohne Umhüllung. Diese Methode kann man als weniger wertvoll bezeichnen, denn dabei saugt das Gemüse oft eine beträchtliche Menge des heißen Fetts, in welchem es gart, in sich auf. Deshalb empfiehlt es sich, diese Methode eher sparsam und bewusst punktuell einzusetzen.

Dämpfen – Spargel und Rosenkohl

Die Spargelstangen schälen und vom holzigen Ende befreien. Den Spargelkopf dabei aussparen (siehe Seite 14).

1

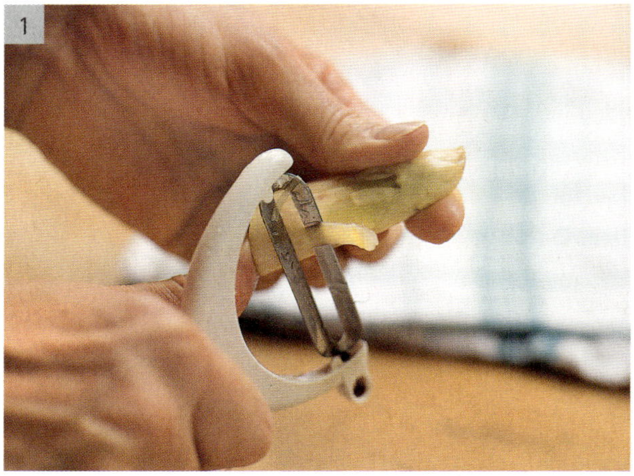

Den geschälten Spargel in Stücke schneiden und diese in den Dämpfeinsatz geben.

2

3

Den Dämpfeinsatz auf einen passenden Topf mit kochendem Wasser setzen, ohne dass der Einsatz das Wasser berührt.

5

Beim Garen von gefülltem Gemüse wie gefülltem Rosenkohl den Dämpfeinsatz zuvor mit einem Tuch auskleiden und erst dann das Gemüse hineingeben.

4

Die Spargelstücke im Dampf zugedeckt bissfest garen.

Dämpfen – Dim Sum und Lauchcannelloni

Das Dämpfen im Bambuskorb oder in einem Dämpfeinsatz ist eine besonders schonende Zubereitungsart, bei der sehr viele Nährstoffe erhalten bleiben. Um das Fest- oder Aneinanderkleben des Garguts zu verhindern, gibt es verschiedene Möglichkeiten, die auf diesen Seiten gezeigt werden.

Hauchdünne Karottenscheiben als Unterlage auf den Boden eines Dim-Sum-Korbs aus Bambus legen. Sie verhindern, dass die Teigtäschchen ankleben.

Die fertig gefüllten, noch ungegarten Dim Sum auf die vorbereiteten Karottenscheiben setzen.

Die Teigtaschen zugedeckt im Dampf garen. Dim Sum werden traditionell auch im Dim-Sum-Korb serviert.

Damit Lauchcannelloni beim Garen nicht aneinanderkleben, wickelt man sie einzeln fest in Frischhaltefolie ein, legt sie nebeneinander in den Korb und gart sie so im Dampf.

Pochieren – Gemüse

1

Gemüse, zum Beispiel Sellerieknollen, schälen und wie Pommes frites in dicke Stifte schneiden.

Zum Pochieren der Gemüsestücke Ingwersud (aus 20 g frischem, in Scheiben geschnittenen Ingwer und 500 ml Gemüsebrühe) in einem ausreichend großen Topf sprudelnd aufkochen lassen.

2

3

Die rohen Gemüsestifte in den sprudelnd kochenden Sud geben.

4

Das Gemüse bei schwacher Hitze im Sud so lange garen, bis die Stücke weich, aber noch schön bissfest sind.

Pochieren – Birnen

1

Die geschälten Birnen (siehe Seite 27) in einen großen Topf mit Wasser, den Scheiben einer unbehandelten Zitrone, den Birnenschalen und den Kerngehäusen geben.

1

2

Die Birnen im Sud bei schwacher Hitze so lange garen, bis sie butterweich sind, jedoch noch nicht zerfallen.

3

Die Birnen im Sud abkühlen lassen. Dann mit einem Schaumlöffel vorsichtig herausheben und abtropfen lassen.

Karamellisieren – Wurzelgemüse

1

Das jeweilige, für das Rezept benötigte, Wurzelgemüse vorbereiten, in Stücke schneiden und im Dampf bissfest garen.

Butter und Honig in eine weite Pfanne geben und bei mittlerer Hitze schmelzen lassen. Dabei beständig mit einem Holzlöffel rühren.

2

3

Butter mit Honig in der Pfanne hell karamellisieren lassen und aufpassen, dass sie nicht zu braun werden.

Die Gemüsestücke in den hellen Karamell geben, dabei weiterhin beständig rühren.

4

5

Das Gemüse in dem Karamell so lange wenden, bis die Stücke rundherum damit überzogen sind und schön glänzen.

Karamellisieren – Chicorée

1

Den Chicorée putzen und je nach Größe halbieren oder vierteln. Wie links beschrieben einen hellen Karamell herstellen. Die rohen Chicoréestücke in den Karamell legen und von allen Seiten anbraten.

Sobald der Chicorée rundherum angebraten ist, mit Orangensaft ablöschen.

2

3

Bei mittlerer Hitze den Orangensaft in der Pfanne reduzieren und den Chicorée dabei fertig garen.

Wasserbad – Annakartoffeln

Die Zutaten vorbereiten, man nennt das auch Mise en Place: Geschälte Kartoffeln, mit der Mandoline oder dem Gurkenhobel in hauchdünne Scheiben gehobelt, Salz, Pfeffer, Gemüsefond, Olivenöl und fein geschnittene Zwiebeln bereitstellen (siehe Rezept Seite 300).

Feuerfeste Förmchen mit zerlassener Butter bepinseln.

Die Zwiebeln in einem weiten Topf in Olivenöl glasig anschwitzen, dabei darauf achten, dass sie nicht braun werden.

Auf den Boden eines jeden gefetteten Förmchens eine Schicht Kartoffelscheiben legen.

Eine Schicht geschmorte Zwiebeln einfüllen. Jede Schicht mit Salz und Pfeffer würzen.

6

Nun Kartoffelscheiben und Zwiebeln abwechselnd in die Förmchen füllen und würzen, bis die Förmchen voll und alle Zutaten aufgebraucht sind.

7

Die letzte Schicht bilden Kartoffeln. So viel von dem Gemüsefond in jedes Förmchen gießen, dass man ihn gerade sehen kann, wenn man mit dem Finger auf die oberste Kartoffelscheibe drückt.

8

Die Förmchen in eine tiefe Ofenwanne oder einen Bräter setzen und kochend heißes Wasser um die Förmchen herumgießen, sodass diese etwa drei Viertel tief im Wasser stehen. So verteilt sich die Temperatur gleichmäßiger und die Kartoffeln backen an den Rändern nicht an.

Die Wanne fest mit Alufolie verschließen und die Annakartoffeln backen.

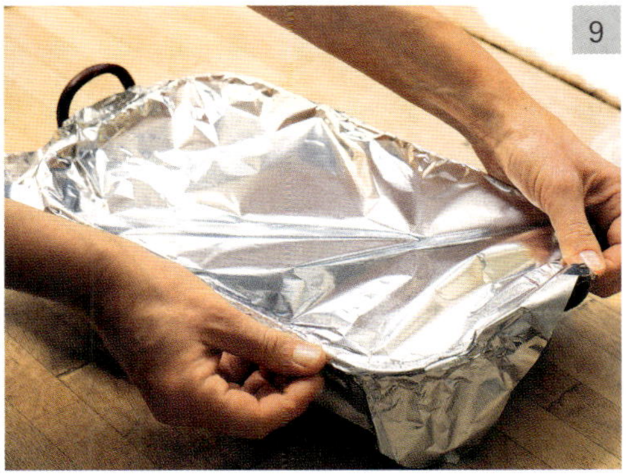

9

10

Die Annakartoffeln sind fertig gegart, wenn man mit einem Messer wie in weiche Butter hineinstechen kann.

Wasserbad – Spargelflan

Flans können aus verschiedenen Gemüsepürees hergestellt werden. Die Basis bildet immer eine Royale (Eierstich) aus Eiern, Sahne und gegartem, püriertem Gemüse, die im Wasserbad pochiert wird.

1 Die pürierte, homogene Flanmasse in die gebutterten Dariolförmchen schöpfen (siehe Seite 153).

2 Die gefüllten Förmchen in eine Ofenwanne oder einen Bräter stellen und mit heißem Wasser umgießen.

3 Die Förmchen sollten etwa drei Viertel tief im heißen Wasserbad stehen. Die Flans wie im Rezept beschrieben im Backofen garen.

4 Die fertigen Flans aus dem Ofen nehmen und 5 Minuten im Wasserbad ruhen lassen, dann kann man sie leichter aus der Form lösen.

Prüfen, ob die Flans wirklich rundherum gelöst sind, damit sie sich leicht stürzen lassen.

Die Förmchen aus dem Wasser heben und mit einem Küchentuch außen abtrocknen. Mit einem stumpfen Messer jeden Flan vom Formrand lösen.

Jedes Förmchen kopfüber auf einen Teller stürzen und einmal kurz schütteln, damit sich der Flan löst und herausfällt.

Das Förmchen vorsichtig vom Flan abheben, um zu vermeiden, den Flan dabei zu beschädigen.

Wasserbad – Lauchsoufflé

Für ein lockeres, leichtes Soufflé benötigt man eine schaumige, luftige Eimasse. Hierfür die Eier trennen. Die Eiweiße mit einer Prise Salz steif schlagen.

Die Eigelbe nach und nach unter den festen Eischnee schlagen.

Den gedämpften Lauch ganz fein pürieren und durch ein feines Sieb passieren, sodass die Fasern zurückbleiben.

Das passierte Lauchpüree in die Schüssel mit der Eimasse gießen.

5

Das Lauchpüree mit einem Teigspatel vorsichtig unter den Eischaum heben.

6

Die Soufflémasse mit einem Löffel in die gebutterten Förmchen füllen. Die Förmchen zuvor in eine Ofenwanne oder einen Bräter stellen.

7

Auf die Mitte eines jeden Soufflés ein paar angeschwitzte Lauchstücke geben.

8

Um die Förmchen herum heißes Wasser gießen, sodass die Formen etwa drei Viertel hoch im Wasser stehen, und die Soufflés im Wasserbad im Ofen pochieren (siehe Seite 157).

Wasserbad – Crème brulée

Mise en Place für das Abflammen einer salzigen Crème brulée vorbereiten: Die Förmchen mit der fertig pochierten Crème brulée, Gasbrenner, Balsamicoessig und Rohrzucker bereitstellen.

Die Oberfläche jeder Crème brulée mit Rohrzucker bestreuen und mit einigen Tropfen Balsamicoessig beträufeln.

Mit dem Brenner die Zuckeroberfläche leicht karamellisieren.

Beim Karamellisieren die Flamme leicht schräg zur Crème brulée halten und auf diese Art sämtlichen Zucker in eine knusprige Karamelloberfläche verwandeln.

Jede Portion mit fein geschnittenem Knoblauch und Chili garnieren (siehe Rezept Seite 178).

Im Wok – Gemüse

Den Wok erhitzen und etwas Öl hineingeben. Die Gemüsesorte, deren Garzeit am längsten ist, zuerst im heißen Öl schwenken.

Nach und nach das andere Gemüse, je nach Garzeit, dazugeben.

Das zerkleinerte Gemüse im Wok unter ständigem Wenden mit einem Holzlöffel fertig garen.

Die gewünschte Flüssigkeit angießen (hier handelt es sich um Sahne) und das Gericht mit Salz, Pfeffer und frischen Kräutern würzen.

Im Backofen – Auberginenkaviar

Im Backofen garen große Gemüsesorten wie ganze oder halbierte Auberginen, Kartoffeln oder ganze Rote Bete in der Folie im eigenen Saft oder in der eigenen Schale ganz besonders aromatisch. Der Backofen eignet sich ebenfalls hervorragend, um fettfreie, knusprige Gemüsechips herzustellen.

1 Die Auberginen halbieren und das Fruchtfleisch in jeder Hälfte gitterartig einschneiden, die Schale dabei möglichst nicht verletzen.

3 Die Auberginenhälften im Ofen backen und nach dem Backen das gare, weiche Fruchtfleisch mit einem Löffel aus der Schale schaben.

2 Jede Auberginenhälfte salzen und großzügig mit Olivenöl tränken.

Im Backofen – Chips

1

Für Gemüsechips das Gemüse (im Bild ungeschälte Topinambur) auf dem V-Hobel in hauchdünne Scheiben schneiden.

2

Die Gemüsescheiben auf einem mit Backpapier ausgelegten Blech, ideal ist ein Lochblech, weil da die Feuchtigkeit am besten entweichen kann, nebeneinander ausbreiten.

3

Die Chips bei 150 °C im Ofen backen. Nach dem Backen sind die Chips (im Bild Rote Bete) so trocken und knusprig, dass sie rascheln.

Im Backofen – Gebackener Kürbis und gebackene Früchte

Von Kernen und Fasern befreite Kürbisspalten (im Bild ungeschälter Hokkaidokürbis) mit Gewürzen, Honig und Olivenöl marinieren, in eine feuerfeste Form oder auf ein Backblech legen und bei 200 °C in 10–15 Minuten weich garen (siehe Rezept Seite 278).

Verschiedene Beeren und klein geschnittene Früchte mit Honig und Gewürzen marinieren, in eine Auflaufform geben und bei 200 °C 20 Minuten zugedeckt im Backofen garen (siehe Rezept Seite 243).

Im Backofen – Tomaten konfieren

Mise en Place vorbereiten: Enthäutete und von den Samen befreite Tomatenviertel, abgeriebene unbehandelte Orangenschale, fein geschnittenen Knoblauch und Chili, Zitronenthymian und eine Olivenöl-Honig-Mischung bereitstellen (siehe Rezept Seite 350).

Die Tomatenviertel auf ein Backblech legen und mit Orangenschale, Knoblauch und Chili würzen.

Die Thymianblättchen von den Stielen zupfen und über die Tomaten streuen.

Die gewürzten Tomatenviertel mit der Olivenöl-Honig-Mischung beträufeln und bei 80 °C im Backofen konfieren.

Konfierte Tomaten schmecken intensiv und passen hervorragend zu Antipasti, zu Salaten, als Beilage zu gebratenem oder gegrilltem Gemüse und zu Käse. Sie sind einige Tage im Kühlschrank haltbar, sollten jedoch vor dem Servieren Raumtemperatur annehmen, damit sie ihr Aroma voll entfalten.

Überbacken und Gratinieren – Kartoffelgratin

Mise en Place vorbereiten: Geschälte, in hauchdünne Scheiben geschnittene Kartoffeln, geriebenen Meerrettich und Sahne bereitstellen (siehe Rezept Seite 151). Den Boden einer gebutterten Gratinform dachziegelartig mit Kartoffelscheiben auslegen.

Diese Kartoffelschicht leicht mit Salz und Pfeffer würzen.

Auf die Kartoffeln etwas fein geriebenen Meerrettich streuen.

Über die gesamte Lage etwas Sahne gießen.

Auf den Meerrettich wiederum ziegelförmig eine Lage Kartoffelscheiben schichten.

Auch diese Lage Kartoffeln mit Salz und Pfeffer würzen.

So fortfahren und jede gewürzte Kartoffelschicht mit Meerrettich bestreuen.

Nicht vergessen, über jede Kartoffel-Meerrettich-Lage etwas Sahne zu gießen.

Diesen Schichtvorgang so lange wiederholen, bis die Form gefüllt ist und die Zutaten aufgebraucht sind. Die Form mit Alufolie abdecken und das Gratin bei 200 °C 30 Minuten im vorgeheizten Ofen backen.

Das Gratin ist fertig, wenn man mit einem Messer wie durch weiche Butter hindurchschneiden kann und alle Flüssigkeit von den Kartoffeln aufgesogen wurde.

Garen en papillote – in Folie

Mise en Place vorbereiten: Klein geschnittenes Frühlingsgemüse wie Spargel, Karotten und Frühlingszwiebeln, Gemüsefond, Olivenöl, Salz, Pfeffer und hitzebeständige Folie zum Backen bereitlegen (siehe Rezept Seite 187). Den Backofen auf 200 °C vorheizen.

Eine Portion von dem vorbereiteten Gemüse auf ein Stück Folie legen. Mit Salz und Pfeffer würzen.

Ein wenig Olivenöl über das Gemüse auf der Folie gießen.

Das Gemüse mit etwas Gemüsefond beträufeln.

Die Folie an den Enden etwas anheben, damit die Flüssigkeit nicht entweichen kann.

6

Die Folie von zwei Seiten über das Gemüse schlagen.

7

Die beiden Folienkanten fassen und in der Mitte des Pakets über dem Gemüse zusammenfalten.

8

Das rechte und linke äußere Ende ebenso sorgfältig falten.

9

Die äußeren Enden der über dem Paket gefalteten Folie fest zusammenfassen, um sicherzustellen, dass das Paket beim Garen absolut fest verschlossen ist.

10

Die seitlich zusammengefassten Enden nach unten falten, sodass sie unter dem Päckchen liegen. Das Paket auf ein Backblech legen und das Gemüse bei 200 °C 15 Minuten im Ofen garen. Das Frühlingsgemüse in der Folie servieren.

Garen en papillote – abgedeckte Förmchen

Mise en Place vorbereiten (siehe Rezept Seite 182): Manouri, Honig, fein geschnittenen Chili und Knoblauch, geriebenen Ingwer, Thymian, in Stücke geschnittenen Rhabarber, grüne Mandelkerne, Honig, Olivenöl, Salz, feuerfeste Portionsförmchen, zugeschnittenes Butterbrotpapier und Backschnur bereitlegen.

Den Backofen auf 200 °C vorheizen. Die gefetteten Förmchen füllen: Zuerst ein Stück Manouri hineinlegen.

Rhabarberstücke, Ingwer, Chili und Knoblauch daraufgeben, mit abgezupften Thymianblättchen bestreuen und leicht salzen.

Die würzige Käse-Frucht-Mischung in den Förmchen mit wenig Honig beträufeln. Am besten geht das mit einem Teelöffel.

Etwas Olivenöl über jede Portion gießen.

Jedes Förmchen mit einem Stück Butterbrotpapier bedecken.

6

7

Das Butterbrotpapier mit Backschnur unterhalb des Förmchenrands befestigen.

Die Schnur fest zubinden, damit beim Garen kein Dampf aus den Förmchen entweichen kann.

8

9

Die Förmchen in eine Ofenwanne oder einen Bräter in heißes Wasser stellen und bei 200 °C 10 Minuten im Ofen backen.

Die Förmchen mit dem gebackenen Rhabarber aus dem Ofen holen und öffnen. Dafür mit zwei Gabeln das Papier leicht aufreißen.

10

Das geöffnete Papier an den Förmchen belassen und diese zu Tisch bringen.

11

Frittieren – Tempura

1

Gemüse für Tempura mundgerecht zuschneiden. Gut dafür geeignet sind Karotten, Zucchini, Frühlingszwiebeln, Paprika, alles in Pommes-frites-Stifte geschnitten, sowie Blumenkohl und Brokkoli, in Röschen zerteilt.

Die Gemüsestücke in den Tempurateig (siehe Rezept Seite 301) tauchen und mit einem Löffel gründlich darin wenden.

2

3

Die Gemüsestücke mit einem Löffel, gut eignet sich dazu auch ein Schaumlöffel, aus dem Teig heben und etwas abtropfen lassen.

Das Gemüse vorsichtig in das heiße Öl geben und goldbraun frittieren.

4

5

Die fertig gegarten Tempura mit dem Schaumlöffel aus dem heißen Fett heben und auf Küchenpapier kurz abtropfen lassen. Heiß genießen.

Frittieren – Kartoffelkörbchen

Kartoffelscheiben kleben wegen ihres Stärkeanteils gut zusammen und ergeben knusprige, essbare Körbchen für Gemüseragouts oder Salate. Sie lassen sich gut vorbereiten.

Hauchdünn geschnittene Kartoffelscheiben zu einem Kreis zusammenlegen. Diesen Kreis in heißes Fett geben und mit einem flachen Schaumlöffel untertauchen, bis die Kartoffeln aneinanderkleben.

Das Körbchen formen: Den Kartoffelkreis zwischen zwei verschieden große, ineinanderpassende runde Siebe drücken und zu knusprigen Körbchen ausbacken.

Die Kartoffelkörbchen auf Küchenpapier abtropfen lassen, nebeneinander auf eine Servierplatte legen, füllen und servieren.

Frittieren – Salbeiblätter

1

Möglichst große Salbeiblätter verwenden. Die Blätter in schaumig geschlagenes Eiweiß tauchen.

2

Die mit Eiweiß überzogenen Blätter rundherum in Mehl wenden.

3

In einer Pfanne Olivenöl erhitzen und die Salbeiblätter darin von beiden Seiten knusprig ausbacken.

4

Die goldbraun frittierten Blätter auf Küchenpapier legen und abtropfen lassen.

Schmoren – Fenchel

1 Die Fenchelknollen putzen und halbieren. Den Knoblauch in einzelne Zehen zerteilen, jedoch nicht schälen. Fenchelgrün beiseitelegen.

2 Olivenöl in einer Schmorpfanne mit schwerem Boden erhitzen. Die Fenchelhälften und die Knoblauchzehen hineinlegen und zugedeckt 15 Minuten schmoren. Den Fenchel wenden und auf der anderen Seite ebenfalls zugedeckt schmoren lassen. Weißwein dazugießen und alles offen schmoren lassen, bis er aufgesogen ist. Den Fenchel erneut wenden und mit dem restlichen Weißwein fertig garen.

3 Den kräftig braun geschmorten Fenchel salzen und pfeffern und mit dem Fenchelgrün bestreuen.

Haltbar machen – Spitzkohlsauerkraut

Milchsauer Eingemachtes ist eine wunderbare Zutat für Salat oder eine köstliche Beilage zu Gegrilltem oder Gebratenem. Besonders im Winter genießt man aus dem Vorrat das zur Saison eingemachte Gemüse.

1 Einen Spitzkohl vom Strunk befreien, in feine Streifen hobeln und in eine weite Schüssel geben.

2 Den Kohl salzen (siehe Rezept Seite 250).

3 Die Spitzkohlstreifen mit dem Salz mit beiden Händen gut durchkneten.

4 Beim kräftigen Kneten zieht das Gemüse nach einigen Minuten Saft.

5 Den Boden eines sterilisierten Glases mit Weinblättern auslegen.

6 Den saftigen Spitzkohl einfüllen, dabei lagenweise Weinblätter dazwischenlegen.

7 Ist das Glas fast voll, mit einem Weinblatt abschließen und alles gut nach unten pressen, sodass der Saft etwas über dem Weinblatt steht. Etwas Weißwein angießen.

8 Das Glas fest verschließen und am Licht 8–10 Tage stehen lassen. Dadurch beginnt die Gärung. Anschließend das Glas für mindestens 3 Wochen kühl und dunkel lagern. Dann ist das Sauerkraut fertig. Das ungeöffnete Glas kann jedoch noch weitere 6 Monate gelagert werden.

Milchsauer einlegen

1

Um die für das Einlegen benötigte Molke selbst herzustellen, ein Spitzsieb mit einem sauberen Küchentuch auslegen und Naturjoghurt hineingeben. Die abtropfende Molke auffangen.

1

2

In sterilisierte Gläser klein geschnittenes oder grob geraspeltes Gemüse nach Wunsch und Marktangebot füllen: Schnippelbohnen, Rote Bete, Karotten, Sellerie oder gemischtes geschnittenes Gemüse für Mixed Pickles. Würzzutaten nach Wunsch dazugeben: Koriandersamen, Knoblauch, Lorbeerblätter oder Petersilie.

2

3

So viel abgekochtes Wasser dazugießen, dass etwas von der Flüssigkeit über dem Gemüse steht.

3

4

In jedes Glas einen Löffel von der Molke geben und die Gläser fest verschließen. Die Gläser kopfüber 8–10 Tage am Licht stehen lassen, bis die Gärung abgeschlossen ist, und dann 10 Wochen kühl und dunkel lagern. Ungeöffnete Gläser sind bis zu 10 Monate haltbar.

4

Topinambur-Carpaccio

Die Topinamburknollen in einer Schüssel mit kaltem Wasser oder unter fließendem Wasser gründlich abbürsten.

Die Knollen mit der Schale auf dem Spitzhobel in hauchdünne Scheiben schneiden.

Die dünnen Topinamburscheiben auf feuerfesten Tellern dachziegelartig rund anordnen und mit einer Mischung aus Olivenöl und zerlassener Butter beträufeln.

Salz, Pfeffer und frisch geriebenen Parmesan über das Carpaccio streuen.

Das gewürzte Topinambur-Carpaccio wie im Rezept auf Seite 272 beschrieben im Ofen oder unter dem Salamander kurz gratinieren.

Rohkost – Rohe Gemüselasagne

1

Mise en Place vorbereiten: Dünn geschnittene Gemüsescheiben wie Paprika, Zucchini und Tomaten, Tapenade und Rucolablätter vorbereiten (siehe Rezept Seite 205).

Die Basis der Lasagne bildet ein exakt gelegtes Quadrat aus zugeschnittenen Zucchinischeiben.

2

3

Auf das Zucchiniquadrat mit einem Teelöffel etwas würzige schwarze Tapenade streichen.

4

Die Zucchini mit nebeneinander angeordneten halbierten Kirschtomaten oder dünnen Tomatenscheiben bedecken.

Auf den Tomaten Rucolablätter verteilen.

5

6

Zugeschnittene Stücke von roter Paprika mit Tapenade bestreichen und exakt darüberlegen.

Wichtig ist, dass alle Gemüseschichten exakt übereinanderliegen. Zwischen jede Schicht kommt eine Lage Rucolablätter.

Ein Stück gelbe Paprika passend für die Lasagne zurechtschneiden.

Die gelbe Paprika ebenfalls dünn mit Tapenade bestreichen und auf die Lasagne legen.

Eine weitere Lage halbierte Kirschtomaten oder Tomatenscheiben auflegen.

Den Abschluss der Gemüselasagne bildet eine letzte Schicht aus Zucchinischeiben.

Die Lasagne mit Rucolablättern garnieren und mit etwas Olivenöl beträufeln.

KEIME UND SPROSSEN

Sprossen und Keime aus Samen, Nüssen und Getreide sind das, was man als die begehrten Living Foods bezeichnet. Denn in jedem Samenkorn stecken nicht nur alle Inhaltsstoffe der Pflanze in konzentrierter Form, sondern beim Keimen verändern sich einige Nährstoffe und viele Vitamine vermehren sich, sodass Sprossen und Keime hinsichtlich ihrer Inhaltsstoffe fast jedes andere Lebensmittel übertreffen. Aus diesem Grund ist es keine Übertreibung zu sagen, dass dies Nahrungsmittel erster Klasse sind, die sich ganz einfach innerhalb weniger Tage selbst zu Hause züchten lassen. Frischer und besser geht's nicht!

Alles, was Sie brauchen, sind keimfähige Samen, kaltes Wasser und ein Keimgefäß. Das kann eine Schale sein, ein Glas oder ein Sieb. Wichtig ist lediglich, dass Licht und Luft an die Keime und Sprossen kommen und dass Sie das Keimgut regelmäßig durchspülen. Umgibt die Samen zudem eine Raumtemperatur von 21–23 °C, die sie benötigen, um zu keimen und optimal wachsen zu können, macht es richtig Spaß, zuzusehen, wie sich Tag für Tag die entstandenen Sprossen entwickeln und strecken.

Sie bestimmen, wann Sie „ernten" – sofort nachdem sich die ersten Keimansätze zeigen und die zarten Samen noch einen milden Geschmack haben oder erst nachdem sich der Spross deutlich gestreckt und eine grüne Farbe entwickelt hat und intensiv und kräftig schmeckt.

Empfehlenswert ist es auf jeden Fall, wann immer möglich, Keime und Sprossen roh zu essen, um deren wertvolle Inhaltsstoffe und die knackige Frische zu erhalten. Eine Ausnahme bilden lediglich die Soja- und Mungbohnensprossen, die man vor dem Verzehr kurz blanchieren sollte, da sie einen enzymhemmenden Stoff enthalten.

Die knackigen, frischen Keime und Sprossen sind vielseitig und unkompliziert einsetzbar: Sie schmecken einfach lecker auf ein Butterbrot gestreut, sind herrliche Zutaten für Salate, schöne Garnituren für Vorspeisen, knackige Einlagen für Suppen und passen optimal in asiatische Gerichte.

Keime und Sprossen ziehen

1 Das Keimgut, beispielsweise Quinoa (hier im Bild), in ein Sieb geben und gut mit kaltem Wasser spülen.

2 Das Keimgut (im Bild Weizenkörner) in eine flache Schale geben und mindestens 12 Stunden in Wasser einweichen.

3 Kichererbsen keimen schnell, bereits nach 8 Stunden ist ein kleiner Keim zu sehen.

4 Rucola- oder Radieschensamen im Keimglas 12 Stunden in kaltem Wasser einweichen. Das Wasser kann durch den Siebdeckel ganz einfach abgegossen und das Keimgut täglich zweimal gründlich gespült werden.

5 Amaranth im Keimglas, bereits 12 Stunden eingeweicht und das Einweichwasser abgegossen.

6

Angekeimte Sonnenblumenkerne und Radieschensprossen nach 3 Tagen im Keimglas. Das Glas steht auf dem Kopf, damit das Wasser ablaufen kann.

7

Rote Linsen- und Brokkolisprossen im Keimglas, bereits verzehrfertig.

8

Verzehrfertige Sojasprossen. Soja- und Mungbohnenkeime sollten vor dem Verzehr blanchiert werden, da sie einen enzymhemmenden Stoff enthalten.

9

Gekeimte Erbsen, der sogenannte Erbsenspargel, bilden sehr lange Sprossen. Ihr Geschmack erinnert an Minispargel.

10

Zum Keimen die Gläser kopfüber an einen hellen Ort stellen. Die Keimdauer der einzelnen Samen ist unterschiedlich lang, die frisch gekeimten Sprossen sollten aber nicht lange aufbewahrt und auf jeden Fall zweimal täglich gespült werden.

FARCIEREN UND UMHÜLLEN

Einen gewissen Überraschungseffekt erzielt man immer, wenn man Gefülltes serviert. Denn die Neugier ist groß, was sich unter der Hülle verbirgt. Doch solche Gerichte haben noch einen weiteren, praktischen Vorteil: Sie eignen sich perfekt zum Vorbereiten für Einladungen. Denn der arbeitsintensive Teil kann locker vorher erledigt werden, und man hat Zeit für seine Gäste und obendrein ein echtes kulinarisches Ass im Ärmel. Ob Fingerfood oder Tellergericht – es gibt unzählige Möglichkeiten, bei denen sich die Fantasie so richtig austoben kann!

Zum Umhüllen diverser, aromatischer Füllungen eignen sich hauchdünne Teige genauso wie verschiedenste Blattgemüse, große Blüten, gepresste Algenblätter (Nori, siehe Seite 364), und ausgehöhltes Gemüse.

Blattgemüse wird vor dem Füllen in der Regel blanchiert, damit die Blätter weich und geschmeidig sind und sich eng um die Füllung wickeln lassen. Mangold, große Spinatblätter, große Lauchröhren, Weinblatt oder Kohl sind einige der Klassiker auf den nachfolgenden Seiten.

Zähe Stiele werden herausgeschnitten, die Füllung auf die Unterseite der Blätter gelegt, damit die schönere Oberseite sich dann prall gefüllt und appetitlich glänzend dem Betrachter präsentiert. Gefülltes Blattgemüse wird entweder kalt serviert (Weinblätter) oder im Dampf erhitzt, damit die Blätter nicht trocken und welk werden.

Zum Füllen eignen sich besonders jene Teige, die sich möglichst hauchdünn ausrollen lassen, wie Strudel- oder Dim-Sum-Teig. Die gefüllten Teige werden dann entweder im Backofen oder im Fett knusprig gebacken. Oder Sie können sie im Dampf, klassisch im Bambuskorb (Dim-Sum-Korb), weich garen und darin gleich servieren. Das ist nicht nur praktisch, sondern sieht auch sehr ansprechend aus.

Blanchieren – Mangold

Gemüse wird in kochendem Wasser kurz blanchiert, damit es Farbe, Struktur und Geschmack behält. Besonders empfindliche Sorten wie Spinat, Mangold oder Kohlgemüse sind dafür geeignet.

1 Die Mangoldblätter schneiden und in kochendem Wasser 1 Minute blanchieren. Dann in ein Sieb abgießen.

Den blanchierten Mangold in Eiswasser abschrecken.

3 Durch das Abschrecken verhindert man, dass der Mangold nachgart.

Weinblätter füllen

Eingelegte oder blanchierte Weinblätter auf der Arbeitsfläche ausbreiten und auf die Mitte des Blattes etwas Füllung (im Bild Reis) geben.

Das Weinblatt von zwei Seiten über die Füllung schlagen.

Das Stielende des Weinblatts einschlagen.

Auf diese Art die gesamte Füllung auf den Weinblättern verteilen.

Jedes Blatt von zwei Seiten über die Füllung schlagen.

Die Weinblätter von einer der offenen Seiten her fest aufrollen und mit der Naht nach unten auf eine Platte legen.

Spargel im Spinatmantel

1

Blanchierte, möglichst große, entstielte Spinatblätter auf einem sauberen Küchentuch nebeneinander zu einem Quadrat auslegen.

Sechs im Dampf gegarte grüne Spargelstangen so auf eine Seite des Spinatquadrats legen, dass sie ein Dreieck bilden: drei Stangen zuunterst, dann zwei Stangen darüber und zuoberst eine Stange.

2

3

Mithilfe des Tuchs die kürzere Spinatseite über die Spargelstangen schlagen und eng andrücken.

4

Nun die Spargelstangen, wiederum mithilfe des Tuchs, eng im Spinat einrollen.

5

Das fertig eingerollte Paket vorsichtig auf ein Schneidebrett heben.

Mit einem scharfen Messer den Spargel im Spinatmantel in vier Zentimeter lange Stücke schneiden.

6

Spinat-Laubfrösche

1

Blanchierte, möglichst große, entstielte Spinat- oder Mangoldblätter einzeln auf einem Tuch nebeneinander ausbreiten.

Auf jedes Blatt mittig etwas von der Füllung (siehe Rezept Seite 241) geben.

2

3

Zwei Seiten eines Mangold- oder Spinatblatts über der Füllung zusammenschlagen und dann das Blatt von der offenen Seite her mit der Füllung eng aufrollen.

4

Die aufgerollten Blätter auf ein Brett oder eine Platte legen.

5

Die Laubfrösche rundherum mit Olivenöl bepinseln, sodass sie schön glänzen.

Strudelteigröllchen

1

Einen Strudelteig nach Rezept (siehe Seite 292) zubereiten, hauchdünn ausrollen und auf ein bemehltes Tuch legen. Den Strudelteig in 4–6 Zentimeter breite und 20 Zentimeter lange Bahnen schneiden.

2

Die Teigstreifen mit zerlassener Butter bepinseln.

3

Etwa je zwei Esslöffel der verschiedenen Füllungen auf das untere Ende der Streifen geben (siehe Rezept Seite 292).

4

Die Seiten des Teigs einschlagen oder fest zusammendrücken und den Teig mit der Füllung eng aufrollen.

5

Die aufgerollten Strudelteigröllchen auf ein mit Backpapier ausgelegtes Blech legen und rundherum mit zerlassener Butter bepinseln. Im auf 200 °C vorgeheizten Ofen 10 Minuten backen.

Krautwickerl

1

Blanchierte Weißkraut- oder Spitzkohlblätter vom harten Stiel befreien. Etwas Füllung (siehe Rezept Seite 285) auf jedes Blatt geben.

2

Zwei Seiten des Kohlblatts über der Füllung zusammenschlagen und das Blatt von einer der offenen Seiten her mit der Füllung eng aufrollen.

3

Die gefüllten Krautwickel in eine feuerfeste Form auf ein Bett aus Karotten und Zwiebeln legen, mit etwas Gemüsefond übergießen, mit Alufolie abdecken und im vorgeheizten Ofen bei 200 °C 15 Minuten backen.

Dim Sum füllen

1 Vom Dim-Sum-Teig (siehe Seite 176) ein kleines Stück abtrennen, den verbleibenden Teig wieder in die Frischhaltefolie hüllen, damit er nicht austrocknet. Auf diese Art den gesamten Teig portionsweise verarbeiten.

2 Den Teig auf der bemehlten Arbeitsfläche hauchdünn ausrollen.

3 Die Ränder des ausgerollten Teigs begradigen und den Teig in vier Zentimeter breite Streifen schneiden.

4 Aus den Teigstreifen exakte Quadrate von vier Zentimeter Seitenlänge schneiden.

5 Zum Füllen ein Teigstück auf die bemehlte Handfläche legen und darauf etwas Füllung geben. Auf diese Art den gesamten Teig füllen.

6 Etwa ein Esslöffel Füllung (siehe Rezept Seite 176) pro Dim Sum sollte ausreichend sein.

7 Das Teigquadrat an den Ecken fassen, diese in der Mitte zusammenführen und fest andrücken.

Lauchcannelloni füllen

Eine Lauchstange putzen und vom Wurzelende befreien. Die äußeren Blätter vom Lauch vorsichtig abziehen, sodass sie runde Röhren bleiben, und die Röhren in gleich lange Stücke schneiden.

1

2

Mise en Place für die Füllung vorbereiten: Zerdrückten Räuchertofu, Brunoise von Zucchini, Paprika, Lauch, Ingwer, Karotten und Sellerie, Semmelbrösel, Sauerrahm, Parmesan, Eier und Seidentofu bereitstellen (siehe Rezept Seite 345).

3

Die Gemüsewürfel in Öl anschwitzen, die Semmelbrösel dazugeben und kurz mitrösten. Die restlichen Zutaten unterarbeiten, würzen und in einen Spritzbeutel mit großer Lochtülle füllen.

Jeweils eine Lauchröhre auf ein Stück Frischhaltefolie legen und füllen.

4

Jedes gefüllte Lauchstück einzeln in Frischhaltefolie einschlagen.

5

Die Lauchcannelloni dicht nebeneinander in einen Dämpfkorb oder -einsatz legen und im Dampf garen. Vor dem Servieren aus der Folie nehmen.

6

GETREIDE UND TEIGE

Es ist schon immer wieder ein kleines Wunder, wie aus so scheinbar einfachen Zutaten wie Mehl, Wasser und Gewürzen knusprige Brote, mürbe Tortenböden oder lockere, weiche Kuchen entstehen.

In jedem Land haben sich im Lauf der Zeit ganz besondere Spezialitäten entwickelt, die je nach Klima und Verfügbarkeit der Zutaten am Herkunftsort ihr ganz eigenes, typisches Profil haben. Das, was den Asiaten der Dim-Sum-Teig oder der Tempurateig ist, sind im europäischen Raum Strudel- und Pfannkuchenteig. Aus der mediterranen Küche stammt der Hefeteig für Brot und Pizza, während die kälteren, nordischen Regionen den Sauerteig für Brote entwickelt haben.

Mehl ist die wichtigste Zutat für einen Teig. Hier gilt es, die richtige Sorte und die beste Qualität zu wählen. Dinkel überzeugt mit seinen hervorragenden Backeigenschaften.

Mit diesem Mehl werden alle Hefeteige locker und luftig. Griffig und ganz wunderbar zum Mischen unter Brotteige, Mürbeteige und Gnocchi (Kartoffelteig) geeignet, ist Kamutmehl. Reismehl ist ein guter Partner für Dinkelmehl in Strudel- und Dim-Sum-Teigen, die hauchdünn ausgerollt werden müssen.

Neben den Zutaten kommt es aber auch auf die richtige Behandlung des Teigs, das optimale Mengenverhältnis von Flüssigkeit und Mehl und auf die Temperatur, bei welcher der Teig fertiggestellt wird, an.

Teige mit einem Triebmittel wie Hefe oder Sauerteig müssen gründlich geknetet werden (im Gegensatz zu mürbem Teig) und die Chance bekommen, vor dem Backen aufzugehen und ihr Volumen zu vergrößern. Um eine schöne Kruste zu bekommen, backt man Hefeteig bei eher hoher Temperatur relativ kurz und Sauerteig bei eher niedriger Temperatur relativ langsam.

Samtige Strudel- oder Dim-Sum-Teige müssen in Folie gehüllt einige Zeit ruhen und entspannen, damit sie sich hauchdünn ausrollen lassen. Sie werden im Ofen gebacken oder im Dampf gegart.

Beim Tempurateig ist das eiskalte Wasser entscheidend für die Qualität des in heißem Fett knusprig gebackenen Teigmantels, der die verschiedensten Gemüsesorten umhüllt.

Mürbeteig darf kaum geknetet werden, die Teigkugel sollte nur gerade so eben zusammenhalten und nicht glänzen, damit der daraus gebackene Kuchenboden nicht speckig wird. Hier empfehlen sich kühle Hände, außerordentlich kalte Butter und ein kleiner Trick: Der rohe Teig, bereits in der Form, wird tiefgekühlt, bevor er bei mittlerer Temperatur kurz gebacken wird. So gelingt ein mürber Teig am besten.

Die Mehlqualität ist für das Gelingen von Backwaren von außerordentlicher Bedeutung und sollte nicht unterschätzt werden. Besonders nussig schmeckt Vollkornmehl. Ich mahle die benötigte Menge Mehl sogar frisch, unmittelbar vor der Zubereitung eines Teigs in einer Steinmühle. Das garantiert den besten Geschmack und einen griffigen Teig. Sie können jedoch auch Vollkornmehl in guter Qualität kaufen, wenn Sie keine Mühle zur Verfügung haben.

Mahlen und Schroten

Frisch gemahlenes Vollkornmehl hat alle Inhaltsstoffe des Getreidekorns. Je nach Verwendungszweck kann man zwischen verschiedenen Feinheitsgraden wählen. Hier: in der Steinmühle fein gemahlenes Dinkelvollkornmehl.

In der Steinmühle grob gemahlener Dinkelschrot.

Haferflocken, durch die Flockenmühle gequetscht.

Für Feinbackwaren kann es von Vorteil sein, das Mehl durchzusieben. Hier: gesiebtes Kamutmehl.

Basis Hefeteig

1

Mise en Place für den kalt geführten Hefeteig vorbereiten: Gesiebtes Dinkelmehl, frische Hefe, Wasser, Butter, Honig und Salz bereitstellen.

In die Schüssel der Knetmaschine das Mehl, die Hefe und das Wasser geben. Alles gut durchkneten.

2

Den Honig dazugeben und weiterkneten, bis der Teig Fäden zieht. Den Teig in der Schüssel 10 Minuten gehen lassen.

3

4

Das Salz in den aufgegangenen Teig geben und unterarbeiten.

5

Die Butter hinzufügen und den Teig nochmals gründlich durchkneten. Jetzt kann er für Brot, Pizza oder Zwiebelkuchen weiterverarbeitet werden.

Pizzateig

1

Mise en Place für Pizzateig vorbereiten: Basis-Hefeteig (siehe Seite 95), zerdrückten Knoblauch und Kräuter wie Rosmarin, Thymian und Salbei, in Olivenöl geschmort, Olivenöl bereitstellen.

2

Den Teig auf der bemehlten Arbeitsfläche etwas flach drücken. Die noch heiße Kräutermischung daraufgeben und etwas Olivenöl darübergießen.

3

Die Ränder des Teigs nach innen einschlagen, damit das Öl nicht entweichen kann.

4

Die Mischung unter den Teig kneten, dabei immer von außen nach innen arbeiten.

5

Den Teig kräftig durchkneten, bis sich die Kräuter-Öl-Mischung gleichmäßig mit dem Teig verbunden hat und der Teig eine glatte Kugel bildet.

6

Den Pizzateig auf der mit Mehl bestaubten Arbeitsfläche dünn zu einem Fladen ausrollen.

Ein Backblech mit Backpapier auskleiden und den ausgerollten Pizzateig darauflegen.

7

8

Den Teig mit Pilzen und Kräutern nach Wahl belegen; im Bild: Steinpilzpizza mit wildem Majoran.

9

Frisch geriebenen Parmesan über die Pilze streuen und etwas Olivenöl darüberträufeln.

10

Hier eine Pizza mit gemischten Pilzen wie Reizker, Kraterellen und Steinpilze. Den Teig noch einmal gehen lassen und nicht vergessen, vor dem Backen etwas Olivenöl über die Pizza zu träufeln.

Mürbeteig

Gesiebtes Dinkelmehl in eine große, weite Schüssel geben.

Eine Mulde in die Mitte drücken und ein Ei hineingeben.

Kalte Butter in kleine Stückchen schneiden und auf dem Mehl verteilen. Gibt man zusätzlich noch ein wenig frische Hefe dazu, wird der Teig lockerer, aber er geht nicht wie ein Hefeteig auf.

Mit kühlen Händen die Butterstücke mit dem Mehl zwischen den Fingern reiben und dabei langsam das Fett zerkleinern.

Das Ei unter die Mehl-Butter-Mischung arbeiten. Wichtig dabei: immer noch nicht kräftig kneten, sondern auch hier die Zutaten nur zwischen den Fingern zerreiben.

Der Teig ist immer noch krümelig, aber er beginnt, sich zu binden.

Jetzt den Teig zu einer Kugel formen und nicht mehr kneten. Mürbeteig muss stumpf aussehen und darf auf keinen Fall glänzen.

Sobald der Teig anfängt zusammenzuhalten, ist er fast fertig.

Den Teig in Portionen teilen und jedes Teigstück mithilfe eines großen Stücks Frischhaltefolie auf die gewünschte Formgröße dünn ausrollen. Dabei den Teig an den Rändern der Form etwas hochdrücken.

Sobald der Teig fertig ausgerollt ist, die Frischhaltefolie einfach vom Teig abziehen.

Den fertig ausgerollten Teig in der Form mindestens 30 Minuten tiefkühlen.

Strudelteig

1 Mise en Place für den Strudelteig vorbereiten: Ei, zimmerwarme Butter, Salz, gesiebtes Dinkel- und Reismehl sowie Wasser bereitstellen (siehe Rezept Seite 292).

2 Das Mehl in eine große Schüssel geben und eine Mulde in die Mitte drücken. Das Ei aufschlagen und in die Mulde geben.

3 Das Wasser in die Mulde gießen und die Butter dazugeben.

4 Alle Zutaten mit einem Holzlöffel verrühren, bis sich ein Teig zu bilden beginnt.

Den Teig mit der Hand gut durchkneten, bis kein Mehl oder Teig mehr an der Schüssel kleben bleibt.

Die fertige Teigkugel in Frischhaltefolie wickeln und mindestens 30 Minuten bei Raumtemperatur ruhen lassen.

Den Strudelteig auf der bemehlten Arbeitsfläche so dünn wie möglich ausrollen.

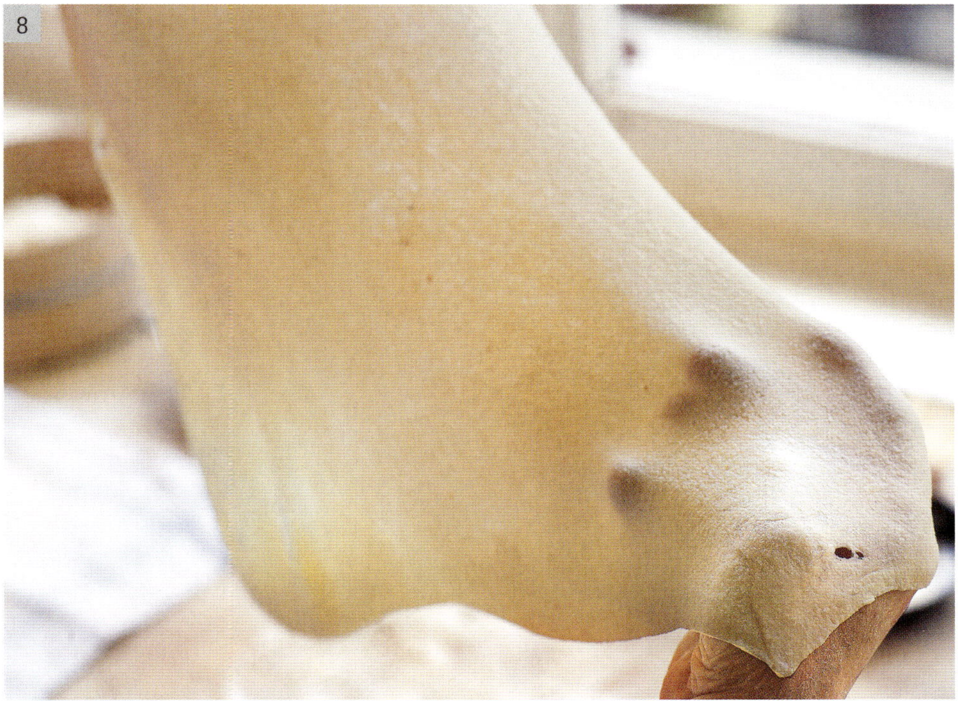

Die Hände mit Mehl bestauben, mit den Handrücken unter den Teig fahren und diesen nach allen Seiten hauchdünn ausziehen.

Kartoffelteig/Gnocchi

1

Wie unter „Kartoffeln pressen" (siehe Seite 23) beschrieben, die Kartoffeln garen und durchpressen. Für den Kartoffelteig zu den durchgepressten Kartoffeln so viel Mehl geben, dass der Teig griffig wird. Das kann je nach Kartoffelsorte etwas variieren.

2

Den Kartoffelteig mit Salz und frisch geriebener Muskatnuss abschmecken (siehe Rezept Seite 235).

3

Eigelb zu dem Teig geben. Das sorgt für die notwendige Bindung.

4

Alle Zutaten vorsichtig zu einem Teig verkneten. Dabei ist es wichtig, die Kartoffelmasse nicht zu sehr zu bearbeiten, sie soll nur eben zu einer Kugel zusammenhalten.

Den Teig in walnussgroße Stücke teilen. Mithilfe von etwas Mehl aus dem zarten Teig ovale Gnocchi formen und diese auf die bemehlte Arbeitsfläche legen.

Mit einer Gabel das für Gnocchi typische Rillenmuster mit ganz leichtem Druck auf den Gnocchi anbringen. Die Rillen bewirken, dass die Sauce später besser an den Gnocchi haften bleibt.

Die Gnocchi in Olivenöl vorsichtig von allen Seiten knusprig braten. Dies ist eine Besonderheit bei Gnocchi aus blauen Kartoffeln, damit sie ihre schöne Farbe behalten. Klassisch werden rohe Gnocchi aus weißem Kartoffelteig im heißen Wasser gegart, bis sie an die Wasseroberfläche steigen und abgeschöpft werden können.

Dim-Sum-Teig

1

Mise en Place für den Dim-Sum-Teig vorbereiten: Dinkelmehl, Reismehl, Ei, Butter, Salz und Wasser bereitstellen (siehe Rezept Seite 176).

2

Die beiden Mehlsorten in eine große Schüssel geben und eine Mulde in die Mitte drücken. Das Ei aufschlagen und in die Mulde geben. Das Wasser langsam dazugießen und die Butter hinzufügen.

3

Die Zutaten mit einem Holzlöffel verrühren, bis sich ein Teig zu bilden beginnt.

Den Teig von Hand weiterkneten, sodass sich alle Zutaten verbinden.

Den Teig so lange von außen nach innen umschlagen und kneten, bis kein Teig oder Mehl mehr an der Schüssel klebt.

Der fertige Dim-Sum-Teig ist weich, glatt und homogen.

Den Teig in Frischhaltefolie hüllen und mindestens 30 Minuten bei Raumtemperatur ruhen lassen. Anschließend kann er wie auf Seite 90 beschrieben farciert werden.

Tempurateig

1

Mise en Place für den Tempurateig vorbereiten: Gesiebtes Dinkelmehl, eiskaltes Wasser, Eier und Salz bereitstellen (siehe Rezept Seite 301).

Das Mehl in eine Rührschüssel geben und eine Prise Salz hinzufügen.

2

3

Die Eier aufschlagen und zu dem Mehl in die Schüssel geben.

Das Wasser in einem dünnen Strahl dazugießen und langsam mit einem Schr eebesen unterrühren.

So lange rühren, bis ein glatter Teig, ähnlich einem Pfannkuchenteig, entsteht.

Der Teig soll so zähflüssig sein, dass er an dem Gemüse haften bleibt. Die rohen Gemüsestücke darin eintauchen und im heißen Fett frittieren (siehe Seite 68).

Nockerln – Kartoffelbrei

1

Zerdrückte, gekochte Kartoffeln, mit Butter, Salz, Pfeffer und Muskatnuss abgeschmeckt, lassen sich zu Nocken formen. Wenn die Nocken im Ofen gebacken werden sollen, kann zusätzlich ein Ei untergemischt werden, dann gehen sie beim Garen etwas auf.

Ein Gefäß mit heißem Wasser bereitstellen, zwei Esslöffel in das heiße Wasser tauchen. Etwas Kartoffelteig mit einem Löffel von der Masse entnehmen.

2

3a

Mithilfe des zweiten Löffels die Masse formen, indem man sie immer wieder vom jeweils anderen Löffel abstreicht.

3b

Diesen Vorgang so lange wiederholen, bis eine feste, schön geformte Nocke entstanden ist. Auf diese Art weitere Nocken formen, bis das Kartoffelpüree aufgebraucht ist.

4

Die fertigen Nocken in eine gebutterte, feuerfeste Auflaufform setzen und im Backofen garen.

Nockerln – Quark

Eine lockere Quarkmasse aus Quark, Crème fraîche, Eigelb, Zitronenschale, Honig und Vanillepuddingpulver herstellen (siehe Rezept Seite 243).

Mithilfe von zwei Esslöffeln oder dem Eisportionierer Nocken abstechen und formen.

Die Nocken vom Löffel in einen Topf mit siedendem Wasser gleiten lassen und 10 Minuten garen. Wichtig: Das Wasser darf auf keinen Fall sprudelnd kochen, sondern nur leicht sieden, damit die Nocken nicht zerfallen. Sie sind fertig, wenn sie an die Wasseroberfläche steigen.

SAUCEN UND ESSENZEN

Ein Gemüsefond ist eine unersetzliche Basiszutat. Er bildet die Grundlage für Suppen, Saucen und auch andere Gerichte, in denen zum Beispiel Getreide oder Linsen gekocht werden und aufquellen sollen.

So verwundert es nicht, dass in vielen Rezepten in diesem Buch Gemüsefond verwendet wird. Und genau aus diesem Grund lohnt es sich, Gemüsefond auf Vorrat herzustellen. Denn es wäre unökonomisch, nahezu jeden Tag neuen Fond zu kochen, und zudem benötigt man häufig nur wenig davon und es wäre mühsam, solch kleine Mengen täglich frisch zu produzieren.

Für die Vorratshaltung empfiehlt sich entweder die Aufbewahrung in einer verschließbaren, sterilisierten (siehe Seite 251 – Vorrat) Glasflasche im Kühlschrank – dort hält sich frischer Gemüsefond einige Tage – oder Sie frieren Gemüsefond in Portionen von 250 Milliliter ein. Dann hat man immer diese wichtige Grundzutat parat, wenn man sie braucht.

Eine solche Basiszutat kann auch eine bestimmte Geschmacksnote betonen, wie es zum Beispiel bei einem Tomatenfond oder einem Spargelfond der Fall ist, um nur zwei zu nennen. Auch können Sie selbstverständlich ganz nach Gusto vom auf den nachfolgenden Seiten angegebenen Grundrezept abweichen. Mehr Karotten machen den Fond lieblicher, durch mehr Selleriegrün wird er würziger und herber und Spargel verleiht ihm das typische Spargelaroma. Im Prinzip gilt die Faustregel: Je mehr Gemüse im Verhältnis zum Wasser im Topf ist, desto aromatischer und intensiver wird ein Fond oder eine Essenz.

Damit das Wasser die Aromen der verschiedenen Gemüsesorten optimal aufnimmt, lassen Sie Ihren Fond niemals heftig kochen, sondern nur bei schwacher Hitze ganz leicht sieden. So gelingt es Ihnen, einen klaren, hellen, mild-aromatischen Fond herzustellen, der Ihre Küche ganz bestimmt bereichern wird.

Gemüsefond

1

Mise en Place für den Gemüsefond vorbereiten: Karotten, Paprika, Weißkohl, Lauch, Sellerieknolle mit Grün, eine ungeschälte Zwiebel, Lorbeerblätter, Koriandersamen, Pfefferkörner und Wacholderbeeren bereitstellen (siehe Rezept Seite 351).

Das Gemüse gründlich waschen und grob zerkleinern. Für den Fond können Wurzelteile vom Sellerie und Lauch mitverwendet werden.

2

Die halbierte ungeschälte Zwiebel auf dem heißen Topfboden ohne Fett anrösten. Dadurch bekommt der Fond noch mehr Aroma.

3

Einen großen Topf drei Viertel hoch mit kaltem Wasser füllen. Das Gemüse, die Gewürze und die angerösteten Zwiebelhälften hineingeben.

4

Gelbe und rote Paprikaschoten verleihen dem Gemüsefond eine liebliche Note und eine goldgelbe Farbe.

Knollensellerie mit Grün macht den Fond würzig und intensiv im Aroma. Darauf achten, dass sämtliches Gemüse von Wasser bedeckt ist.

Kräuter wie Petersilie mit den Stängeln oder Dill würzen den Fond zusätzlich und können je nach Geschmack zugefügt werden.

Das Wasser im Topf langsam bis kurz unter den Siedepunkt erhitzen und den Fond mindestens 1 Stunde, am besten 2 Stunden, ziehen lassen, aber nicht sprudelnd kochen. So wird er goldgelb und aromatisch und die Inhaltsstoffe aus dem Gemüse und den Kräutern werden schonend extrahiert. Gemüsefond ist Grundlage für viele Saucen, Suppen, Essenzen und Getreidegerichte.

Weiße Tomatenessenz

1

Basis der Essenz sind ein Gemüsefond, Tomaten, Knoblauch, Basilikum und optional eine Chilischote für ganz leichte Schärfe (siehe Rezept Seite 351).

2

Die Zutaten in einem großen Topf erhitzen und kurz unter dem Siedepunkt 1 Stunde ziehen lassen. Die Flüssigkeit sollte auf keinen Fall sprudelnd kochen.

3

Sämtliche gegarte Zutaten in dem Topf mit dem Pürierstab fein zerkleinern.

4

Die Flüssigkeit durch ein mittelfeines Sieb passieren, um die Schalen und Samen zu entfernen.

5

Ein Sieb mit einem doppelt gelegten sauberen Küchentuch auskleiden. Die noch rote Flüssigkeit in das Sieb geben und langsam in eine Schüssel abtropfen lassen. Wichtig ist hier: Nicht rühren oder schütteln, damit der rote Pflanzenfarbstoff der Tomaten im Tuch bleibt.

Optional kann man das Sieb auch mit Küchen- oder Filterpapier auskleiden, die rote Tomatensuppe hineingeben und abtropfen lassen.

6

7

Dieser Vorgang dauert etwas. Beginnen Sie also rechtzeitig mit der Zubereitung.

Die so gewonnene Essenz schmeckt intensiv nach Tomate, ist jedoch fast weiß. Mit Salz abschmecken und heiß servieren (siehe Rezept Seite 351).

8

GELIEREN UND BINDEN

Klare Flüssigkeiten mit oder ohne Einlage zu einem wackeligen, zarten Gelee zu binden ist eine kleine Kunst. In der vegetarischen Küche verwendet man hierfür Agar-Agar-Pulver aus Algen oder Tapioka, weiße Kügelchen, die aus der bearbeiteten und getrockneten Maniokwurzel hergestellt werden. Je nachdem, ob das Gelee im Glas serviert werden soll und deshalb sehr zart und fast flüssig sein muss oder ob es sturz- und schnittfähig sein soll, variiert die Menge des verwendeten Bindemittels.

Agar-Agar kommt immer dann zum Einsatz, wenn man ein Gelee schneiden oder stürzen will. Man muss es nur kurz aufkochen lassen, damit es seine Bindefähigkeit entfalten kann. Um ein sturzfähiges Gelee zu erhalten, bindet man 250 Milliliter Flüssigkeit mit zwei bis drei Gramm Agar-Agar-Pulver, das ist ein dünn abgestrichener Teelöffel. Soll die Flüssigkeit weniger fest sein und wird in einem Glas serviert, reicht für 400–500 Milliliter dieselbe Menge Agar-Agar aus.

Tapioka hingegen eignet sich hervorragend, um Gelees zu binden, die man aus einem Glas löffeln möchte. Die Tapiokaperlen verbinden sich beim Kochprozess zu einem halbflüssigen Gelee. Dieses Gelee ist besonders zart und weich und zergeht auf der Zunge.

Pfeilwurzmehl (Arrowroot) ist ein feines weißes Pulver, das sich hervorragend zum Binden von Saucen mit einem hohen Flüssigkeitsanteil eignet. Es wird in wenig kaltem Wasser ganz glatt angerührt und dann mit der fertigen Sauce kurz aufgekocht. Man sollte es äußerst sparsam verwenden, weil es eine starke Bindefähigkeit hat.

Saucen aus Gemüsepürees binden sozusagen beinahe von selbst. Hier eignen sich alle fleischigen oder stärkehaltigen Gemüsesorten ganz besonders gut. Sie werden im Dampf weich gegart und anschließend im Mixer püriert. Eventuell müssen noch etwaige Schalen, Samen oder Faserteile herauspassiert werden.

Das Binden von flüssigen Saucen oder von Schmorflüssigkeit mit roher, fein geraspelter Kartoffel ist eine weitere hervorragende Methode, um eine besonders feine, cremige Bindung zu erzeugen. Sie kommt in diesem Buch im Rezept Apfelrotkohl (siehe Seite 333) zum Einsatz.

Gelieren – Tomatengelee (Agar-Agar)

Mise en Place für das Tomatengelee vorbereiten: Tomaten, Knoblauch, Rosmarin, Chili, Honig, Salz, Pfeffer, Gemüsefond und Agar-Agar-Pulver bereitstellen (siehe Rezept Seite 302).

Die vom Stielansatz befreiten Tomaten, den geschälten Knoblauch, die vom Stielansatz und den Samen befreite Chilischote und Rosmarinblätter in einen Mixer geben.

Die Gemüse-Kräuter-Mischung mit etwas Honig, Salz und Pfeffer würzen.

Mit dem bereitgestellten Gemüsefond aufgießen.

Alles zusammen im Mixer zu einer homogenen Masse pürieren.

Ein feines Sieb über einen ausreichend großen Topf hängen und die Flüssigkeit aus dem Mixer in das Sieb gießen.

Mit einem Schöpflöffel die Flüssigkeit durch das Sieb passieren.

Dabei gründlich mit dem Schöpflöffel die im Sieb verbleibenden Schalen und Samen der Tomaten ausdrücken.

Die durch das Sieb passierte Flüssigkeit in dem Topf kann jetzt für das Tomatengelee verwendet werden.

Die Flüssigkeit für das Tomatengelee genau abmessen. Um ein schnittfestes, jedoch noch zartes Gelee herzustellen, benötigt man einen dünn gestrichenen Teelöffel Aga-Agar-Pulver pro 250 Milliliter Flüssigkeit.

10

11

Das Agar-Agar in die Tomatenflüssigkeit geben und gut unterrühren.

12

Die Flüssigkeit mit dem Agar-Agar aufkochen lassen. Das ist wichtig, weil Agar-Agar sonst nicht geliert.

13

Eine längliche Kastenform mit Frischhaltefolie auskleiden und die heiße Tomatenflüssigkeit einfüllen.

14

Das Tomatengelee in der Form für mindestens 1 Stunde kalt stellen. Dann ist das Gelee fest und kann aus der Form gestürzt und in Portionen geschnitten werden.

Gelieren – Himbeergelee (Agar-Agar)

Mise en Place für das Himbeergelee vorbereiten: Frische Himbeeren, eine Vanilleschote, Agar-Agar-Pulver, Rotwein, Himbeersaft und Honig bereitstellen.

Die Flüssigkeiten abmessen und in einen ausreichend großen Topf füllen.

Mit Honig ganz nach Geschmack süßen.

Das Agar-Agar abmessen: Für ein Gelee, das man aus einem Glas löffelt, benötigt man einen dünn gestrichenen Teelöffel Agar-Agar auf 500 Milliliter Flüssigkeit.

Das Agar-Agar in die kalte Flüssigkeit rühren, die Vanilleschote dazugeben und die Mischung einmal aufkochen lassen.

Die heiße Flüssigkeit in mit frischen Himbeeren gefüllte Gläser schöpfen und bis zum Servieren, jedoch mindestens 30 Minuten, kalt stellen.

Binden – Petersiliensauce (Pfeilwurz)

1

Mise en Place für die Petersiliensauce vorbereiten: Petersilie, Zwiebelwürfel, Gemüsefond, Sahne, Olivenöl, Salz und Pfeilwurzmehl bereitstellen (siehe Rezept Seite 299).

Das Olivenöl in einem Topf erhitzen und die Zwiebelwürfel darin bei mittlerer Hitze glasig anschwitzen. Die Sahne hineingießen.

2

Den Gemüsefond – einen kleinen Rest Fond zurückbehalten – dazugeben und unterrühren.

3

4

Den zurückbehaltenen Gemüsefond zum Pfeilwurzmehl in eine kleine Schale gießen.

Das Pfeilwurzmehl mit dem Gemüsefond sorgfältig anrühren, sodass keine Klümpchen mehr vorhanden sind.

5

6

Das angerührte Pfeilwurzmehl langsam in die Sauce rühren und diese einmal aufkochen lassen.

6

7

Die Sauce mit Salz abschmecken.

7

8

Die geschnittenen Petersilienblätter kurz vor dem Servieren in die heiße Sauce geben.

8

9

Die Petersilie unterrühren. Jetzt darf die Sauce nicht mehr kochen, sonst verliert die Petersilie an Aroma und Farbe.

9

10

Die Petersiliensauce in tiefe Teller schöpfen und zum Beispiel – wie hier im Bild – gebratene Karottenspaghetti darauf anrichten (siehe Rezept Seite 299).

10

Binden – Rotweinsauce (Pfeilwurz)

Die Flüssigkeit und das Pfeilwurzmehl abmessen. Für 350–400 Milliliter wässrige Flüssigkeit benötigt man einen Teelöffel Pfeilwurzmehl.

Das Pfeilwurzmehl mit etwas kalter Flüssigkeit, beispielsweise Wasser oder Gemüsefond, sorgfältig anrühren, sodass keine Klümpchen mehr vorhanden sind.

Das angerührte Pfeilwurzmehl in die heiße Grundsauce, hier Rotweinsauce (siehe Rezept Seite 328), gießen und sorgfältig unterziehen.

Die Sauce unter Rühren aufkochen lassen, damit das Pfeilwurzmehl bindet.

Sämig gebundene, klare Rotweinsauce.

Binden mit Gemüsepüree

Zum Binden eignen sich fast alle Gemüsesorten. Je nachdem, ob Sie eine Sauce, eine Suppe oder ein Püree haben wollen, variiert die Menge der zugegebenen Flüssigkeit, beispielsweise Sahne und/oder Gemüsefond.

Hier ein Beispiel mit Blumenkohl.
Den Blumenkohl im Dampf so weich garen, dass man ihn pürieren kann. Den weichen, noch heißen Blumenkohl in einen Mixer geben.

Etwas Gemüsefond dazugießen.

Die benötigte Menge Sahne dazugeben.

Die Mischung mit Salz würzen.

Den Blumenkohl mit der Flüssigkeit im Mixer glatt pürieren.

Binden – Apfelgrütze (Tapioka)

1 Mise en Place für die Apfelgrütze vorbereiten: Tapioka, unbehandelte Zitronenscheibe, Honig, Apfelsaft, Weißwein, Apfelwürfel und Zimtstange bereitstellen. Alternativ zu den Apfelwürfeln kann man die Grütze auch mit Apfelkugeln zubereiten (siehe Rezept Seite 192).

2 In einen ausreichend großen Topf Apfelsaft und Weißwein gießen. Eine Zitronenscheibe und die Zimtstange dazugeben und einmal aufkochen lassen.

3 Die Tapiokaperlen in die heiße Flüssigkeit streuen.

4 Den Honig dazugeben und abschmecken.

Die Mischung unter Rühren so lange leise köcheln lassen, bis sich die Tapioka beinahe aufgelöst hat. Die Zitronenscheibe und die Zimtstange entfernen.

5

6

Die Apfelwürfel in die heiße Flüssigkeit geben.

8

Die Grütze in tiefe Teller schöpfen und abkühlen lassen.

7

Die Apfelgrütze noch einmal kurz aufkochen lassen.

Binden – Rotkohl (rohe Kartoffel)

1

Mise en Place für den Rotkohl vorbereiten: Mit Lorbeerblättern und Gewürznelken gespickte Zwiebel, geschälte Kartoffel, Haushaltsreibe, Rotkohl, Apfel und Apfel- oder Rotweinessig bereitstellen (siehe Rezept Seite 333).

Den Rotkohl schneiden und mit den Würzzutaten auf dem Herd garen. In den halb fertig gekochten Kohl eine rohe Kartoffel reiben.

2

3

Die Kartoffel zerfällt beim weiteren Garen völlig und bindet mit ihrer Stärke die aus dem Gemüse austretende Flüssigkeit.

Schaum

1

1 Jede Sauce, die eine ausreichende Menge Milch enthält, lässt sich ganz einfach aufschäumen. Hier: Dillsauce. Die Sauce erhitzen.

Die Sauce mit einem Milchschäumer oder flachen Schneebesen so lange schlagen, bis ein luftiger Schaum an der Oberfläche der Sauce entsteht. Den Schaum kurz stehen lassen, damit er sich stabilisieren kann, und dann mit einem Löffel von der Oberfläche schöpfen.

2

1

Milchschaum gelingt am besten mit Milch, die einen sehr geringen Fettgehalt hat. Die Milch erhitzen.

Mit einem Milchschäumer oder flachen Schneebesen so lange schlagen, bis ein luftiger Schaum an der Oberfläche der Milch entsteht. Den Schaum kurz stehen lassen, damit er sich stabilisieren kann, und dann mit einem Löffel von der Oberfläche schöpfen. Diesen Vorgang so oft wiederholen, bis man ausreichend Schaum hat. Wichtig: Auch wenn nur eine kleine Menge Schaum benötigt wird, braucht man mindestens 200 Milliliter Milch, um ordentlich schlagen zu können.

2

Rezepte

Frühlingsrezepte

Kohlrabisuppe mit Estragon

FÜR 4 PERSONEN
200 g Kohlrabi
½ Bund Estragon
0,75 l Gemüsefond
125 g Crème fraîche
Salz, Pfeffer

Den Kohlrabi schälen und in grobe Stücke schneiden. Den Estragon waschen und die Blätter abzupfen. Anschließend den Gemüsefond zum Kochen bringen. Die Kohlrabistücke dazugeben und in 10 Minuten weich garen. Die Suppe zusammen mit der Crème fraîche und dem Estragon im Mixer oder mit dem Pürierstab glatt pürieren. Mit Salz und Pfeffer abschmecken.

Zum Servieren die Suppe vor dem Einfüllen in die Teller noch einmal kurz erhitzen und durchmixen, damit sie schaumig wird. Nach Wunsch mit ein paar Estragonblättchen verzieren.

Linsencremesuppe mit Frühlingszwiebeln

FÜR 4 PERSONEN
1 Zwiebel
1 Lorbeerblatt
3 Gewürznelken
1 Karotte, gründlich abgebürstet
1 Petersilienwurzel, gründlich abgebürstet
4 EL Olivenöl
200 g Champagnerlinsen oder
braune Berglinsen
1 l Gemüsefond
Salz, Pfeffer
1 EL Balsamicoessig
2 Tomaten, überbrüht, enthäutet,
Samen entfernt
3 Frühlingszwiebeln, geputzt
½ Bund glatte Petersilie
2 EL geschlagene Sahne

Die Zwiebel schälen und das Lorbeerblatt sowie die Nelken in die Zwiebel stecken. Die Karotte und Petersilienwurzel in Würfel schneiden und beides im Olivenöl mit der gespickten Zwiebel anschwitzen. Die Linsen dazugeben und den Gemüsefond angießen. Zugedeckt 30 Minuten köcheln lassen.

Die gespickte Zwiebel entfernen und die Hälfte der Suppe im Mixer zu einer sämigen Flüssigkeit pürieren. In den Topf zurückgießen und mit Salz, Pfeffer und Essig abschmecken.

Die Tomaten würfeln und die Frühlingszwiebeln in Ringe schneiden. Von der Petersilie die Blätter abzupfen und fein schneiden.

Kurz vor dem Servieren die geschlagene Sahne vorsichtig in die Suppe rühren und nicht ganz vermischen. Es sollten noch helle Streifen, ähnlich einer Marmorierung, sichtbar sein. Die Suppe in vorgewärmte Suppenteller schöpfen und mit Tomatenwürfeln, Frühlingszwiebelringen und Petersilie bestreuen.

Spargelsuppe

FÜR 4 PERSONEN
500 g weißer Spargel, geschält, Schalen aufbewahrt
½ TL Akazienhonig
1 TL Butter
20 g Dinkelvollkornmehl, gesiebt
500 ml Milch
Salz, Pfeffer
2 EL Schnittlauchröllchen

In einem Suppentopf 750 Milliliter Wasser erhitzen. Die Spargelschalen mit dem Honig und der Butter hineingeben und 30 Minuten knapp unter dem Siedepunkt ziehen lassen. Den Spargelfond durch ein Sieb abgießen und wieder in den Suppentopf füllen. Die Spargelstangen in feine Scheiben schneiden und im Fond in 4 Minuten gar ziehen lassen.

Das Mehl in einer trockenen Pfanne bei mittlerer Hitze dextrinieren (siehe Tipp). Kurz abkühlen lassen. Die Milch mit dem Mehl im Mixer aufschäumen und zur Suppe geben. Unter Rühren kurz aufkochen lassen und mit Salz und Pfeffer abschmecken.

Zum Servieren die Suppe mit Schnittlauchröllchen bestreuen.

TIPP
Mehl dextrinieren heißt, das Mehl ohne Fett sanft rösten, sodass es sich nicht verfärbt. Dabei wird die Stärke in eine Vorstufe von Zucker umgewandelt und verliert ihre klebrige Beschaffenheit.

Klassische Zwiebelsuppe

FÜR 4 PERSONEN
4 große Zwiebeln, geschält
1 Knoblauchzehe, geschält, Keim entfernt
1 Lorbeerblatt
4 EL Olivenöl
1 TL Klee- oder Akazienhonig
750 ml Gemüsefond
250 ml Weißwein
Salz, Pfeffer
4 Scheiben Vollkorntoast, geröstet
1 EL Butter
4 EL frisch geraspelter Parmesan
4 hauchdünne Scheiben Gruyère oder Appenzeller

Die Zwiebeln halbieren und in dünne Streifen schneiden. Den Knoblauch in Scheiben schneiden. Zwiebelstreifen, Knoblauch und Lorbeerblatt im Olivenöl und dem Honig anschwitzen, bis sie eine goldgelbe Farbe angenommen haben. Den Gemüsefond und Weißwein angießen und zugedeckt 25 Minuten köcheln lassen. Die Suppe mit Salz und Pfeffer abschmecken.

Den Backofen auf 200 °C vorheizen. Das getoastete Brot mit Butter bestreichen, mit Parmesan bestreuen und mit je einer hauchdünnen Scheibe Gruyère oder Appenzeller belegen.

Zum Servieren die Suppe in feuerfeste Suppentassen oder Miniterrinen füllen, die Toastscheiben mit dem Käse nach oben auflegen und im Backofen 8 Minuten überbacken.

Fenchel-Safran-Bouillon mit Buchweizenklößchen

FÜR 4 PERSONEN

Für die Buchweizenklößchen

125 g Buchweizen
300 ml Gemüsefond
1 Lorbeerblatt
1 EL Karottenwürfel
1 EL Selleriewürfel
1 EL Lauchwürfel
Salz, Pfeffer, 1 Ei

Für die Bouillon

1 Knolle Gemüsefenchel, geputzt, das Grün beiseitegelegt
1 Karotte, geputzt
1 Knoblauchzehe, geschält, Keim entfernt
1 Tomate, überbrüht, enthäutet, Samen entfernt
1 TL Fenchelsamen, zerstoßen
1 Msp. Safranfäden
2 EL Olivenöl
125 ml Weißwein
750 ml Gemüsefond
Salz, Pfeffer

Für die Klößchen den Buchweizen in einer tiefen Pfanne ohne Fett rösten, bis er zu duften beginnt, aber noch keine Farbe angenommen hat. Den Gemüsefond, das Lorbeerblatt, die Karotten- und die Selleriewürfel dazugeben. Einmal aufkochen und dann zugedeckt bei niedriger Temperatur 15 Minuten ausquellen lassen.

Den Lauch unter die heiße Buchweizenmasse mischen und mit Salz und Pfeffer abschmecken. Etwas abkühlen lassen. Das Ei unterrühren und mit zwei Teelöffeln Nockerln formen.

In einen großen Topf so viel Wasser einfüllen, dass der eingehängte Dämpfeinsatz das Wasser nicht berührt. Das Wasser aufkochen, die Buchweizenklößchen in den Einsatz legen und im Dampf 8 Minuten garen.

Für die Bouillon die Fenchelknolle halbieren und in dünne Streifen schneiden. Die Karotte und den Knoblauch in dünne Scheiben schneiden. Die Tomate in Streifen schneiden.

Knoblauch, Karotte, Fenchelsamen, Safran und Fenchel 2 Minuten im Olivenöl anschmoren, mit dem Weißwein ablöschen und mit dem Gemüsefond aufgießen. Die Suppe 15 Minuten knapp unter dem Siedepunkt gar ziehen lassen. Mit Salz und Pfeffer abschmecken. Das beiseitegelegte Fenchelgrün fein schneiden und mit der in Streifen geschnittenen Tomate kurz vor dem Servieren dazugeben.

Zum Servieren die Buchweizenklößchen in vorgewärmte Suppenteller setzen und die Fenchel-Safran-Bouillon darüberschöpfen.

Erbsensuppe mit Kerbelschaum

FÜR 4 PERSONEN

Für die Suppe

750 ml Gemüsefond
200 g grüne Erbsen, frisch oder tiefgekühlt
Salz, Pfeffer

1 Bund Kerbel, Blätter abgezupft
125 ml Magermilch

Den Gemüsefond aufkochen und die Erbsen darin in 7 Minuten weich garen. Sofort im Mixer glatt pürieren und durch ein feines Sieb passieren. Mit Salz und Pfeffer abschmecken.
In einem zweiten Topf die Milch erhitzen. Die heiße Milch leicht salzen und mit dem Kerbel im Mixer fein pürieren, bis ein stabiler Schaum entsteht (siehe Seite 129).

Zum Servieren die Suppe in tiefe Teller schöpfen und jeweils einen Löffel Kerbelschaum daraufgeben. Mit Kerbelblättchen garnieren.

TIPP

Köstlich zu der Suppe ist Tomaten-Räuchertofu-Bruschetta (siehe Seite 188).

Fenchelsuppe mit Knoblauchcroûtons

FÜR 4 PERSONEN

Für die Suppe

2 Knollen Gemüsefenchel
1 Kartoffel, geschält
1 Sternanis
1 Lorbeerblatt
3 EL Olivenöl
350 ml Gemüsefond
350 ml Milch
Salz, Pfeffer

Für die Croûtons

2 Scheiben Vollkorntoastbrot
1 Knoblauchzehe, geschält, Keim entfernt
2 EL Butter

Die Fenchelknollen putzen, vom Strunk befreien und das Grün beiseitelegen. Die Fenchelknollen und die Kartoffel in große Würfel schneiden, mit dem Sternanis und Lorbeerblatt in einem ausreichend großen Topf im Olivenöl anschmoren, mit dem Gemüsefond aufgießen und zugedeckt 20 Minuten köcheln lassen.

Lorbeerblatt und Sternanis aus der Suppe entfernen. Die Gemüsesuppe im Mixer pürieren und durch ein grobes Sieb passieren, um eventuelle Fasern zu entfernen. Die Milch dazugießen, die Suppe nochmals erwärmen und mit Salz und Pfeffer abschmecken.

Die Toastscheiben in Würfel schneiden. Den Knoblauch zerdrücken und in der Butter glasig anschwitzen. Die Brotwürfel darin goldgelb rösten. Das beiseitegelegte Fenchelgrün fein schneiden.

Zum Servieren die Suppe mit Knoblauchcroûtons und Fenchelgrün bestreuen.

Avocado-Gurken-Suppe

FÜR 4 PERSONEN

2 reife Avocados
1 Salatgurke
500 ml Gemüsefond, eisgekühlt
250 ml Buttermilch
Saft und abgeriebene Schale von 1 Biolimette
etwas zerstoßenes Eis
Salz, Pfeffer
1 Bund Pfefferminze, Blätter abgezupft
20 g geröstete Zedernkerne (ersatzweise Pinienkerne)
2 EL Zitrusöl (siehe Seite 306)

Die Avocados halbieren, den Kern entfernen und das Fruchtfleisch mit einem Löffel aus der Schale heben. Die Hälfte der Gurke in Würfel schneiden und beiseitestellen. Die verbleibende Gurke in grobe Stücke schneiden. Diese Gurkenstücke und die Avocado im Mixer mit dem Gemüsefond, der Buttermilch, Limettensaft und -schale und zerstoßenem Eis glatt pürieren. Gegebenenfalls durch ein feines Sieb passieren. Mit Salz und Pfeffer abschmecken.

Die Minze fein schneiden. Gurkenwürfel, Zedernkerne, Minze und Zitrusöl mischen.

Zum Servieren die kalte Suppe in Schalen oder Gläsern anrichten und etwas Zedernkernmischung daraufgeben.

TIPP

Die eisgekühlte Avocado-Gurkensuppe behält ihre schöne, hellgrüne Farbe nur kurze Zeit. Deshalb sollte sie unmittelbar vor dem Servieren zubereitet werden.

Marinierte Dicke Bohnen

FÜR 4 PERSONEN

400 g Dicke Bohnen
1 Knoblauchzehe, geschält, Keim entfernt
1 Chilischote, Samen entfernt
4 Tomaten, überbrüht, enthäutet, Samen entfernt
8 EL Olivenöl
4 EL weißer Balsamicoessig
abgeriebene Schale von 1 Biozitrone
2 Zweige Zitronenthymian, Blätter abgezupft

Die Dicke Bohnen aus der Schote palen. In einen großen Topf so viel Wasser füllen, dass der eingehängte Dämpfeinsatz das Wasser nicht berührt. Das Wasser aufkochen, die Bohnenkerne in den Einsatz legen und im Dampf 2–3 Minuten garen. Dann die Kerne enthäuten (siehe Seite 30).

Die Knoblauchzehe zerdrücken, die Chilischote fein schneiden und die Tomaten würfeln. Die enthäuteten Bohnenkerne mit allen anderen Zutaten mischen und lauwarm zum Beispiel mit Rosmarinbaguette (siehe Seite 350) servieren.

TIPP

Die Blüten des Zitronenthymians duften beinahe ebenso intensiv wie die Blätter der Pflanze. Sie können sie, wie hier im Bild, wunderbar zur Dekoration einsetzen.

Feldsalat mit Kartoffeldressing und Ei

FÜR 4 PERSONEN

Für den Salat
200 g Mausohr-Feldsalat
2 hart gekochte Eier, geschält

Für das Dressing
1 kleine Kartoffel, gekocht und gepellt
1 EL Hefeflocken
4 EL Apfelessig
6 EL Olivenöl
1 TL Klee- oder Akazienhonig
1 TL Dijonsenf
1 TL Sojasauce
Salz, Pfeffer

Den Feldsalat gründlich waschen – eventuell sind mehrere Waschgänge notwendig –, putzen und in eine große Schüssel geben. Die Eier in Würfel schneiden und hinzufügen.

Für das Dressing alle Zutaten im Mixer pürieren, sodass eine mayonnaiseartige Sauce entsteht. Das Dressing über den Salat gießen, vorsichtig unterheben und den Salat sofort servieren.

TIPP

Selbstverständlich können auch alle anderen Feldsalatsorten für dieses Rezept verwendet werden. Mausohr-Feldsalat ist die kleinste und nussigste Sorte mit besonders kleinen, zarten Blättern. Es lohnt sich in jedem Fall, danach Ausschau zu halten.

Couscoussalat mit Kräutern und Limettendressing

FÜR 4 PERSONEN

250 g Couscous
200 g Brokkoli
2 Karotten, gründlich abgebürstet
1 Zucchini
1 Chilischote, Samen entfernt
50 g gekeimte Kichererbsen (siehe Seite 80)
8 EL Olivenöl
4 Frühlingszwiebeln, geputzt
2 Tomaten, überbrüht, enthäutet und Samen entfernt
½ Bund glatte Petersilie, Blätter abgezupft
½ Bund Pfefferminze, Blätter abgezupft
1 Bund Schnittknoblauch (ersatzweise Schnittlauch), fein geschnitten
Saft von 2 Biolimetten
Salz

In einen großen Topf so viel Wasser füllen, dass der eingehängte Dämpfeinsatz das Wasser nicht berührt. Das Wasser aufkochen, ein Tuch in den Einsatz legen und den Couscous im Dampf 8–10 Minuten garen. Dann 10 Minuten ausdampfen lassen.

Inzwischen den Brokkoli in mundgerechte Röschen zerteilen und im Dampf 3 Minuten garen. Die Karotten und die Zucchini in Würfel schneiden. Die Chilischote fein schneiden. Zucchini- und Karottenwürfel, gekeimte Kichererbsen und Chili in drei Esslöffeln Olivenöl anschwitzen, bis sie weich sind. Die Frühlingszwiebeln fein schneiden. Die Tomaten in Würfel schneiden.

Den Couscous in eine große Schüssel füllen und mit einer Gabel durchmischen, damit die Körner nicht klumpig aneinanderkleben. Unter den lauwarmen Couscous Tomaten, Frühlingszwiebeln, das geschmorte Gemüse, den gedämpften Brokkoli, die Petersilie, Pfefferminze, den Schnittknoblauch, Limettensaft und das restliche Öl heben. Mit Salz würzen.

TIPP

Der Salat schmeckt besonders gut, wenn er 30 Minuten durchziehen konnte und bei Raumtemperatur serviert wird.

Wildkräutersalat

FÜR 4 PERSONEN

200 g Rettich
10 g Rucola
10 g Löwenzahn
5 g Schafgarbe
5 g Borretsch
10 g Kerbel
5 g Pimpernelle
10 g Petersilie
5 g Bachkresse
3 g Kapuzinerkresseblüten
4 EL Olivenöl
Saft von 1 Biozitrone
2 EL frisch geraspelter Parmesan
Salz, Pfeffer

Den Rettich schälen und mit dem Sparschäler in möglichst dünne Längsscheiben schneiden. Die Wildkräuter waschen, putzen und in einer großen Schüssel vermengen.

Jeweils ein paar Kräuter aus der Schüssel nehmen und zu Sträußchen bündeln. Die Sträußchen in je einen Rettichstreifen einrollen und auf Teller stellen.

Für das Dressing das Olivenöl mit dem Zitronensaft, dem Parmesan und Salz und Pfeffer verrühren. Das Dressing über die Kräutersträußchen träufeln.

TIPP

Besonders gut passt dieser nicht nur köstliche, sondern auch dekorative Salat zu dem frisch gebackenen Joghurtbrot von Seite 350. Die Pimpernelle, auch kleinen Wiesenknopf genannt, zählt zu den Würz- und Salatpflanzen. Sie kann im Küchengarten gepflanzt und das ganze Jahr über geerntet werden.

Fenchelsalat mit Haselnussöl und Gorgonzola

FÜR 4 PERSONEN
2 Knollen Gemüsefenchel, geputzt, Grün beiseitegelegt
1 säuerlicher Apfel
2 EL Haselnüsse
4 EL Haselnussöl
4 EL Saft von 1 Bioorange
1 EL weißer Balsamicoessig
Salz, Pfeffer
40 g Gorgonzola dolce, in Stücke gezupft

Die Fenchelknollen auf dem Gemüsehobel in sehr feine Scheiben schneiden. Das Grün fein schneiden. Den Apfel mit Schale auf der Röstiraffel in Stifte raspeln. Wenn man von außen nach innen arbeitet, bleibt das Kerngehäuse übrig.

Die Haselnüsse in einer Pfanne ohne Fett goldbraun rösten, etwas abkühlen lassen und in Scheiben hobeln oder schneiden. Fenchel und Apfel mit dem Haselnussöl, Orangensaft, Balsamicoessig, wenig Salz und Pfeffer mischen.

Zum Servieren den Salat auf Tellern anrichten. Die Haselnüsse und den Gorgonzola darauf verteilen.

Chicoréesalat mit Orangen

FÜR 4 PERSONEN
1 Orange
3 Chicorée, geputzt
4 EL Sonnenblumenöl
1 TL Sojasauce
2 EL Joghurt
1 EL Hefeflocken
Salz, weißer Pfeffer

Die Orange mitsamt der weißen Innenhaut schälen und filetieren. Dazu nimmt man die geschälte Orange in die Hand und schneidet mit einem scharfen Messer direkt an den Trennhäuten entlang. Dann lassen sich die Filets ganz leicht herauslösen.
Den Chicorée in zwei Zentimeter breite Scheiben schneiden. Chicorée und Orangenfilets in eine Schüssel geben.

Aus dem Sonnenblumenöl, der Sojasauce, dem Joghurt, den Hefeflocken sowie Salz und Pfeffer ein Dressing rühren und mit dem Chicorée und den Orangenfilets locker mischen.

Gurken-Radieschen-Salat mit Minze

FÜR 4 PERSONEN
1 mittelgroße Salatgurke
1 Bund Radieschen, geputzt
4 Zweige Pfefferminze
Saft von 1 Biozitrone
4 EL Olivenöl
Salz, Pfeffer

Die Enden der Gurke abschneiden, die Frucht mit der Schale längs vierteln und dann in einen halben Zentimeter dicke Scheiben schneiden. Die Radieschen je nach Größe vierteln oder achteln. Von den Pfefferminzzweigen die Blätter abzupfen.

Alle Zutaten locker mischen, den Gurken-Radieschen-Salat mit wenig Salz und etwas mehr Pfeffer abschmecken.

TIPP
Da Radieschen in Verbindung mit der Säure im Salatdressing schnell ihre schöne rote Farbe verlieren und ausbluten, den Salat sofort servieren, wenn er angemacht ist. Er sieht besonders schön auf großen Salatblättern aus oder, wenn die Gurken und Radieschen etwas kleiner geschnitten werden, in Cocktailgläsern.

Zuckerschoten-Spargel-Salat mit Joghurt

FÜR 4 PERSONEN

80 g Zuckerschoten
4 Zweige Pfefferminze
400 g grüner Spargel
4 EL Olivenöl
3 EL Vollmilchjoghurt
Saft von 1 Zitrone
Salz, Pfeffer

Die Zuckerschoten waschen, putzen und quer in ein Zentimeter breite Streifen schneiden. Die Blätter der Pfefferminze waschen, abzupfen und fein schneiden. Das untere Drittel vom grünen Spargel schälen und die Stangen in ein Zentimeter dicke Scheiben schneiden.

Alle Zutaten locker mischen und den Zuckerschoten-Spargel-Salat mit Salz und Pfeffer abschmecken.

Zum Servieren den Salat dekorativ in kleinen Gläsern anrichten. Nach Belieben mit frischen Salatblättern garnieren.

Kohlrabisalat mit Apfel

FÜR 4 PERSONEN

600 g Kohlrabi
2 Äpfel
Saft von 1 Biozitrone
4 EL Olivenöl
½ Bund Schnittlauch, fein geschnitten
Salz, Pfeffer

Den Kohlrabi putzen und schälen, dabei die zarten Blätter zur Seite legen. Die Blätter in feine Streifen und den Kohlrabi in Würfel schneiden. Mit einem Ausstecher das Kerngehäuse der Äpfel entfernen und diese mit der Schale ebenfalls würfeln.

Kohlrabi- und Apfelwürfel mit dem Zitronensaft, dem Olivenöl, Schnittlauch und den Kohlrabiblättern mischen. Mit wenig Salz und Pfeffer abschmecken und servieren.

Erbsenflan mit Kokosschaum

FÜR 4 PERSONEN

Für den Erbsenflan
500 g grüne Erbsen (frisch oder tiefgekühlt)
4 Eier, 300 g Crème fraîche
Salz, Pfeffer

Für den Kokosschaum
125 ml Magermilch
2 EL Kokosflocken
Salz

Außerdem
Butter für die Formen

Frische Erbsen palen. In einen großen Topf so viel Wasser einfüllen, dass der eingehängte Dämpfeinsatz das Wasser nicht berührt. Das Wasser aufkochen, die Erbsen in den Einsatz geben und im Dampf 6 Minuten garen. Mit den Eiern und der Crème fraîche im Mixer pürieren, durch ein grobes Sieb passieren und mit Salz und Pfeffer abschmecken.

Den Backofen auf 160 °C vorheizen. Vier Dariol- oder Timbaleförmchen buttern. Die Erbsenmasse einfüllen und im heißen Wasserbad (siehe Seite 52) in 45 Minuten stocken lassen. Inzwischen die Milch mit den Kokosflocken aufkochen und dann 10 Minuten ziehen lassen; durch ein Sieb gießen, die Milch dabei auffangen. Die Milch ganz leicht salzen und kurz vor dem Servieren mit einem Pürierstab oder Milchschäumer aufschäumen. Den Erbsenflan aus dem Ofen nehmen und 5 Minuten ruhen lassen. Zum Servieren jeden Flan vorsichtig mit einem kleinen spitzen Messer vom Förmchenrand lösen, auf einen Vorspeisenteller stürzen und mit dem Kokosschaum umgießen.

Meerrettich-Kartoffel-Gratin mit karamellisierter Roter Bete

FÜR 4 PERSONEN

Für das Gratin
900 g Kartoffeln, geschält
200 g Meerrettich, geputzt
400 ml Sahne, Salz, Pfeffer
Butter für die Form

Für die Sauce
1 kleine Rote Bete, gründlich abgebürstet
1 kleine Karotte, gründlich abgebürstet
1 Zwiebel, geschält, 220 ml Gemüsefond
1/2 TL Pfeilwurzmehl, in wenig kaltem Wasser klümpchenfrei angerührt
Salz, Pfeffer, Muskatnuss, frisch gerieben

Für die karamellisierte Rote Bete
300 g Baby-Rote-Bete
1 EL Butter, 1 TL Kleehonig
Salz, Pfeffer, 1 Spritzer Balsamicoessig

Für das Gratin eine Auflaufform buttern. Den Ofen auf 200 °C vorheizen. Die Kartoffeln in hauchdünne Scheiben hobeln, den Meerrettich reiben und beides schichtweise in die Form füllen. Dabei jede Schicht leicht salzen und pfeffern und mit etwas Sahne übergießen. Mit Meerrettich abschließen und die restliche Sahne darübergießen. Das Gratin mit Alufolie abgedeckt 30 Minuten garen und dann ohne Folie in weiteren 10 Minuten goldgelb backen.

Für die Sauce die Rote Bete und die Karotte in Stücke schneiden, die Zwiebel vierteln. In einen großen Topf so viel Wasser füllen, dass der eingehängte Dämpfeinsatz das Wasser nicht berührt. Das Wasser aufkochen, die Rote-Bete-, Karotten- und Zwiebelstücke in den Einsatz legen und im Dampf in 10–15 Minuten weich garen. Das Gemüse mit dem Fond im Mixer pürieren, mit Pfeilwurzmehl andicken und mit Salz, Pfeffer und Muskatnuss abschmecken.

Die Baby-Rote-Bete waschen, putzen und halbieren. Im Dampf 5 Minuten garen. In einer Pfanne die Butter mit dem Honig zerlassen und die Rote Bete darin leicht karamellisieren, mit Salz, Pfeffer und Balsamicoessig abschmecken.

Zum Servieren die Sauce auf vorgewärmten Tellern verteilen. Das Gratin in quadratische Stücke schneiden und daraufsetzen. Die karamellisierte Rote Bete darüber verteilen.

Rübengratin mit rotem Kartoffelpüree

FÜR 4 PERSONEN

Für das Gratin
500 g weiße Rüben
Salz, Pfeffer
300 ml Sahne
50 g Vollkornsemmelbrösel
20 g Butter

Für das Kartoffelpüree
600 g Kartoffeln,
300 g Rote Bete, gründlich abgebürstet
200 ml Milch
1 EL Butter
Salz, Pfeffer
Muskatnuss, frisch gerieben

Außerdem
Butter für die Form

Für das Gratin die weißen Rüben schälen und in hauchdünne Scheiben hobeln (mit der Mandoline oder Aufschnittmaschine). Den Backofen auf 200 °C vorheizen. Eine feuerfeste Auflaufform buttern und die Scheiben schichtweise einfüllen. Jede Schicht mit Salz und Pfeffer leicht würzen. Die Sahne darübergießen und die Semmelbrösel darauf verteilen. Die Butter in Flöckchen daraufsetzen und das Gratin mit Alufolie abdecken. 20 Minuten im Backofen garen, die Folie entfernen und das Gratin weitere 10 Minuten backen, sodass eine goldbraune Kruste entsteht.

Inzwischen die Kartoffeln schälen und in Wasser weich kochen. In einen großen Topf so viel Wasser füllen, dass der eingehängte Dämpfeinsatz das Wasser nicht berührt. Das Wasser aufkochen, Rote Bete in Stücke schneiden, in den Einsatz legen und im Dampf in 15 Minuten weich garen.

Die gegarten Kartoffeln noch heiß durch die Kartoffelpresse drücken. Die Milch mit der Butter erhitzen und unter die Kartoffeln mischen. Die Rote Bete im Mixer pürieren und unter das Kartoffelpüree rühren. Mit Salz, Pfeffer und Muskatnuss abschmecken.

Zum Servieren das Kartoffelpüree in einen Spritzbeutel mit großer Lochtülle füllen und in die Mitte von vier vorgewärmten Tellern spritzen. Das Gratin mit einem scharfen Messer in quadratische Stücke schneiden und auf dem Püree anrichten. Oder das Püree zu Nockerln formen und neben den Gratinstücken auf Tellern anrichten. Nach Belieben noch mit Sprossen garnieren.

Variante
Anstatt rot kann das Kartoffelpüree mit viel gehackter Petersilie und etwas gedämpftem Spinat auch grün gefärbt werden. Gemischt mit weich gegartem Kürbis und Parmesan wird es orangegelb.

Spargelflan mit Kerbelvinaigrette

FÜR 4 PERSONEN

Für den Flan
300 g weißer Spargel, gewaschen
150 ml Crème fraîche
3 Eigelbe
Salz, Pfeffer

Für die Vinaigrette
1 Bund Kerbel, Blätter abgezupft
4 EL Olivenöl
3 EL weißer Balsamicoessig
½ TL Akazienhonig
Salz, Pfeffer

Außerdem
Butter für die Förmchen

Den ungeschälten Spargel in Stücke schneiden. In einen großen Topf so viel Wasser füllen, dass der eingehängte Dämpfeinsatz das Wasser nicht berührt. Das Wasser aufkochen, den Spargel in den Einsatz legen und im Dampf in 10 Minuten weich garen. Mit der Crème fraîche und den Eigelben im Mixer pürieren und durch ein mittelfeines Sieb passieren. Mit Salz und Pfeffer abschmecken.

Den Backofen auf 160 °C vorheizen. Die Spargelmasse in vier gebutterte Förmchen oder feuerfeste Tassen füllen und im heißen Wasserbad (siehe Seite 52) im Ofen 40 Minuten garen.

Für die Vinaigrette den Kerbel fein schneiden und mit dem Olivenöl, Balsamicoessig und Honig verrühren, mit Salz und Pfeffer abschmecken.

Zum Servieren den Flan noch mindestens 5–10 Minuten ruhen lassen und erst dann aus der Form stürzen.

TIPP

Die noch lauwarmen Flans auf eine Vorspeisenplatte stürzen, die Formen vorsichtig lösen und die Flans mit der Kerbelvinaigrette umgießen. Mit gezupften Kerbelblättern und je einer Spargelspitze verzieren.

Frühlingsgemüsetorteletts

FÜR 4 PERSONEN

Für den Teig
200 g Dinkelvollkornmehl
80 g Butter, 2 EL Milch
10 g Hefe, 1 Prise Salz
Butter für die Formen

Für den Belag
30 g Emmentaler,
150 g grüner Spargel, die unteren zwei Drittel geschält,
2 Frühlingszwiebeln, geputzt
20 g frische Morcheln (oder 10 g getrocknete Morcheln, eingeweicht)
2 EL Olivenöl, 2 EL Sherry
½ Bund Kerbel, Blätter abgezupft
Salz, Pfeffer, 2 Eier
200 ml Sahne, 2 EL Crème fraîche

Für den Teig alle Zutaten mit einer Prise Salz rasch von Hand verkneten. Der Teig soll nur gerade so zusammenhalten und darf auf keinen Fall so fest durchgewalkt werden, dass er zu glänzen beginnt.

Zwölf kleine Tortelettförmchen mit Butter fetten. Den Teig in die Förmchen drücken, dabei die Ränder hochziehen und mindestens 30 Minuten tiefkühlen.

Den Backofen auf 200 °C vorheizen. Die Förmchen hineinstellen und den Teig 5 Minuten vorbacken. Dann aus dem Ofen nehmen und die Teigböden mit Emmentaler auslegen.

Die Spargelstangen in Stücke schneiden, holzige Enden entfernen. Die Frühlingszwiebeln in Röllchen schneiden. Die Morcheln waschen, putzen und halbieren. Alles im Olivenöl glasig anschwitzen, mit dem Sherry ablöschen und 5 Minuten schmoren lassen. Den Kerbel schneiden. Das Gemüse mit Salz und Pfeffer abschmecken, mit dem Kerbel vermischen und auf dem Käse in den Tortelettförmchen verteilen.

Eier, Sahne, Crème fraîche, Salz und Pfeffer im Mixer pürieren und über das Gemüse gießen. Die Torteletts im Ofen 20 Minuten backen und anschließend noch warm servieren.

Spinatquiche

FÜR 4 PERSONEN

Für den Teig
200 g Dinkelvollkornmehl
80 g Butter, 2 EL Milch
10 g Hefe, 1 Prise Salz
Butter für die Form

Für den Belag
50 g Emmentaler, in dünnen Scheiben
200 g Blattspinat, entstielt
3 Eier, 200 ml Sahne
2 EL Crème fraîche
Salz, Pfeffer, 50 g Gorgonzola dolce
20 g Pinienkerne

Für den Teig alle Zutaten rasch von Hand verkneten. Der Teig soll nur gerade so zusammenhalten und darf auf keinen Fall so fest durchgewalkt werden, dass er zu glänzen beginnt. Eine Quicheform mit 30 Zentimeter Durchmesser fetten und den Teig hineindrücken, die Ränder hochziehen und mindestens 30 Minuten tiefkühlen (siehe Seite 98).

Den Backofen auf 200 °C vorheizen und den Teig 5 Minuten vorbacken. Den Teigboden aus dem Ofen nehmen und mit Emmentaler auslegen. Den Spinat grob schneiden und darauf verteilen.

Eier, Sahne, Crème fraîche, Salz und Pfeffer im Mixer verquirlen und über den Spinat gießen. Den Gorgonzola in Stücke zupfen und darauf verteilen. Die Pinienkerne darüberstreuen. Im heißen Ofen 20 Minuten backen.

Zum Servieren die Quiche mit einem scharfen Sägemesser in Stücke schneiden.

Lauchsoufflé

FÜR 4 PERSONEN

Für das Soufflé
2 Stangen Lauch
1 EL zerlassene Butter
2 Eier
200 ml Crème fraîche
Salz, Pfeffer
Muskatnuss, frisch gerieben

Außerdem
Butter für die Förmchen

Die Lauchstangen gründlich waschen und putzen. Den grünen Teil abschneiden und beiseitelegen. Den restlichen Lauch fein würfeln und in der Butter glasig dünsten. In einen großen Topf so viel Wasser füllen, dass der eingehängte Dämpfeinsatz das Wasser nicht berührt. Das Wasser aufkochen, die grünen Lauchteile in den Einsatz legen und im Dampf in 4 Minuten weich garen, etwas abkühlen lassen.

Vier feuerfeste Souffléformen mit Butter auspinseln. Von den gedünsteten Lauchwürfeln vier Teelöffel abnehmen und beiseitestellen.

Den Backofen auf 165 °C vorheizen. Das gedämpfte Lauchgrün pürieren und durch ein feines Sieb passieren. Die Eier trennen und die Eiweiße sehr steif aufschlagen. Zuerst die Eigelbe nacheinander unter den Eischnee ziehen, dann das Lauchpüree, die Crème fraîche und die Lauchwürfel vorsichtig unterheben, salzen, pfeffern und mit etwas frisch geriebener Muskatnuss abschmecken.

Die Masse in die Förmchen gießen, die beiseitegestellten Lauchwürfel auf den Soufflés verteilen und diese in einem heißen Wasserbad (siehe Seite 54) im Ofen 15–20 Minuten pochieren. Warm servieren.

Gemüsezwiebeln mit Salbeifüllung

FÜR 4 PERSONEN

4 große Gemüsezwiebeln
2 Dinkelbrötchen vom Vortag
250 ml Sahne
2 EL frisch geraspelter Parmesan
Salz, Pfeffer
Muskatnuss, frisch gerieben
½ Bund Salbei, Blätter abgezupft
3 EL Olivenöl

An der Oberseite jeder ungeschälten Zwiebel einen Deckel abschneiden und beiseitelegen. Den unteren Teil der Zwiebeln schälen, das Innere vorsichtig mit einem Parisienne-Ausstecher herausschaben. In einen großen Topf so viel Wasser füllen, dass der eingehängte Dämpfeinsatz das Wasser nicht berührt. Das Wasser aufkochen, die ausgehöhlten Zwiebeln in den Einsatz legen und im Dampf 5–8 Minuten garen.

Die Dinkelbrötchen in kleine Würfel schneiden. Den Backofen auf 200 °C vorheizen. Die Sahne in einem Topf erhitzen und das Innere der Zwiebeln darin in 10 Minuten weich garen. Im Mixer pürieren. Die Masse mit den Brotwürfeln mischen, den Parmesan unterrühren und mit Salz, Pfeffer und Muskatnuss abschmecken. Den Salbei fein schneiden und in zwei Esslöffeln Olivenöl kurz anbraten. Zur Zwiebel-Brot-Masse geben und die Mischung in die gegarten Zwiebeln füllen. Jede Zwiebel wieder mit einem Deckel versehen, mit dem verbleibenden Olivenöl außen einpinseln, auf ein Backblech setzen und 10 Minuten im Ofen backen. Zum Servieren die Zwiebeln auf Tellern anrichten.

Spargel-Avocado-Gratin mit Sauce hollandaise

FÜR 4 PERSONEN

Für das Gratin
800 g weißer Spargel
2 Tomaten
1 Avocado

Für die Sauce
1 kleine Zwiebel oder Schalotte
2 EL Olivenöl
50 ml Weißwein
1 EL Weißweinessig
125 ml Gemüsefond
3 Eigelbe
125 g kalte Butter, in Würfel geschnitten
Salz, Pfeffer

Außerdem
Butter für die Form

Den Spargel mit einem Sparschäler schälen (siehe Seite 14). Die Tomaten überbrühen, häuten und die Samen entfernen. Die Avocado schälen und vom Kern befreien.

In einen großen Topf so viel Wasser einfüllen, dass der eingehängte Dämpfeinsatz das Wasser nicht berührt. Das Wasser aufkochen, den Spargel in den Einsatz legen und im Dampf in 4–6 Minuten weich garen.

Für die Sauce die Zwiebel oder Schalotte schälen und würfeln und im Olivenöl glasig anschwitzen. Mit Weißwein und Essig ablöschen, dann den Gemüsefond angießen und die Eigelbe einrühren. Die Sauce bei geringer Hitze unter aufmerksamem Rühren andicken lassen. Nach und nach die kalte Butter einrühren und die Sauce vom Herd ziehen. Mit Salz und Pfeffer abschmecken. Den Backofen auf 200 °C vorheizen.

Den Spargel in eine große gebutterte (oder vier kleine) Auflaufform geben. Die Tomaten in Spalten schneiden, die Avocado würfeln, beides auf dem Spargel verteilen und mit der Sauce hollandaise bedecken. Im heißen Ofen 10 Minuten überbacken.

Mit Schafskäse gefüllte Kartoffeln

FÜR 4 PERSONEN

12 mittelgroße Kartoffeln, gründlich abgebürstet
3 EL Olivenöl
4 Frühlingszwiebeln, geputzt
200 g milder Feta oder Manouri
20 g schwarze Oliven, entsteint
1 Bund Thymian, Blätter abgezupft
Salz, roter Pfeffer

Von jeder Kartoffel einen Deckel abschneiden und beiseitelegen. Die Kartoffeln vorsichtig mit dem Parisienne-Ausstecher aushöhlen. In einen großen Topf so viel Wasser füllen, dass der eingehängte Dämpfeinsatz das Wasser nicht berührt. Das Wasser aufkochen, die Kartoffeln und das herausgeschabte Innere in den Einsatz legen und im Dampf 10–15 Minuten garen. Den Backofen auf 200 °C vorheizen. Ein Backblech mit einem Esslöffel Olivenöl bepinseln. Die Frühlingszwiebeln fein schneiden. Den Käse zerkrümeln. Die Oliven grob hacken. Das Kartoffelinnere mit den Frühlingszwiebeln, dem Käse, den Oliven und den Thymianblättchen mischen, mit Salz und Pfeffer abschmecken.

Die grobkörnige Masse mit einem Löffel in die Kartoffeln füllen, die Deckel locker obenauf legen und die Kartoffeln auf das Backblech setzen. Das verbleibende Olivenöl über die Kartoffeln träufeln und diese 10 Minuten backen. Zum Servieren die Kartoffeln auf Tellern anrichten. Dazu passt Tomatenragout (siehe Seite 212), Paprikarelish (siehe Seite 308) oder Mangold (siehe Seite 164).

Überbackene Fenchelschiffchen mit Polenta

FÜR 4 PERSONEN
4 Knollen Gemüsefenchel, geputzt
1 Knoblauchzehe, geschält, Keim entfernt
1 EL Fenchelsamen, zerstoßen
2 EL Olivenöl
250 ml Milch
250 ml Gemüsefond
200 g Polenta
20 g Butter
30 g Parmesan, frisch gerieben
Salz, Pfeffer

Außerdem
Butter für die Form

Die Fenchelknollen halbieren, das Innere mit dem Parisienne-Ausstecher aushöhlen. In einen großen Topf so viel Wasser einfüllen, dass der eingehängte Dämpfeinsatz das Wasser nicht berührt. Das Wasser aufkochen, die Fenchelschiffchen in den Einsatz legen und im Dampf in 10 Minuten weich garen. In eine gebutterte Auflaufform legen.

Das herausgeschabte Innere des Fenchels klein schneiden. Die Knoblauchzehe zerdrücken. Beides mit den Fenchelsamen im Olivenöl anschwitzen. Die Milch und den Gemüsefond dazugießen und aufkochen lassen. Die Polenta zügig einrühren, einmal aufkochen, vom Herd nehmen und zugedeckt in 15 Minuten ausquellen lassen.

Den Backofen auf 200 °C vorheizen. Die Butter und zwei Drittel des Parmesans unter die Polenta rühren, mit Salz und Pfeffer abschmecken. Die heiße Polenta in die Fenchelschiffchen füllen, mit Parmesan bestreuen und 10 Minuten im Ofen backen.

TIPP
Dazu passt ein Tomatenragout (siehe Seite 212).

Schmorgurkenpfanne

FÜR 4 PERSONEN
4 Kartoffeln
2 Schlangengurken, geschält
125 ml Gemüsefond
1 Zwiebel, geschält
1 Karotte, geputzt
4 EL Olivenöl
125 ml Sahne
½ Bund Dill
Salz, Pfeffer

In einen großen Topf so viel Wasser füllen, dass der eingehängte Dämpfeinsatz das Wasser nicht berührt. Das Wasser aufkochen, die Kartoffeln in den Einsatz legen und im Dampf 20 Minuten garen. Die Kartoffeln pellen und vierteln.

Die Gurken längs halbieren und die Kerne entfernen. Die Kerne im Mixer mit dem Gemüsefond pürieren, durch ein feines Sieb passieren und beiseitestellen. Die Gurken in drei Zentimeter große Stücke schneiden. Die Zwiebel und Karotte sehr klein würfeln.

Zwiebel und Karotte im Olivenöl glasig anschwitzen, die Gurkenstücke dazugeben und 5 Minuten anbraten. Mit dem Gurkenpüree aufgießen, die Sahne und die Kartoffeln dazugeben und 10 Minuten sachte köcheln lassen. Den Dill fein schneiden. Die Gurken mit Salz, Pfeffer und Dill abschmecken.

In Milch pochierter Kohlrabi

FÜR 4 PERSONEN
800 g Kohlrabi, geschält,
400 ml Milch
1 TL Pfeilwurzmehl, in wenig kaltem Wasser klümpchenfrei angerührt
Salz, weißer Pfeffer
½ Bund Schnittlauch, fein geschnitten

Die zarten Kohlrabiblätter, falls vorhanden, fein schneiden und beiseitelegen. Den geschälten Kohlrabi vierteln und die Viertel in dünne Scheiben schneiden.

Die Milch in einem Topf erhitzen und die Kohlrabischeiben darin 10 Minuten pochieren, bis sie weich sind. Die Milch mit Pfeilwurzmehl leicht binden, mit Salz und Pfeffer abschmecken.

Zum Servieren den Schnittlauch und, falls vorhanden, die Kohlrabiblätter unterrühren.

Karamellisierte Schalotten

FÜR 4 PERSONEN
25 Schalotten, geschält
3 Lorbeerblätter
25 g Klee- oder Akazienhonig
6 EL Olivenöl
1 EL braune Hefepaste
125 ml Gemüsefond
Salz, Pfeffer

In einer weiten Pfanne die Schalotten und die Lorbeerblätter im Honig und Öl karamellisieren. Die Hefepaste dazugeben und den Fond angießen. Zugedeckt bei schwacher Hitze 30 Minuten garen. Dabei wird die Flüssigkeit aufgesogen. Mit Salz und Pfeffer abschmecken.

TIPP
Karamellisierte Schalotten sind eine herrliche Beilage zu knusprigem Brot, zum Salat oder als Teil von gemischten Gemüse-Antipasti (siehe Seite 228).
Anstelle von Schalotten können auch Perlzwiebeln für dieses Rezept verwendet werden.

Leipziger Allerlei

FÜR 4 PERSONEN
100 g junge Karotten, geputzt
200 g weißer Spargel, geschält
20 g frische Morcheln, geputzt
1 Zwiebel, geschält
1 EL Olivenöl
80 g Erbsen, aus der Schote gepalt
100 ml Gemüsefond
125 ml Sahne, Salz, Pfeffer
½ Bund Kerbel, Blätter abgezupft

Die Karotten der Länge nach halbieren, den Spargel in Stücke schneiden, die Morcheln halbieren und die Zwiebel in Würfel schneiden.

Die Zwiebel im Olivenöl glasig anschwitzen, sämtliches Gemüse und die Morcheln dazugeben. Nach 2 Minuten den Gemüsefond angießen und 3 Minuten köcheln lassen. Dann die Sahne dazugeben und das Allerlei weitere 8 Minuten garen. Mit Salz und Pfeffer abschmecken.

Zum Servieren das Allerlei in einer Schüssel anrichten und den Kerbel darüberstreuen.

Erbsenpüree im Zucchinischiff

FÜR 4 PERSONEN
2 mittelgroße Zucchini
650 g grüne Erbsen,
frisch oder tiefgekühlt
10 Zweige frische Minze,
Blätter abgezupft
100 ml Gemüsefond
20 g Butter
Salz, Pfeffer
2 TL Olivenöl

Die Zucchini der Länge nach halbieren und mit einem Parisienne-Ausstecher vorsichtig aushöhlen. In einen großen Topf so viel Wasser füllen, dass der eingehängte Dämpfeinsatz das Wasser nicht berührt. Das Wasser aufkochen, die Erbsen und ausgehöhlten Zucchinihälften in den Einsatz legen und im Dampf 5 Minuten garen.

Zwei Esslöffel Erbsen für die Garnitur beiseitestellen. Die restlichen heißen Erbsen im Mixer mit den Minzeblättern, dem Gemüsefond und der Butter glatt pürieren. Mit Salz und Pfeffer abschmecken.

Den Backofen auf 200 °C vorheizen. Die Erbsenmasse in einen Spritzbeutel mit großer Lochtülle geben und die Zucchinihälften damit füllen. Ein Backblech mit Olivenöl bepinseln. Die gefüllten Zucchini daraufsetzen und im Ofen 6 Minuten backen.

Zum Servieren die beiseitegestellten Erbsen in dem Olivenöl schwenken, auf dem Erbsenpüree verteilen und leicht andrücken.

Mangoldgemüse

FÜR 4 PERSONEN
400 g Mangold, geputzt
1 EL Butter
1 EL Olivenöl
Salz, weißer Pfeffer
Muskatnuss, frisch gerieben

Die Mangoldstiele und -blätter in zwei Zentimeter lange Stücke schneiden.
In einem Topf Wasser aufkochen und den Mangold darin in 12 Sekunden bissfest garen. Das Gemüse mit einem Schaumlöffel in eine Schüssel mit Eiswasser geben und sofort wieder abgießen.
In einer Pfanne die Butter schmelzen lassen, das Olivenöl dazugeben und den Mangold kurz darin schwenken. Mit Salz, Pfeffer und Muskatnuss würzen.

Zucchinipflanzerl

FÜR 4 PERSONEN
Für die Pflanzerl
600 g Zucchini
1 Bund Basilikum, Blätter abgezupft
1 Ei, 20 g Dinkelvollkornmehl
4 EL frisch geraspelter Parmesan
Salz, Pfeffer
Bratöl oder Olivenöl zum Braten

Für den Kräuterjoghurt
250 ml Joghurt
1 Bund Schnittlauch, fein geschnitten
3 g rote Pfefferkörner, zerdrückt
1 TL Koriandersamen, zerdrückt
1 EL Zedern- oder Pinienkerne
Salz

Die Zucchini auf der Röstireibe in feine Stifte raspeln. Das Basilikum fein schneiden. Zucchinistifte, Ei, Mehl, Parmesan und die Hälfte des Basilikums gut durchmischen, mit Salz und Pfeffer würzen.

In einer beschichteten Pfanne etwas Öl erhitzen, von der Zucchinimasse kleine Pflanzerl mit fünf Zentimeter Durchmesser hineingeben und von beiden Seiten goldgelb braten. Das dauert etwa 3 Minuten. Auf Küchenpapier abtropfen lassen.

Den Joghurt mit dem Schnittlauch und dem verbleibenden Basilikum verrühren. In einer heißen Pfanne ohne Fett den roten Pfeffer, den Koriander und die Zedern- oder Pinienkerne rösten, bis sie zu duften beginnen. Noch heiß zum Joghurt geben, mit Salz abschmecken.
Zum Servieren den Joghurt separat in einem Schälchen zu den warmen Zucchinipflanzerln reichen. Dazu passt ein Salat und Fladenbrot.

Karotten-Haferflocken-Laiberl mit Erbsen-Minze-Sauce

FÜR 4 PERSONEN

Für die Sauce

150 g grüne Erbsen, frisch oder tiefgekühlt
½ Zwiebel, geschält
2 EL Olivenöl
125 ml Sahne
4 Zweige frische Minze, Blätter abgezupft
Salz, Pfeffer
Muskatnuss, frisch gerieben

Für die Laiberl

½ Zwiebel, geschält
2 Karotten, gründlich abgebürstet
½ Bund glatte Petersilie, Blätter abgezupft
1 Ei
120 g Haferflocken
Salz, Pfeffer

Außerdem

4 EL ungehärtetes Kokosfett

In einen großen Topf so viel Wasser füllen, dass der eingehängte Dämpfeinsatz das Wasser nicht berührt. Das Wasser aufkochen, die Erbsen in den Einsatz legen und im Dampf 6 Minuten garen. Die Zwiebelhälfte in Würfel schneiden und im Olivenöl anschwitzen. Die Sahne angießen und 3 Minuten köcheln lassen. Die heiße Mischung mit den Erbsen und der Minze im Mixer pürieren und durch ein feines Sieb passieren. Mit Salz, Pfeffer und etwas Muskatnuss abschmecken.

Für die Laiberl die halbe Zwiebel und die Karotten grob raspeln. Die Petersilie fein schneiden. Zwiebel, Karotten und Petersilie mit dem Ei und den Haferflocken mischen und mit Salz und Pfeffer würzen.

Das Kokosfett in einer beschichteten Pfanne erhitzen. Kleine Häufchen von der Haferflocken-Karottenmasse hineingeben und von beiden Seiten in je 2 Minuten goldgelb und knusprig braten. Auf Küchenpapier abtropfen lassen. Zum Servieren die Laiberl mit der Sauce auf Tellern anrichten.

Provenzalische Artischocken-Nudel-Pfanne

FÜR 4 PERSONEN
400 g Vollkornbandnudeln
4 Knoblauchzehen, geschält
1 Zwiebel, geschält
3 Karotten, gründlich abgebürstet
3 Artischocken, Böden ausgelöst (siehe Seite 24)
4 EL Olivenöl
200 ml Weißwein
125 ml Sahne
Salz, Pfeffer
1 Bund Dill

Die Nudeln in reichlich gesalzenem Wasser al dente kochen.
Inzwischen den Knoblauch in Scheiben, die Zwiebel in Würfel schneiden. Die Karotten in hauchdünne Scheiben hobeln. Die Artischockenböden in schmale Streifen schneiden.
Alles zusammen im Olivenöl anschwitzen, mit Weißwein ablöschen und 10 Minuten leise köcheln lassen. Währenddessen den Dill fein schneiden.

Die Sahne zum Artischockengemüse gießen und mit Salz, Pfeffer und Dill abschmecken. Zum Servieren die Nudeln unter das Gemüse heben.

Gefüllter Kohlrabi mit buntem Gemüse

FÜR 4 PERSONEN
4 mittelgroße Kohlrabi
2 EL Karottenwürfel
1 EL Selleriewürfel
2 EL Olivenöl
2 EL Zucchiniwürfel
2 EL Lauchwürfel
3 EL grüne Erbsen (frisch oder tiefgekühlt)
150 ml Gemüsefond
½ Bund Schnittlauch
2 EL Crème fraîche
2 EL frisch geraspelter Parmesan
Salz, Pfeffer

Die großen Blätter von den Kohlrabi abschneiden, die zarten kleinen in der Mitte daranlassen. Jeweils einen Deckel von jedem Kohlrabi abschneiden und beiseitelegen. Dann die Kohlrabi schälen und mit einem Parisienne-Ausstecher aushöhlen. Das ausgehöhlte Innere fein hacken.

In einen großen Topf so viel Wasser füllen, dass der eingehängte Dämpfeinsatz das Wasser nicht berührt. Das Wasser aufkochen, die ausgehöhlten Kohlrabi in den Einsatz legen und im Dampf in 6 Minuten bissfest garen. Nach der Hälfte der Zeit die Deckel dazugeben und noch 3 Minuten mitgaren.

Das fein gehackte Kohlrabiinnere zusammen mit den Karotten- und Selleriewürfeln in dem Olivenöl anschwitzen, die Zucchini- und Lauchwürfel und die Erbsen hinzufügen. Mit etwas Gemüsefond ablöschen und 10 Minuten leise köcheln lassen. Den Schnittlauch in feine Röllchen schneiden.

Die Crème fraîche, den Parmesan und den Schnittlauch zu der Gemüsemasse geben und die Füllung mit Salz und Pfeffer würzen. Zum Servieren die Füllung großzügig in die ausgehöhlten Kohlrabi füllen und die Deckel locker aufsetzen.

Gebratene Maiskolbenscheiben

FÜR 4 PERSONEN
4 Kolben Zuckermais
2 Knoblauchzehen
4 EL Olivenöl
2 EL Butter
2 Stängel Rosmarin
Salz, Pfeffer

In einen großen Topf so viel Wasser füllen, dass der eingehängte Dämpfeinsatz das Wasser nicht berührt. Das Wasser aufkochen, die Maiskolben in den Einsatz legen und im Dampf in 8-10 Minuten weich garen.

Die Maiskolben mit einem scharfen Sägemesser in zwei Zentimeter dicke Scheiben schneiden. Den Knoblauch mit der Schale halbieren. Das Olivenöl und die Butter in einer Pfanne erhitzen, den Knoblauch und die Rosmarinstängel hineingeben und den Mais darin von beiden Seiten 2–3 Minuten braten. Mit Salz und Pfeffer abschmecken.

TIPP
Gebratene Maiskolben sind ein leckerer Snack. Sie passen aber besonders gut zu Fenchelschiffchen mit Polenta (siehe Seite 161).

Essigknödel

FÜR 4 PERSONEN
Für den Salat
5 Semmelknödel vom Vortag (siehe Seite 286)
4 Schalotten, geschält
120 g Mausohr-Feldsalat, gründlich gewaschen und geputzt

Für die Vinaigrette
2 EL Balsamicoessig
4 EL Apfelessig
8 EL Olivenöl
½ TL Klee-oder Akazienhonig
Salz, Pfeffer

Die Knödel in dünne Scheiben schneiden. Die Schalotten in feine Streifen schneiden. Den Feldsalat gründlich waschen – eventuell sind mehrere Waschgänge notwendig – und putzen.

Knödel, Schalotten und Feldsalat in eine große Schüssel geben. Alle Zutaten für die Vinaigrette verrühren und locker untermischen.

TIPP
Essigknödel sind das ideale Resteessen – und so gut, dass es sich durchaus lohnt, ein paar Knödel mehr herzustellen.

Spinatknödel

FÜR 4 PERSONEN

6 altbackene Dinkelvollkornbrötchen
500 ml warme Milch
1 Zwiebel, geschält
3 EL Olivenöl
200 g Blattspinat, verlesen
Salz, Pfeffer
Muskatnuss, frisch gerieben
2 Eier
4 EL frisch geriebener Parmesan

Die Brötchen in Würfel schneiden. Die warme Milch darübergießen und die Brotwürfel einweichen. Die Zwiebel in Würfel schneiden und im Olivenöl glasig anschwitzen. Den Spinat grob schneiden, dazugeben und 2 Minuten mitschmoren. Die Mischung zu den Semmeln geben und Salz, Pfeffer, Muskatnuss und Eier untermischen.

Aus der Masse Knödel formen. In einen großen Topf so viel Wasser füllen, dass der eingehängte Dämpfeinsatz das Wasser nicht berührt. Das Wasser aufkochen, die Knödel in den Einsatz legen und im Dampf 10 Minuten garen.

Zum Servieren die Knödel mit geriebenem Parmesan bestreuen und auf Tomatenragout (siehe Seite 212) anrichten.

Auberginenbruschetta

FÜR 4 PERSONEN
1 Aubergine
1 Knoblauchzehe, geschält, Keim entfernt
½ Bund Pfefferminze, Blätter abgezupft
½ Bund glatte Petersilie, Blätter abgezupft
6 EL Olivenöl
abgeriebene Schale von 1 Biozitrone
Salz, Pfeffer
1 Rosmarinbaguette (siehe Seite 350)

Die Aubergine schälen und in grobe Stücke schneiden. In einen großen Topf so viel Wasser füllen, dass der eingehängte Dämpfeinsatz das Wasser nicht berührt. Das Wasser aufkochen, die Auberginenstücke in den Einsatz legen und im Dampf in 5–6 Minuten so weich garen, dass man sie zerdrücken kann. Den Knoblauch zerdrücken, die Pfefferminze und Petersilie schneiden. Das Auberginenfruchtfleisch mit der Gabel zerdrücken und mit dem Olivenöl, Knoblauch, der Zitronenschale, Pfefferminze und Petersilie gut durchmischen. Mit Salz und Pfeffer abschmecken. Das Rosmarinbaguette in Scheiben schneiden und toasten.

Zum Servieren die Auberginenpaste großzügig auf die noch warmen Scheiben streichen, sofort genießen.

Spargel mit Aurorasauce

FÜR 4 PERSONEN
800 g weißer Spargel, geschält

Für die Sauce
1 kleine Zwiebel oder Schalotte, geschält
1 Tomate, überbrüht, enthäutet, Samen entfernt
2 EL Olivenöl
50 ml Weißwein
200 ml Sahne
1 TL Tomatenmark
Salz, Pfeffer
2 EL Schnittlauchröllchen

In einen Topf so viel Wasser füllen, dass der eingehängte Dämpfeinsatz das Wasser nicht berührt. Das Wasser aufkochen, den Spargel in den Einsatz legen und im Dampf in 4–6 Minuten weich garen.

Für die Sauce die Zwiebel und Tomate würfeln. Die Zwiebelwürfel im Olivenöl glasig anschwitzen. Mit dem Weißwein ablöschen, die Sahne angießen und 5 Minuten köcheln lassen. Das Tomatenmark unterrühren, die Tomatenwürfel unterheben und mit Salz und Pfeffer würzen. Zum Servieren die Schnittlauchröllchen untermischen und die Sauce mit dem Spargel anrichten. Dazu passt Hirsetimbale (siehe Seite 220), Pfannkuchen oder einfach Pellkartoffeln.

Zucchinispaghetti mit Paprikasauce

FÜR 4 PERSONEN

Für die Sauce

1 rote Paprikaschote, Stiel, Samen und Scheidewände entfernt
150 ml Gemüsefond
Salz, Pfeffer
1–2 TL Pfeilwurzmehl, in etwas Wasser klümpchenfrei angerührt

Für die Spaghetti

2 mittelgroße Zucchini, geputzt
1 Knoblauchzehe, geschält
3 EL Olivenöl
4 Zweige Zitronenthymian oder Thymian, Blätter abgezupft

Die Paprika im Dampf in 15 Minuten so weich garen (siehe Seite 44), dass man sie pürieren kann. Mit dem Gemüsefond in den Mixer geben, pürieren, durch ein feines Sieb passieren und mit Salz und Pfeffer abschmecken. Die Flüssigkeit in einen Topf geben, aufkochen lassen und mit dem Pfeilwurzmehl leicht andicken.

Die Zucchini auf der Röstiraffel längs in dünne Streifen (Spaghetti) schneiden. Die Knoblauchzehe halbieren und zusammen mit den Zucchinispaghetti im Olivenöl sehr kurz anbraten, sodass die Spaghetti noch Biss haben. Die Thymianblättchen dazugeben und die Spaghetti mit Salz und Pfeffer abschmecken. Den Knoblauch entfernen.

Zum Servieren die Zucchinispaghetti auf vier Tellern auf einem Spiegel aus Paprikasauce anrichten.

Kichererbsenlaibchen mit Koriander-Joghurt-Dip

FÜR 4 PERSONEN

Für die Laibchen

350 g Kichererbsen, 1 Tag in kaltem Wasser eingeweicht
1 l Gemüsefond
2 Zwiebeln, geschält
1 Chilischote, Samen entfernt
2 Knoblauchzehen, geschält, Keim entfernt
2 EL Olivenöl
abgeriebene Schale von 1 Biozitrone
1 EL edelsüßes Paprikapulver
Salz
Bratöl oder Olivenöl zum Braten

Für den Dip

½ Bund Koriandergrün, Blätter abgezupft
2 Frühlingszwiebeln, geputzt
300 g Joghurt
4 EL Olivenöl
Saft von 1 Biozitrone
Salz, Pfeffer

Die Kichererbsen abgießen und im Gemüsefond zugedeckt in 40 Minuten weich garen. Die Zwiebeln klein würfeln. Die Chilischote fein schneiden. Die Knoblauchzehen zerdrücken. Chili, Knoblauch und Zwiebeln im Olivenöl glasig anschwitzen und mit der Hälfte der gekochten Kichererbsen und der Zitronenschale im Blitzhacker fein pürieren. Dabei, falls nötig, etwas von dem Gemüsefond dazugeben. Die restlichen Kichererbsen grob hacken. Kichererbsenpüree, gehackte Kichererbsen und Paprikapulver mischen und mit Salz abschmecken.

Aus der Masse kleine Laibchen formen und mindestens 30 Minuten oder bis zur weiteren Verwendung kalt stellen. Dadurch festigen sie sich ein wenig und lassen sich besser ausbacken. Die Laibchen kurz vor dem Servieren im heißen Öl von beiden Seiten goldgelb braten. Das dauert etwa 3 Minuten. Auf Küchenpapier abtropfen lassen.

Für den Dip das Koriandergrün schneiden, die Frühlingszwiebeln fein schneiden. Joghurt, Koriander, Frühlingszwiebeln, Olivenöl und Zitronensaft verrühren und mit Salz und Pfeffer abschmecken.

Zum Servieren den Dip in Schälchen füllen und zusammen mit den Laibchen anrichten.

TIPP

Zu den Laibchen passt anstelle von Korianderjoghurt auch ein Relish (siehe Seite 308).

Weiße Rüben in Bouillon

FÜR 4 PERSONEN

400 g weiße Rüben, geschält
300 ml Gemüsefond
1 EL Butter
1 TL Klee- oder Akazienhonig
Salz, weißer Pfeffer, grob gemahlen
1 TL Pfeilwurzmehl, in wenig kaltem Wasser klümpchenfrei angerührt

Die Rüben in dicke Stifte (wie Pommes frites) schneiden.
Den Gemüsefond mit der Butter und dem Honig erhitzen, leicht salzen und pfeffern und die Rübenstifte darin zugedeckt 5 Minuten bei schwacher Hitze garen. Sobald sie glasig aussehen, sind sie fertig. Die Flüssigkeit mit etwas Pfeilwurzmehl leicht binden.

Dreierlei Bohnengemüse

FÜR 4 PERSONEN

Für die Bohnenbündel

400 g Prinzess- oder Kenyabohnen, geputzt
8 lange stabile Schnittlauchhalme
1 Bund Bohnenkraut, Blätter abgezupft
abgeriebene Schale von 1 Biozitrone
Salz
4 EL Olivenöl

Für die Schnippelbohnen

500 g Stangen- oder Vanillebohnen, geputzt
1 Knoblauchzehe, geschält, Keim entfernt
½ Vanilleschote, längs aufgeschlitzt, Mark ausgekratzt
3 EL Olivenöl
Salz, Pfeffer

Für die Bohnen mit Schafskäse

200 g Dicke Bohnen, aus den Schoten gepalt
300 g blaue Bohnen (ersatzweise Stangenbohnen), geputzt
1 kleine Zwiebel, geschält
1 Knoblauchzehe, geschält, Keim entfernt
1 Bund Bohnenkraut, Blätter abgezupft
200 ml Sahne
3 EL Olivenöl
100 g Feta in Salzlake
Salz
1 TL roter Pfeffer

Bohnenbündel: Die Bohnen gleich lang zuschneiden. Die Schnittlauchhalme kurz blanchieren, damit sie nicht reißen. Die Bohnen in acht gleich große Portionen teilen. Jedes Bohnenhäufchen mit einem Schnittlauchhalm in der Mitte zusammenbinden. In einen großen Topf so viel Wasser füllen, dass der eingehängte Dämpfeinsatz das Wasser nicht berührt. Das Wasser aufkochen, die Bohnenbündel in den Einsatz legen und im Dampf 3 Minuten garen. Die Päckchen auf Teller heben, mit Bohnenkraut, Zitronenschale und Salz bestreuen und mit vier Esslöffeln Olivenöl beträufeln.

Schnippelbohnen: Die Bohnen quer in ein Zentimeter schmale Scheiben schneiden. In einen großen Topf so viel Wasser füllen, dass der eingehängte Dämpfeinsatz das Wasser nicht berührt. Das Wasser aufkochen, die Bohnen in den Einsatz legen und im Dampf 3 Minuten garen. Den Knoblauch zerdrücken und mit der Vanille in drei Esslöffeln Olivenöl anschwitzen, die gegarten Bohnen darin schwenken und mit Salz und Pfeffer abschmecken.

Bohnen mit Schafskäse: Die Dicken Bohnen blanchieren und schälen (siehe Seite 30). Die blauen Bohnen in drei Zentimeter lange, schräge Stücke schneiden. In einen großen Topf so viel Wasser füllen, dass der eingehängte Dämpfeinsatz das Wasser nicht berührt. Das Wasser aufkochen, die blauen Bohnen in den Einsatz legen und im Dampf 3 Minuten garen. Die Zwiebel in kleine Würfel schneiden, den Knoblauch zerdrücken. Zwiebel, Knoblauch und Bohnenkraut in drei Esslöffeln Olivenöl anschwitzen, mit Sahne auffüllen und 5 Minuten köcheln lassen. Beide Bohnensorten darin schwenken, den Schafskäse zerkrümeln und dazugeben. Mit Salz abschmecken. Die Bohnen in tiefen Tellern anrichten und mit rotem Pfeffer bestreuen.

TIPP

Breite Bohnen sind längs in Streifen geschnitten (Julienne) genauso gut für die Bündel verwendbar. Sie eignen sich quer dünn geschnitten ebenso für die Zubereitung von Schnippelbohnen wie in breitere Stücke geschnitten.
Ganze dünne Bohnen können gut wie Mikado als Bohnen mit Schafskäse angerichtet werden.

Spargel im Haselnussmantel

FÜR 4 PERSONEN
800 g weißer Spargel, geschält
50 g Haselnusskerne
2 EL Haselnussöl
Salz, Pfeffer

In einen großen Topf so viel Wasser füllen, dass der eingehängte Dämpfeinsatz das Wasser nicht berührt. Das Wasser aufkochen, den Spargel in den Einsatz legen und im Dampf in 4–6 Minuten weich garen.

Die Haselnüsse in einer heißen Pfanne ohne Fett hell rösten, bis sie zu duften beginnen, herausnehmen und grob hacken. Haselnüsse, Haselnussöl, Salz und Pfeffer mischen. Den Spargel darin wenden und sofort servieren.

TIPP
Anstelle von weißem eignet sich auch sehr gut grüner Spargel für dieses Rezept.

Lauchtraube in Rote-Bete-Sauce

FÜR 4 PERSONEN
1 kleine Rote Bete, gründlich abgebürstet
1 Schalotte, geschält
300 ml Gemüsefond
1 TL Pfeilwurzmehl, in wenig kaltem Wasser klümpchenfrei angerührt
Salz
Piment
1 EL Rotweinessig
½ TL mittelscharfer Senf
3 Stangen Lauch, gründlich gewaschen, geputzt
2 EL geschlagene Sahne

Von der Roten Bete Stiel- und Wurzelansatz entfernen und die Knolle in grobe Stücke schneiden. In einen großen Topf so viel Wasser füllen, dass der eingehängte Dämpfeinsatz das Wasser nicht berührt. Das Wasser aufkochen, die Rote Bete und die Schalotte in den Einsatz legen und im Dampf in 25 Minuten so weich garen, dass man sie pürieren kann.

Die Rote Bete und die Schalotte im Mixer mit dem Gemüsefond pürieren, durch ein feines Sieb passieren und mit dem Pfeilwurzmehl aufkochen, um die Flüssigkeit leicht zu binden. Mit Salz, Piment, Rotweinessig und Senf würzig abschmecken.

Die Lauchstangen in ein Zentimeter dicke Ringe schneiden und im Dampf 2 Minuten garen. Die geschlagene Sahne vorsichtig unter die Rote-Bete-Sauce ziehen.

Zum Servieren die Sauce auf Vorspeisenteller löffeln und die gegarten Lauchringe traubenförmig darauf anordnen.

Spargel im Spinatmantel

FÜR 4 PERSONEN

800 g grüner Spargel, das untere Drittel geschält, die holzigen Enden entfernt
250 g Blattspinat, verlesen
Salz, Pfeffer
2 EL Olivenöl

In einen großen Topf so viel Wasser füllen, dass der eingehängte Dämpfeinsatz das Wasser nicht berührt. Das Wasser aufkochen, die Spargelstangen in den Einsatz legen und im Dampf 3–5 Minuten garen. Ebenso den Spinat 30 Sekunden dämpfen.

Die Spinatblätter über append auf einem Tuch ausbreiten. Die Spargelstangen pyramidenförmig daraufschichten (siehe Foto) und mithilfe des Tuchs vorsichtig eng einrollen.

Zum Servieren mit einem sehr scharfen Messer Scheiben von drei Zentimeter Länge abschneiden, mit Salz und Pfeffer bestreuen und mit Olivenöl beträufeln.

TIPP

Verwendet man weißen Spargel für dieses Rezept, erziehlt man einen schönen Farbkontrast.

Dim Sum

FÜR 4 PERSONEN

Für den Teig
200 g gesiebtes Dinkelvollkornmehl
100 g gesiebtes Reismehl
15 g Butter, 1 Ei
1 Prise Salz

Für den Dip
2 Knoblauchzehen, geschält, Keim entfernt
1 Schalotte, geschält
1 grüne Chilischote, Samen entfernt
1 Stängel Zitronengras, harte Blätter entfernt
1 TL Klee- oder Akazienhonig
1 EL Hefepaste
2 EL dunkles Sesamöl

Für die 3 Füllungen
6 Shiitakepilze, Stiele entfernt
2 Schalotten, geschält
3 Knoblauchzehen, geschält, Keim entfernt
6 EL Olivenöl
1 EL Tamari (Sojasauce)
Salz, Pfeffer
1 Frühlingszwiebel, geputzt
1 Karotte, gründlich abgebürstet
1 Kohlrabi, geschält
1 kleines Stück Ingwer, geschält
1 Chilischote, Samen entfernt
1 TL gerösteter Sesam
1 Gewürznelke
1 Zacken Sternanis
1 TL Klee- oder Akazienhonig
100 g Sojasprossen

Außerdem
Tamari (Sojasauce)
Lauchstreifen oder Schnittlauch

Für den Teig alle Zutaten mit 125 Milliliter Wasser und einer Prise Salz gut verkneten. Den Teig in Klarsichtfolie wickeln und mindestens 1 Stunde ruhen lassen.

Für den Dip die Knoblauchzehen zerdrücken, die Schalotte, die Chilischote und das Zitronengras in sehr feine Würfelchen schneiden und alle Zutaten für den Dip mischen.

Für die erste Füllung die Shiitakepilze und Schalotten würfeln, eine Knoblauchzehe zerdrücken und dann alles zusammen in zwei Esslöffeln Olivenöl anschmoren. Mit einem Esslöffel Tamari ablöschen, salzen und pfeffern. Die Frühlingszwiebeln in feine Ringe schneiden und untermischen.

Für die zweite Füllung die Karotte, den Kohlrabi und den Ingwer raspeln. Die Chilischote in Ringe schneiden, eine Knoblauchzehe zerdrücken und alles in zwei Esslöffeln Olivenöl anschmoren. Mit Salz abschmecken.

Für die dritte Füllung Sesam, Gewürznelke, Sternanis, Honig und eine Knoblauchzehe im Mörser zu einer Paste zerreiben. Die Sojasprossen in zwei Esslöffeln Olivenöl anbraten, die Paste dazugeben und mit Salz und Pfeffer abschmecken.

Die Dim Sum herstellen (siehe Seite 45): Die Lauchstreifen oder den Schnittlauch kurz blanchieren. Den Teig hauchdünn ausrollen und in vier mal vier Zentimeter große Quadrate schneiden oder rund ausstechen (Durchmesser fünf Zentimeter). Jeweils einen Teelöffel Füllung in jedes Teigblatt einschließen und jedes Päckchen mit einem Streifen Lauch oder einem Schnittlauchhalm zusammenbinden. In einen großen Topf so viel Wasser füllen, dass der eingehängte Bambuskorb das Wasser nicht berührt. Das Wasser aufkochen, die Teigtaschen in den Korb legen und im Dampf jeweils 10 Minuten garen.

Zum Servieren den Dip und Tamari in zwei Schälchen füllen und zu den Dim Sum reichen.

TIPP

Setzen Sie die rohen Dim Sums auf hauchdünne Karottenscheiben in die Bambuskörbchen zum Dämpfen, dann kleben die kleinen Teigpäckchen nicht an.

Tomaten-Crème brulée

FÜR 4 PERSONEN

2 EL frisch geraspelter Parmesan
2 konfierte Tomaten, geviertelt
(siehe Seite 61)
250 ml Crème fraîche
2 Eigelb
Salz, Pfeffer
1 Knoblauchzehe, geschält, Keim entfernt
½ Chilischote, von den Samen befreit
1 TL Kleehonig
4 TL Rohrzucker
1 EL Balsamicoessig

Außerdem
1 TL Butter für die Formen

Vier feuerfeste Formen mit Butter auspinseln. Den Boden der Formen mit Parmesan ausstreuen. Den Backofen auf 165 °C vorheizen.

Die konfierten Tomaten in Würfel schneiden. Die Crème fraîche mit den Eigelben, Salz und Pfeffer verrühren, die konfierten Tomaten unterheben und die Masse in die Förmchen füllen. Die Förmchen in eine tiefe Ofenwanne mit heißem Wasser stellen und im Ofen in etwa 45 Minuten stocken lassen.

Den Knoblauch und die Chilischote in Scheiben schneiden und im Honig kurz karamellisieren. Beiseitestellen.

Die Förmchen aus dem Ofen nehmen, die Oberfläche jeder Tomaten-Crème brulée mit Rohrzucker bestreuen und mit einigen Tropfen Balsamicoessig beträufeln. Mit dem Gasbrenner die Zuckeroberfläche karamellisieren, dabei die Flamme leicht schräg zur Crème brulée halten (siehe Seite 56). Zum Servieren jede Portion mit karamellisiertem Knoblauch und Chili garnieren.

Gurkenbavaroise

FÜR 4 PERSONEN

½ Bund Dill
1 mittelgroße Salatgurke
1 kleine Zwiebel, geschält
1 Knoblauchzehe, geschält, Keim entfernt
350 ml Gemüsefond
1 ½ gestrichene TL Agar-Agar
Salz, Pfeffer
2 EL Sauerrahm
4 schwarze Oliven, entsteint
1 EL Kapern, in Öl eingelegt, gehackt

Vier schöne Dillzweige für die Dekoration beiseitelegen. Den restlichen Dill grob schneiden. Die Gurke, die Zwiebel und den Knoblauch in grobe Stücke schneiden. Den Gemüsefond aufkochen und die Gurken-, Zwiebel- und Knoblauchstücke darin 3 Minuten garen. Alles zusammen mit dem geschnittenen Dill im Mixer pürieren und durch ein mittelfeines Sieb passieren.

Die Flüssigkeit wieder in den Topf geben, mit dem Agar-Agar verrühren und aufkochen lassen. Mit Salz und Pfeffer abschmecken.

Den Sauerrahm unterrühren, die Flüssigkeit in kleine Tassen oder Dariolformen füllen und für mindestens 2 Stunden kalt stellen. Die Oliven und Kapern fein hacken.

Zum Servieren die Gurkenbavaroise aus den Förmchen stürzen und mit gehackten Kapern, Oliven und Dill garnieren.

TIPP

Dieses Gericht lässt sich perfekt vorbereiten. Auch in Gläschen serviert sieht es sehr schön aus. In diesem Fall reicht ein Teelöffel Agar-Agar aus, um die Flüssigkeit gerade eben zu binden, aber noch so weich zu halten, dass man sie aus den Gläschen löffeln kann.

Sülzchen mit Frühlingsgemüse

FÜR 4 PERSONEN

Für die Sülzchen

150 g weißer Spargel, geschält
150 g Karotten, gründlich abgebürstet
500 ml Gemüse- oder Spargelfond
2 gestrichene TL Agar-Agar
Salz, Pfeffer
50 g Frühlingszwiebelgrün

Für die Vinaigrette

3 EL Olivenöl
2 EL weißer Balsamicoessig
1 Bund Kerbel, fein geschnitten
Salz, Pfeffer

Den Spargel und die Karotten in Scheiben schneiden und im Gemüsefond zusammen mit dem Agar-Agar 10 Minuten kochen lassen.

Das gegarte Gemüse mit Salz und Pfeffer abschmecken und das Frühlingszwiebelgrün dazugeben. Das Gemüse mit der Flüssigkeit gleichmäßig auf vier Tässchen oder Dariolförmchen verteilen und abkühlen lassen.

Aus dem Olivenöl, weißem Balsamicoessig und Kerbel eine Vinaigrette rühren. Mit Salz und Pfeffer abschmecken.

Zum Servieren die abgekühlten Sülzchen vorsichtig aus den Formen lösen und auf Vorspeisenteller stürzen. Mit der Vinaigrette übergießen.

Manouri mit Rhabarber und Ingwer en papillote

FÜR 4 PERSONEN
200 g Manouri (Schafskäse)
150 g Rhabarber
10 g Ingwer, geschält
½ Chilischote, Samen entfernt
1 TL Klee- oder Akazienhonig
12 grüne Mandelkerne, enthäutet
Salz
4 Zweige Thymian, Blätter abgezupft
4 EL Olivenöl

Den Backofen auf 220 °C vorheizen. Den Manouri in vier gleich große Stücke schneiden und in vier feuerfeste Förmchen legen. Den Rhabarber schälen und in Stücke schneiden. Anschließend auf dem Käse verteilen, den Ingwer fein reiben und darüberlöffeln. Die Chilischote in feine Scheiben schneiden und auf die Förmchen verteilen. Den Kleehonig darübergeben. Die Mandeln, etwas Salz und den Thymian daraufstreuen und alles mit dem Olivenöl beträufeln.

Die Fömchen mit Butterbrotpapier bedecken und das Papier mit Küchengarn festbinden. Im Ofen bei 220 °C 10 Minuten backen.

Die Förmchen aus dem Ofen nehmen, das Papier leicht aufreißen und den gebackenen Käse in den Formen servieren.

TIPP
Da grüne Mandelkerne ein sehr saisonales Produkt sind, können sie auch gut durch gekeimte Mandeln oder Sonnenblumenkerne (siehe Seite 78–81) ersetzt werden.
Manouri ist ein griechischer Frischkäse der hauptsächlich aus der Molke von Schafsmilch, manchmal auch Ziegenmilch, hergestellt wird. Er hat einen milden Geschmack und eignet sich sehr gut für Aufläufe oder zum Salat. Man bekommt ihn bei Griechischen Feinkosthändlern, manchmal auch in Bioläden oder gut sortierten Käsegeschäften.

Verschiedene Gemüse-Cappuccino im Mokkatässchen

FÜR 4 PERSONEN
je 250 g Karotten, Rote Bete, Blumenkohl, Tomaten, grüne Erbsen
2 Zwiebeln
1 l Gemüsefond
550 ml fettarme Milch
Salz, Pfeffer
1 Knoblauchzehe, geschält, Keim entfernt und zerdrückt
Muskatnuss, frisch gerieben
10 g Ingwer, geschält und fein gerieben
2 EL frisch geraspelter Parmesan
½ Tl edelsüßes Paprikapulver
½ Bund Kerbel, Blätter abgezupft
1 Tl fein geriebener Merrettich

Sämtliches Gemüse waschen, putzen oder schälen und bis auf die Erbsen grob schneiden. In einen großen Topf so viel Wasser füllen, dass der eingehängte Dämpfeinsatz das Wasser nicht berührt. Das Wasser erhitzen und das Gemüse im Dampf separat so weich garen, dass man es pürieren kann: Erbsen und Tomaten brauchen 4 Minuten, Zwiebeln und Blumenkohl 8 Minuten, Karotten und Rote Bete 15 Minuten.
Den Gemüsefond erhitzen. Milch separat erhitzen und aufschäumen.

Im Mixer separat pürieren:
Für den Blumenkohl-Cappuccino Blumenkohl, 150 Milliliter Gemüsefond, 150 Milliliter Milch, die Hälfte des Knoblauchs, etwas Salz. In kleine Tässchen füllen, Milchschaum darüberlöffeln und mit Muskatnuss bestauben.

Für den Karotten-Cappuccino Karotten, ein Drittel der Zwiebeln, den Ingwer, 250 Milliliter Gemüsefond, etwas Salz. In Tässchen füllen, Milchschaum darüberlöffeln und mit Paprikapulver bestauben.

Für den Tomaten-Cappuccino Tomaten, ein Drittel der Zwiebeln, den restlichen Knoblauch, 200 Milliliter Gemüsefond, etwas Salz und Pfeffer. Die Suppe durch ein feines Sieb passieren. In kleine Tässchen füllen, Milchschaum darüberlöffeln und mit Parmesan bestreuen.

Für den Erbsen-Cappuccino Erbsen, 150 Milliliter Gemüsefond, 150 Milliliter Milch, etwas Salz und Pfeffer. Die Suppe durch ein feines Sieb passieren. In kleine Tässchen füllen, Milchschaum darüberlöffeln und mit gezupftem Kerbel bestreuen.

Für den Rote-Bete-Cappuccino Rote Bete, 250 Milliliter Gemüsefond, etwas Salz und Pfeffer. In kleine Tässchen füllen, Milchschaum darüberlöffeln und mit Merrettich bestreuen.

Frühlingsröllchen

FÜR 4 PERSONEN
8 Blatt Reispapier
30 g Butter, zerlassen
Mehl für die Arbeitsfläche
Pflanzenöl zum Frittieren
6 EL Sojasauce

Für die Füllung
350 g Karotten, gründlich abgebürstet
1 große Zwiebel, geschält
20 g Ingwer, geschält
2 Knoblauchzehen, geschält, Keim entfernt
4 EL Olivenöl
2 TL Klee- oder Akazienhonig
150 g Sojasprossen
Salz
½ Bund Koriandergrün, gehackt

Das Reispapier mit Wasser bepinseln, damit es weich wird.

Für die Füllung die Karotten, die Zwiebel und den Ingwer grob raspeln. Den Knoblauch zerdrücken. Die Hälfte des Olivenöls und den Honig in einem Topf erhitzen und das zerkleinerte Gemüse darin anschwitzen. Die Sojasprossen dazugeben und alles kurz durchschwenken. Mit Salz und Koriander würzen und etwas abkühlen lassen.

Die Teigblätter vierteln und mit zerlassener Butter bestreichen. Auf jedes Teigstück etwas Füllung geben und eng einrollen, dabei die Seiten der Teigblätter einschlagen.

Die Frühlingsröllchen portionsweise in heißem Fett knusprig ausbacken und auf Küchenpapier abtropfen lassen.

Zum Servieren die Frühlingsrollen mit Sojasauce zum Dippen als Fingerfood reichen.

Frühlingsgemüse-Couscous

FÜR 4 PERSONEN
200 g Couscous
25 g Rosinen
8 Stangen weißer Spargel, geschält
2 junge Kohlrabi, geschält, zarte Blätter beiseitegelegt
12 junge Karotten mit Grün, geputzt
2 Frühlingszwiebeln, geputzt
3 EL Olivenöl
1 EL Butter
1 TL gemahlener Zimt
1 TL Madras-Currypulver
Salz, Pfeffer

Ein Dim-Sum-Bambuskörbchen oder ein Sieb mit einem Küchentuch auskleiden. Den Couscous und die Rosinen hineingeben und unter fließendem Wasser durchfeuchten. Auf einen passenden Topf mit kochendem Wasser setzen, zudecken und 15 Minuten im Dampf garen.

Den Spargel in vier Zentimeter lange Stücke, die Kohlrabi in Achtel schneiden und die Karotten längs halbieren. Das Gemüse bis auf die Frühlingszwiebeln im Dampf 4–6 Minuten garen.

Die Frühlingszwiebeln in Olivenöl und Butter glasig anschwitzen (sollten Kohlrabiblätter vorhanden sein, diese dazugeben), Zimt und Currypulver dazugeben. Das Gemüse und den Couscous unterheben, mit Salz und Pfeffer abschmecken.

Zum Servieren eine Tajine (ersatzweise eine hitzebeständige schöne Schüssel) mit heißem Wasser vorwärmen. Den Couscous darin auf einem Stövchen servieren.

Spargelterrine mit Tomatenvinaigrette

FÜR 4 PERSONEN

Für die Terrine

400 g grüner Spargel, das untere Drittel geschält, holzige Enden entfernt
250 ml Sahne
1 TL gemahlenes Agar-Agar
Salz, Pfeffer
4 EL Schnittlauchröllchen

Für die Vinaigrette

2 Tomaten, enthäutet und Samen entfernt
3 EL Balsamicoessig
4 EL Olivenöl
1 Msp. Kleehonig
Salz, Pfeffer

In einen großen Topf so viel Wasser füllen, dass der eingehängte Dämpfeinsatz das Wasser nicht berührt. Das Wasser aufkochen, den Spargel in den Einsatz legen und im Dampf in 5–6 Minuten weich garen. Eine kleine Terrinenform mit Frischhaltefolie auskleiden. Die Spargelstangen hineinlegen.

Die Sahne mit dem Agar-Agar aufkochen, mit Salz und Pfeffer abschmecken und die Schnittlauchröllchen unterrühren. Über die Spargelstangen in die Terrinenform gießen und für 45 Minuten kalt stellen.

Für die Vinaigrette die Tomaten in Würfel schneiden. Balsamicoessig, Olivenöl, Honig und Tomatenwürfel mischen und mit Salz und Pfeffer abschmecken.

Zum Servieren die Terrine aus der Form stürzen, die Folie abziehen und die Terrine mit einem heißen Messer in Scheiben schneiden. Dabei das Messer immer wieder in heißes Wasser tauchen. Die Scheiben auf Portionstellern anrichten und mit der Vinaigrette umgießen.

Frühlingsgemüse en papillote

FÜR 4 PERSONEN

300 g grüner Spargel, das untere Drittel geschält
80 g Zuckerschoten, geputzt
4 Frühlingszwiebeln, geputzt
12 Mairübchen mit Grün, geputzt
12 kleine Karotten mit Grün, geputzt
1 Bund Bärlauch
4 EL Olivenöl
Salz, Pfeffer
100 ml Gemüse- oder Spargelfond

Spargel, Zuckerschoten, Frühlingszwiebeln, Mairübchen und Karotten längs halbieren und in fünf Zentimeter lange Stücke schneiden. Den Backofen auf 200 °C vorheizen.
Den Bärlauch fein schneiden, mit dem Olivenöl verrühren, salzen und pfeffern. Das Gemüse damit vermischen und in vier Portionen teilen.

Jede Portion auf hitzebeständige Backfolie geben, mit etwas Gemüsefond beträufeln und fest zu Päckchen verschließen. 15–20 Minuten im Ofen garen (siehe Seite 64).

TIPP

Ersatzweise kann auch Aluminiumfolie verwendet werden.

Gefüllte Weinblätter

FÜR 4 PERSONEN
120 g Calasparra-Vollkornreis (spanischer Rundkornreis)
300 ml Gemüsefond
1 Lorbeerblatt
20 g Pinien- oder Zedernkerne
1 Zwiebel, geschält
6 EL Olivenöl
½ Bund Dill, harte Stiele entfernt
½ Bund glatte Petersilie, Blätter abgezupft
½ Bund Minze, Blätter abgezupft
Salz, Pfeffer
20 Weinblätter
Saft von 1 Zitrone

Den Reis mit dem Gemüsefond und dem Lorbeerblatt aufkochen und zugedeckt 20 Minuten ausquellen lassen.

Die Pinien- oder Zedernkerne in einer trockenen Pfanne goldbraun rösten.
Die Zwiebel in Würfel schneiden und in drei Esslöffeln Olivenöl glasig anschwitzen. Dill, Petersilie und Minze fein schneiden und dazugeben. 1 Minute mitschmoren und zusammen mit den gerösteten Kernen unter den ausgequollenen Reis mischen. Mit Salz und Pfeffer abschmecken. Abkühlen lassen.

Die Weinblätter entstielen, blanchieren und in Eiswasser abschrecken. Die Blätter auf der Arbeitsfläche ausbreiten und trocken tupfen. Jedes Weinblatt mit Reis füllen, eng aufrollen und mit dem restlichen Olivenöl und etwas Zitronensaft beträufeln (siehe Seite 85).

Zum Servieren die Weinblätter auf einer Platte anrichten und als kalte Vorspeise reichen.

Tomaten-Räuchertofu-Bruschetta

FÜR 4 PERSONEN
1 große Tomate, überbrüht, enthäutet, Samen entfernt
20 g Räuchertofu
1 Schalotte, geschält
2 EL Chiliöl (siehe Seite 306)
4 Basilikumblätter, gezupft
etwas abgeriebene Schale von 1 Biozitrone
Salz
4 Scheiben Baguette

Die Tomate und den Tofu in Würfel, die Schalotte in feine Würfel schneiden. Tomate, Schalotte, Tofu, Chiliöl, Basilikum und Zitronenschale vermischen und mit wenig Salz abschmecken. Die Brote toasten.

Zum Servieren die Masse auf die noch warmen Baguettescheiben häufen.

TIPP
Diese Bruschetta passt als Vorspeise, zum Aperitif oder zu einer Suppe, zum Beispiel Erbsensuppe mit Kerbelschaum (siehe Seite 139).

Rhabarbersoufflé

FÜR 4 PERSONEN

2 Eier
200 g Rhabarber, geschält
1 Vanilleschote, Mark ausgekratzt
Saft von 1 Zitrone
30 g Klee- oder Akazienhonig
200 ml Sahne
1 EL Dinkelvollkornmehl, gesiebt

Außerdem

1 EL zerlassene Butter für die Formen

Vier feuerfeste Souffléformen mit Butter auspinseln. Die Eier trennen. Den Rhabarber in Scheiben schneiden und mit dem Vanillemark und Zitronensaft mischen, beiseitestellen. Die Eiweiße steif schlagen, den Honig und die Eigelbe dazugeben und weiterschlagen, bis die Masse luftig und schaumig ist.

Den Backofen auf 165 °C vorheizen. Die Sahne unter den Eischaum ziehen, das Mehl unterheben und die Eimasse in die Förmchen füllen. Den Rhabarber darauf verteilen und einsinken lassen. Die Soufflés im heißen Wasserbad im Ofen 20–25 Minuten backen.

Zum Servieren die Förmchen aus dem Ofen nehmen, abtrocknen, etwas abkühlen lassen und warm zu Tisch bringen.

Pomeranzencreme mit Mandelhippen

FÜR 4 PERSONEN

Für die Pomeranzencreme

2 unbehandelte Pomeranzen (Bitterorangen)
40 g Klee- oder Akazienhonig
100 g Mascarpone
1 Vanilleschote, Mark ausgekratzt

Für das Orangengelee

250 ml Orangensaft
1 Bund Pimpernelle (kleiner Wiesenknopf)
40 g Klee- oder Akazienhonig
1 ½ gestrichene TL Agar-Agar

Für die Mandelhippen

1 Ei
15 g Honig
15 g Dinkelmehl, gesiebt
1 Tropfen Bittermandelöl
20 g Mandelblättchen
15 g Rapadura-Zucker
1 EL zerlassene Butter für das Blech

Für die Creme die Pomeranzen waschen, in feine Streifen schneiden, mit dem Honig in einen Topf geben und 45 Minuten lang leise köcheln lassen. Abkühlen lassen und die Kerne herausfischen. Den Mascarpone mit den abgekühlten Pomeranzen und dem Vanillemark gründlich verrühren.

Für das Gelee den Orangensaft mit der Pimpernelle (einige Blättchen zum Dekorieren beiseitelegen) im Mixer pürieren und durch ein feines Sieb passieren. Den Honig und das Agar-Agar unterrühren, alles einmal aufkochen und dann etwas abkühlen lassen.

Zuerst etwas Mascarponecreme, dann vorsichtig noch leicht warmes Orangengelee (muss gerade noch flüssig sein), wieder Mascarponecreme und noch einmal Orangengelee schichtweise in Dessertgläser füllen. Bis zum Servieren in den Kühlschrank stellen.
Für die Mandelhippen den Ofen mit einem Backblech auf 180 °C vorheizen. Das Ei trennen, das Eiweiß steif schlagen. Honig, Mehl, Mandelöl und Eigelb unterrühren. Das Backblech aus dem Ofen nehmen und mit Butter bestreichen. Den Mandelteig in kleinen Kreisen von etwa 15 Zentimeter Durchmesser gleichmäßig aufstreichen, mit Mandelblättchen und Zucker bestreuen und etwa 3 Minuten backen. Die noch warmen Hippen vom Blech lösen und aufrollen. Abkühlen lassen.

Zum Servieren das Dessert in den Gläsern anrichten und mit ein wenig Pimpernelle bestreuen. Die Mandelhippen separat dazu reichen.

Erdbeer-Rhabarber-Bowle

FÜR 4 PERSONEN:
100 g Rhabarber
100 g Erdbeeren
1 Vanilleschote, aufgeschlitzt
etwas abgeschälte Schale von
1 Biozitrone
1 EL Akazienhonig
1 l Mineralwasser
Eiswürfel

Den Rhabarber schälen und in dünne Scheiben schneiden. Die Erdbeeren waschen, entstielen und würfeln.

Die Rhabarberscheiben und Erdbeerwürfel mit der Vanilleschote, der Zitronenschale und dem Honig mischen und für 3 Stunden durchziehen lassen.

Anschließend mit Mineralwasser aufgießen, Eiswürfel dazugeben und umrühren.

Apfelsuppe mit Apfelkugeln in Rotwein

FÜR 4 PERSONEN
5 Äpfel, Stiel- und Blütenansätze entfernt, geschält, Schale beiseitegelegt
1 Biozitrone, in Scheiben geschnitten
250 ml Rotwein
45 g Klee- oder Akazienhonig
20 g Ingwer, grob geschnitten
½ Vanilleschote, längs aufgeschlitzt, das Mark ausgekratzt
45 g Tapioka

Aus den Äpfeln mit dem Parisienne-Ausstecher möglichst viele Kugeln ausstechen und in einen kleinen Topf geben. Die Apfelkugeln und eine Zitronenscheibe in dem Rotwein aufkochen und bei schwacher Hitze in etwa 5 Minuten gar ziehen lassen. Mit etwa einem Esslöffel Honig süßen und die Äpfel in der Flüssigkeit 24 Stunden kühl stellen. Apfelschalen, Apfelreste, Ingwer, Vanilleschote und das -mark sowie die restlichen Zitronenscheiben mit zwei Liter Wasser in einen großen Topf geben, zum Kochen bringen und etwa 45 Minuten offen köcheln lassen, sodass sich die Flüssigkeit um etwa die Hälfte reduziert. Tapioka hineinrühren und bei ganz schwacher Hitze zugedeckt 50 Minuten ausquellen lassen, bis die Apfelsuppe leicht gebunden ist. Mit Honig abschmecken und abkühlen lassen. Auch hier intensiviert sich der Geschmack, wenn die Suppe 24 Stunden durchzieht. Zum Servieren die Apfelsuppe abseihen. Die nun dunkelroten Apfelkugeln in ein Sieb abgießen und in Dessertschalen füllen. Die abgekühlte Apfelsuppe darüberschöpfen und servieren.

Apfel-Paprika-Smoothie

FÜR 4 PERSONEN
250 g gelbe Äpfel
2 grüne Paprikaschoten
1 Biozitrone, mitsamt der weißen Innenhaut geschält
½ grüne Chilischote, Samen entfernt
3 g Salz
750 ml stilles Wasser
zerstoßene Eiswürfel

Mit einem Ausstecher das Kerngehäuse der Äpfel entfernen. Die beiden Paprikaschoten waschen, Stielansätze und Scheidewände mit Samen entfernen.

Die Äpfel und die Paprikaschoten in Stücke schneiden. Die Zitrone halbieren. Alle Zutaten so lange im Mixer pürieren, bis eine schaumige und sämige Flüssigkeit entsteht.

Den Smoothie nach dem Pürieren sofort in Gläser füllen und servieren.

Geeiste Avocadocreme mit Beeren

FÜR 4 PERSONEN
1 große reife Avocado
250 ml Kokosmilch
Saft von 2 Limetten
etwas gemahlene Vanille
50 g Klee- oder Akazienhonig
100 g Rote Johannisbeeren
100 g Himbeeren

Die Avocado halbieren und den Stein herausnehmen. Das Fruchtfleisch mit einem Löffel aus der Schale lösen und in grobe Stücke schneiden. Zusammen mit der Kokosmilch, der Hälfte des Limettensafts, etwas Vanille und 30 Gramm Honig im Mixer pürieren. In kleine Tassen oder Förmchen füllen und mindestens 4 Stunden tiefkühlen.

Nach Belieben 12 schöne Himbeeren für die Garnitur beiseitelegen. Die restlichen Johannisbeeren von den Stielen zupfen und zusammen mit den restlichen Himbeeren, dem übrigen Honig und dem restlichen Limettensaft im Mixer pürieren. Die Fruchtmasse durch ein feines Sieb passieren.

Zum Servieren die Förmchen aus dem Gefrierschrank nehmen und kurz in heißes Wasser tauchen. Die geeiste Avocadocreme auf Dessertteller stürzen, mit dem Fruchtpüree übergießen und mit den Beeren verzieren.

Veilchensorbet

FÜR 4 PERSONEN

350 ml Mineralwasser ohne Kohlensäure
50 g Klee- oder Akazienhonig
Saft von 1 Zitrone
1 Handvoll frische Veilchenblüten
(etwa 10 g)

Das Wasser mit dem Honig und Zitronensaft im Mixer verquirlen und in die Eismaschine füllen. Die Veilchenblüten dazugeben und die Mischung gefrieren.
Zum Servieren das Sorbet in Glasschälchen oder Tassen füllen und nach Belieben mit einigen Veilchenblüten garnieren.

TIPP

Wenn Sie keine Eismaschine haben, können Sie die Flüssigkeit auch in einer flachen Schüssel im Tiefkühler gefrieren und alle 15 Minuten mit einem Schneebesen umrühren, damit das Sorbet sämig wird.

Erdbeer-Kiwi-Joghurt-Smoothie

FÜR 4 PERSONEN

200 g Erdbeeren
2 Kiwis
250 ml Trinkjoghurt
20 g Klee-oder Akazienhonig
400 ml stilles Wasser
zerstoßene Eiswürfel

Von den Erdbeeren die Stielansätze entfernen und die Kiwis schälen. Die Erdbeeren halbieren. Die Kiwis vierteln.

Die halbierten Erdbeeren, die geviertelten Kiwis, den Joghurt, den Honig, das Wasser und ein paar zerstoßene Eiswürfel im Mixer pürieren, sodass eine sämige Flüssigkeit entsteht.

Zum Servieren den frisch pürierten Smoothie in Gläser füllen, sofort genießen.

Sommerrezepte

Rote-Bete-Suppe mit Senf und Meerrettich

FÜR 4 PERSONEN
1 mittelgroße Rote Bete
1 Karotte, 1 Kartoffel
750 ml Gemüsefond
1 TL mittelscharfer Senf, Salz
4 EL geschlagene Sahne
1 kleines Stück Meerrettich, geputzt
2 Zweige glatte Petersilie, Blätter abgezupft

Die Rote Bete und die Karotte gut abürsten und mit der Schale in grobe Stücke schneiden.
Die Kartoffel ebenfalls schälen und in Stücke schneiden. In einen großen Topf so viel Wasser einfüllen, dass der eingehängte Dämpfeinsatz das Wasser nicht berührt. Das Wasser aufkochen, das Gemüse in den Einsatz legen und im Dampf in 20 Minuten so weich garen, dass man es im Mixer pürieren kann. Den Gemüsefond erhitzen, Gemüse und Fond mit dem Senf im Mixer zu einer sämigen Suppe pürieren. Mit Salz abschmecken.
Zum Servieren jede Portion mit einem Sahnehäubchen, frisch darübergeriebenem Meerrettich und Petersilienblättern anrichten.

Avocado-Kaltschale

FÜR 4 PERSONEN
2 reife Avocados
1 kleine Knoblauchzehe
750 ml Gemüsefond, eisgekühlt
Saft von 1 Biozitrone
etwas zerstoßenes Eis
1 Bund Pimpernelle, Blätter abgezupft
½ kleine Chilischote, Samen entfernt
Salz
1 Tomate, überbrüht, enthäutet und von den Samen befreit
1 EL Chiliöl (siehe Seite 303)

Die Avocados halbieren, den Kern entfernen und das Fruchtfleisch mit einem Löffel aus der Schale heben. Den Knoblauch schälen, vom Keim befreien und zerdrücken. Beides im Mixer mit dem Gemüsefond, dem Zitronensaft, dem zerstoßenen Eis, den Pimpernelleblättern und dem Chili glatt pürieren. Gegebenenfalls durch ein feines Sieb passieren, dann mit Salz abschmecken und in Gläser füllen. Die Tomate in Würfel schneiden.

Zum Servieren die Kaltschale mit den Tomatenwürfeln dekorieren und mit einigen Tropfen Chiliöl beträufeln.

TIPP
Gut dazu passen Olivenpralinen (siehe Seite 277).

Pfifferlingsuppe

FÜR 4 PERSONEN
100 g Kartoffeln, 60 g Karotten,
40 g Petersilienwurzel
500 ml Gemüsefond (siehe Seite 351)
250 ml Milch, Salz, Pfeffer
2 EL Olivenöl
60 g Pfifferlinge, geputzt, große halbiert
½ Bund glatte Petersilie, grob geschnitten

Die Kartoffeln schälen, Karotten und Petersilienwurzel gründlich abbürsten und alles in grobe Stücke schneiden.
Den Gemüsefond mit der Milch zum Kochen bringen. Die Kartoffeln, Karotten und Petersilienwurzel darin in 10 Minuten weich garen. Alles im Mixer glatt pürieren und mit Salz und Pfeffer abschmecken. Zurück in den Topf geben und noch einmal kurz erwärmen.
Das Olivenöl in einer Pfanne erhitzen und die Pilze darin 2 Minuten braten. Mit Salz und Pfeffer abschmecken und mit der Petersilie zur Suppe geben.

Currysüppchen mit Rübenspießchen

FÜR 4 PERSONEN

Für die Suppe

1 Zwiebel, geschält
1 Karotte, gründlich abgebürstet
1 Kartoffel, geschält
½ Stange Lauch, geputzt
½ kleine mittelscharfe Chi ischote
1 Lorbeerblatt
2 EL Olivenöl
1 EL Madras-Currypulver
750 ml Gemüsefond, Salz
2 EL geschlagene Sahne

Für die Spießchen

16 kleine Mairübchen, geputzt
1 Bund Koriandergrün, Blätter abgezupft
2 EL Olivenöl
1 EL Koriandersamen, zerdrückt

Für die Suppe die Zwiebel, die Karotte, die Kartoffel und den Lauch in grobe Stücke schneiden. Von der Chilichote die Samen entfernen. Chili und Lorbeerblatt in dem Olivenöl glasig anschwitzen, das Currypulver dazugeben und mit Gemüsefond aufgießen. 10 Minuten köcheln lassen.

Das Lorbeerblatt herausnehmen und alles im Mixer pürieren. Durch ein mittelfeines Sieb streichen, mit Salz abschmecken und die geschlagene Sahne kurz vor dem Servieren unterziehen.

In einen großen Topf so viel Wasser einfüllen, dass der eingehängte Dämpfeinsatz das Wasser nicht berührt. Das Wasser aufkochen, die Rüben in den Einsatz legen und im Dampf in 5 Minuten weich garen. Die weißen Rübchen abwechselnd mit Korianderblättern auf vier Holz- oder Bambusspieße stecken und im Olivenöl zusammen mit den Koriandersamen kurz braten.

Zum Servieren die Suppe in Schalen füllen und die Spießchen dazu reichen.

Kopfsalatsuppe mit Beilagen

FÜR 4 PERSONEN

Für die Suppe
2 kleine Kartoffeln, geschält
1 Schalotte, geschält
1 großer Kopfsalat, gewaschen
2 El Olivenöl
750 ml Gemüsefond
(siehe Seite 351)
Salz, Pfeffer
Muskatnuss, frisch gerieben
125 ml Sahne

Für die Croûtons
1 Knoblauchzehe, geschält,
Keim entfernt
1 EL Butter
4 EL Vollkorntoastwürfel

Zum Bestreuen
4 EL gehacktes hart gekochtes Ei
4 EL Tomatenwürfel
4 EL Schnittlauchröllchen

Die Kartoffeln vierteln, die Schalotte würfeln und den Kopfsalat ebenfalls vierteln. In einen großen Topf so viel Wasser füllen, dass der eingehängte Dämpfeinsatz das Wasser nicht berührt. Das Wasser aufkochen, die Kartoffelstücke in den Einsatz legen und im Dampf in etwa 8 Minuten so weich garen, dass sie püriert werden können. Die Kopfsalatviertel im Dampf 3–4 Minuten garen. Sie sollen noch hellgrün sein. Die Schalotte im Olivenöl glasig anschwitzen.

Den Gemüsefond erhitzen. Kartoffeln, Kopfsalat und Schalotte mit dem Gemüsefond im Mixer zu einer sämigen Suppe pürieren. Mit Salz, Pfeffer und Muskatnuss abschmecken. Die Sahne halbsteif schlagen, unterziehen und die Suppe sofort servieren.

Für die Croûtons den Knoblauch zerdrücken. Die Butter in einer Pfanne zerlassen, den Knoblauch und die Toastbrotwürfel hineingeben und goldgelb rösten.

Zum Servieren die Beilagen separat zur Suppe reichen. Jeder Gast kann sich nach Belieben Croûtons, Ei, Tomaten und Schnittlauch darüberstreuen.

Sommerlicher Brotsalat

FÜR 4 PERSONEN

Für den Sud

1 Zwiebel, geschält
250 ml Gemüsefond
6 EL Rotweinessig
2 Lorbeerblätter
1 TL schwarze Pfefferkörner
1 TL Koriandersamen

Für den Salat

12 Scheiben Rosmarinbaguette (siehe Seite 350)
½ Staude Staudensellerie, geschält
2 Frühlingszwiebeln. geputzt
2 Fleischtomaten
je 1 gelbe und rote Paprikaschote
3 EL Kapern
8 EL Olivenöl, Salz, Pfeffer
je 1 Bund Rucola und Basilikum, ½ Bund Bohnenkraut, gezupft

Alle Zutaten für den Sud aufkochen und 15 Minuten sieden lassen. Das Brot toasten.

Den Staudensellerie und die Frühlingszwiebeln in Scheiben schneiden. Von den Fleischtomaten den Stielansatz entfernen und die Paprikaschoten von den Samen und Scheidewänden befreien. Beides in Würfel schneiden. Alles mit den Kapern mischen. Das Brot in mundgerechte Stücke brechen.

Den noch warmen Sud abgießen. Sud, Öl und Brot zum Salat geben. Salzen und pfeffern und gut durchmischen. Vom Rucola die Stiele entfernen und die Basilikumblätter abzupfen. Kurz vor dem Servieren den Rucola und die Kräuter unterheben.

TIPP

Dieser Salat lässt sich gut vorbereiten, da er besser wird, wenn er 1–2 Stunden durchziehen darf. In diesem Fall Kräuter und Rucola erst kurz vor dem Anrichten unterheben, damit sie nicht zusammenfallen.

Crudités

FÜR 4 PERSONEN

je 1 rote und gelbe Paprikaschote,
½ Stange Staudensellerie, geschält
2 Karotten, gründlich abgebürstet
1 Bund Radieschen, Wurzeln entfernt

Für die Dips

125 ml Sauerrahm
1 Bund Schnittlauch, fein geschnitten
1 reife Acocado
Saft von 1 Biozitrone
1 EL Hefeflocken, Salz, Pfeffer

Von der Paprika Stiel, Samen und Scheidewände entfernen. Die Paprika, den Staudensellerie und die Karotten in dicke Stifte wie Pommes frites schneiden. Die Radieschen mit etwas von dem Grün und die Gemüsestifte in Portionsgläsern oder auf einer Platte anrichten.

Die Dips zubereiten: Den Sauerrahm mit dem Schnittlauch verrühren, mit Salz und Pfeffer abschmecken und in ein Schälchen füllen.

Die Avovado halbieren, den Kern entfernen und das Fruchtfleisch mit einem Löffel aus der Schale heben. Mit Zitronensaft, Hefeflocken und etwas Salz und Pfeffer mit der Gabel zerdrücken. Ebenfalls in ein Schälchen füllen.

Zum Servieren die Crudités mit den Dips auf den Tisch stellen.

Rohe Gemüselasagne

FÜR 4 PERSONEN

Für die Lasagne

je 1 rote und gelbe Paprikaschote, Samen und Scheidewände entfernt
1 Zucchini
24 Cocktailtomaten
80 g Rucola, geputzt
1 EL Rosmarinöl zum Beträufeln (siehe Seite 306)

Für die Tapenade

½ Bund Basilikum, Blätter abgezupft
4 EL Olivenöl
2 EL Mandelmus
2 Knoblauchzehen, geschält, Keim entfernt
etwas abgeriebene Schale von 1 Biozitrone
2 EL schwarze Oliven, entsteint
1 EL Kapern
Salz, Pfeffer

Die Paprikaschoten mit dem Sparschäler schälen und vierteln. Jedes Viertel begradigen und quer in dünne breite Scheiben schneiden. Die Zucchini in zehn Zentimeter lange Stücke schneiden, die Stücke in dünne Längsscheiben hobeln. Die Cocktailtomaten halbieren.

Für die Tapenade alle Zutaten im Mixer zu einer streichfähigen Paste pürieren.
Die Lasagne portionsweise aufbauen (siehe Seite 76): Vier Zucchinischeiben überlappend zu einem Quadrat legen. Mit Tapenade bestreichen. Tomatenscheiben und Rucolablätter darauflegen. Rote Paprikascheiben mit Tapenade bestreichen und daraufsetzen. Wieder mit Tomatenscheiben und Rucola belegen. Diesen Schritt mit den gelben Paprikascheiben wiederholen. Zuoberst ein Zucchiniquadrat, mit der Tapenadeseite nach unten, legen. Mit Rucolablättern bestreuen und mit Rosmarinöl beträufeln. Die restlichen drei Portionen ebenso schichten.

TIPP

Die Parikaschalen und -abschnitte lassen sich für einen Gemüsefond (siehe Seite 351) verwenden.
Die Tapenade hält sich im Kühlschrank einige Tage und passt zu Antipasti oder knusprig gebackenem Rosmarinbaguette (siehe Seite 350).
Anstelle der Fleischtomaten kann man auch halbierte Cocktailtomaten verwenden.

Zucchinisalat mit Basilikum

FÜR 4 PERSONEN

600 g Zucchini
½ Bund Basilikum, Blätter abgezupft
Saft von 1 Biozitrone
4 EL Olivenöl
Salz, Pfeffer

Die Zucchini auf der Röstireibe in Stifte raspeln. Die Basilikumblätter fein schneiden. Zucchini und Basilikum mit dem Zitronensaft, Olivenöl, wenig Salz und Pfeffer locker mischen.

TIPP

Zu dem Salat passt frisches Buttermilch-Nuss-Brot oder Rosmarinbaguette von Seite 350.

Spitzkohlrohkost bayerisch

FÜR 4 PERSONEN

800 g Spitzkohl, Strunk entfernt
2 Zwiebeln, geschält
1 Knoblauchzehe, geschält, Keim entfernt
8 EL Olivenöl
1 TL Kümmelsamen
5 EL Apfelessig
1 TL Klee- oder Akazienhonig
Salz, Pfeffer
½ Bund Schnittlauch, fein geschnitten

Den Spitzkohl in feine Streifen hobeln und in eine große Schüssel geben.

Die Zwiebeln in feine Würfel schneiden. Den Knoblauch zerdrücken. Zwiebeln und Knoblauch im Olivenöl glasig anschwitzen, den Kümmel dazugeben und mit Apfelessig ablöschen. Mit Honig, Salz und Pfeffer abschmecken.

Die heiße Vinaigrette über die Spitzkohlstreifen gießen und gut durchmischen. Kurz vor dem Servieren den Schnittlauch unterheben.

Spitzkohlrohkost mediterran

FÜR 4 PERSONEN

400 g Spitzkohl, Strunk entfernt
300 g Karotten, gründlich abgebürstet
2 Knoblauchzehen, geschält, Keim entfernt
1 rote Chilischote, Samen entfernt
½ Bund Dill
Saft von 3 Biolimetten
8 EL Olivenöl
Salz

Den Spitzkohl in feine Streifen hobeln und in eine große Schüssel geben.

Die Karotten auf der Röstireibe in Stifte raspeln. Die Karottenstifte zum Spitzkohl in die Schüssel geben. Den Knoblauch zerdrücken. Die Chilischote in Streifen schneiden. Den Dill fein schneiden. Den Salat mit Knoblauch, Chili, Limettensaft, Olivenöl, Salz und Dill durchmischen.

TIPP

Chili kann man je nach Geschmack zugeben. Wer den Salat gerne scharf mag, verwendet eine ganze Schote. Wer ihn milder liebt, nimmt entsprechend weniger oder lässt den Chili ganz weg.

Gegrillte Maiskolben

FÜR 4 PERSONEN

4 frische Maiskolben
4 EL Butter
Salz, Pfeffer
1 TL edelsüßes Paprikapulver

Die Maiskolben reinigen, eventuell vorhandene Umblätter nach hinten klappen, Seidenfäden entfernen. Die Maiskolben für 20 Minuten in kaltes Wasser legen, dann abtrocknen, auf den Grill legen und zugedeckt mit Alufolie 12–15 Minuten grillen. Dabei gelegentlich umdrehen.

Zum Servieren die gegrillten Maiskolben mit der Butter bestreichen und mit Salz, Pfeffer und Paprikapulver bestreuen.

Bunter Sommersalat mit Pfifferlingen

FÜR 4 PERSONEN
je 50 g junge Spinatblätter, junges Rote-Bete-Kraut, Lollo rosso und Lollo biondo, gewaschen und geputzt
4 Ringelblumenblüten

Für das Dressing
2 EL Erdbeeressig mit Basilikum (siehe Seite 256) oder Apfelessig
4 EL Olivenöl
Salz, Pfeffer

Für die Pfifferlinge
150 g Pfifferlinge, geputzt
2 EL Olivenöl
2 EL Balsamicoessig
Salz, Pfeffer

Den Spinat, das Rote-Bete-Kraut und den Salat in einer Schüssel mischen.

Für das Dressing Essig und Öl verrühren und mit Salz und Pfeffer würzen. Das Dressing über den Salat geben und gut unterheben. Von den Ringelblumenblüten die Blätter abzupfen und den Salat mit den Ringelblumenblütenblättern bestreuen.

Die Pfifferlinge im heißen Öl 2 Minuten braten, mit Salz und Pfeffer abschmecken und mit Balsamicoessig ablöschen. Vom Herd nehmen.

Zum Servieren den Salat auf vier Teller verteilen und die heißen Pfifferlinge darübergeben.

Rohkosttürmchen

FÜR 4 PERSONEN

Für die Türmchen

½ Rezept Zucchinisalat (siehe Seite 205)
½ Rezept Karottensalat mit Sauerkraut (siehe Seite 274)
½ Rezept Kohlrabisalat (siehe Seite 148)
½ Rezept Rote-Bete-Salat (siehe Seite 270)

Außerdem

2 EL Olivenöl für die Formen
10 g Gartenkresse
2 EL Zitrusöl (siehe Seite 306)

16 Mokkatässchen oder Dariolformen mit dem Olivenöl einpinseln. Die Salate in die geölten Formen pressen und für 15 Minuten in den Kühlschrank stellen. Mit einem stumpfen Messer die Salate von den Rändern lösen und diese farblich angeordnet auf eine große Servierplatte oder von jeder Sorte einen auf eine kleinere Platte stürzen. Mit der Gartenkresse umlegen und mit etwas Zitrusöl beträufeln.

TIPP

Für diese Art der Präsentation eignet sich jeder geraspelte oder sehr klein geschnittene Salat. Sie ist perfekt für Einladungen und kann wunderbar vorbereitet werden.
Man kann die Förmchen auch mit Frischhaltefolie auskleiden, in diesem Fall das Öl weglassen.

Gurken-Avocado-Tatar mit Kapern und Raita

FÜR 4 PERSONEN

Für das Tatar

1 Salatgurke
2 Avocados
Saft und abgeriebene Schale von 2 Biolimetten
15 g kleine Kapern in Olivenöl
1 Bund Schnittlauch, fein geschnitten
2 Kaffirlimettenblätter, fein geschnitten
1 TL Klee- oder Akazienhonig
2 EL Zedern- oder Pinienkerne, geröstet
2 EL Olivenöl, Salz

Für die Raita

1 kleines Stück Ingwer, geschält
1 TL Koriandersamen
½ TL gemahlene Kurkuma
1 Knoblauchzehe, geschält, Keim entfernt
1 Chilischote, Samen entfernt
250 ml Joghurt, Salz

Die Gurke klein würfeln. Die Avocados halbieren, den Kern entfernen und das Fruchtfleisch aus der Schale heben. Das Avocadofleisch ebenfalls klein würfeln. Gurken- und Avocadowürfel mit Limettensaft und -schale, Kapern, Schnittlauch, Kaffirlimettenblättern, Honig, Zedern- oder Pinienkernen und Olivenöl mischen. Mit Salz abschmecken.

Für die Raita den Ingwer fein reiben. In einer heißen Pfanne ohne Fett den Koriander und die Kurkuma anrösten, bis die Mischung zu duften beginnt. Die Knoblauchzehe zerdrücken, die Chilischote fein schneiden. Joghurt, Knoblauch, Chili, Ingwer und die gerösteten Gewürze verrühren, mit Salz abschmecken.

Zum Servieren das Tatar in Gläsern anrichten. Die Raita darüberlöffeln oder separat dazu reichen.

TIPP

Tatar und Raita schmecken am besten gut gekühlt.

Gegrillte Auberginensteaks

FÜR 4 PERSONEN

1 große Aubergine
2 Rosmarinstengel
1 Knoblauchzehe, geschält, Keim entfernt
abgeriebene Schale und
Saft von 1 Bio-Zitrone
1 Stück Gelbwurz (Turmeric), geraspelt
(alternativ 1/2 TL getrockneter Kurkuma)
2 EL Chiliöl (siehe Seite 306)
4 EL Olivenöl
Salz
Pfeffer

Den Rosmarin von den Stielen streifen. Den Knoblauch zerdrücken und mit Zitronenschale, Gelbwurz, Ölen, Salz und Pfeffer mischen.

Die Aubergine in dicke Scheiben schneiden. In der Knoblauch-Öl-Marinade wenden und auf Alufolie auf dem Holzkohlegrill oder ohne Alufolie in der Grillpfanne von beiden Seiten 4 bis 6 Minuten grillen.

TIPP

Dazu passen pikant eingemachte Paprika (siehe Seite 254) und eingelegte Knoblauchzehen oder Mangopickles (siehe Seite 349).

Zucchinischnitzel

FÜR 4 PERSONEN

1 kg Zucchini
Salz, Pfeffer
50 g Dinkelmehl
2 Eier, verquirlt
200 g Vollkornsemmelbrösel
100 ml Bratöl oder Olivenöl

Die Zucchini in einen halben Zentimeter dicke Scheibe schneiden. Die Zucchinischeiben salzen und pfeffern.

Das Mehl, die Eier und die Semmelbrösel in drei separate tiefe Schalen füllen. Die Zucchinischeiben zuerst in Mehl wenden, dann in Ei tauchen und danach mit den Semmelbröseln panieren. Die Zucchinischnitzel in einer beschichteten Pfanne in wenig Öl von beiden Seiten knusprig und goldgelb braten. Auf Küchenpapier kurz abtropfen lassen und sofort servieren.

Zum Servieren die Zucchinischnitzel mit Kartoffelpüree und Tomatenragout (siehe Seite 212) oder Paprikarelish (siehe Seite 308) anrichten.

Mediterran gefüllte Ochsenherztomaten

FÜR 4 PERSONEN

4 Ochsenherz- oder Fleischtomaten

Für die Füllung

50 g Semmelbrösel
50 g Parmesan, frisch gerieben
1 Bund glatte Petersilie, B ätter abgezupft
40 g schwarze Oliven, entsteint
1 Knoblauchzehe, geschält, Keim entfernt
25 g Kapern in Öl
250 g Mozzarella, zerzupft
Salz, Pfeffer
4 EL Olivenöl

Von den Tomaten an der Stielseite einen Deckel abschneiden. Die Tomaten aushöhlen. Das Tomateninnere zerkleinern. Den Backofen auf 200 °C vorheizen.
Für die Füllung die Semmelbrösel, den Parmesan und die Petersilie in den Blitzhacker geben und kurz mixen. Die Oliven hacken, die Knoblauchzehe zerdrücken. Alle Zutaten – bis auf das Olivenöl – untermischen, mit Salz und Pfeffer abschmecken und großzügig in die Tomaten füllen. Mit Olivenöl beträufeln. Den Deckel auf die Tomaten setzen und diese 10 Minuten backen.

TIPP

Die gefüllten Ochsenherztomaten schmecken auch noch gut, wenn sie lauwarm serviert werden und eignen sich für sommerliche Buffets.

Tomatenragout

FÜR 4 PERSONEN

1 Zwiebel, geschält
1 Knoblauchzehe, geschält und Keim entfernt
1 kleine Karotte, gründlich abgebürstet
1 Lorbeerblatt
1 Chilischote, Samen entfernt
3 EL Olivenöl
1 TL Klee- oder Akazienhonig
1 kg Tomaten, überbrüht, enthäutet, Salz
2 EL geschlagene Sahne

Die Zwiebel und den Knoblauch würfeln, die Karotte in dünne Scheiben schneiden. Mit dem Lorbeerblatt und der Chilischote im Olivenöl und Honig glasig anschwitzen. Die Tomaten in kleine Stücke schneiden und dazugeben. 15 Minuten sachte köcheln lassen. Dann die Chilischote und das Lorbeerblatt entfernen und das Ragout mit Salz abschmecken. Zum Servieren die geschlagene Sahne unter das Tomatenragout ziehen.

TIPP

Dieses Basisrezept passt zu vielen Gerichten. Zum Beispiel zu gefülltem Gemüse, zu Laibchen, Kartoffelgratin, Polenta, Pasta ...

Tomatenquiche

FÜR 4 PERSONEN

Für den Teig
200 g Dinkelvollkornmehl
80 g Butter
2 EL Milch
10 g frische Hefe (1/4 Würfel)
1 Prise Salz

Für den Belag
3 Zwiebeln, geschält
4 EL Olivenöl
50 g Emmentaler, in dünne Scheiben geschnitten
1 Bund Basilikum, Blätter abgezupft
5 Tomaten, Stielansatz entfernt
3 Eier
250 ml Sahne
Salz, Pfeffer
25 g Vollkornsemmelbrösel
25 g Parmesan, frisch gerieben

Für den Teig alle Zutaten rasch von Hand verkneten. Der Teig soll nur gerade so zusammenhalten und darf auf keinen Fall so fest durchgewalkt werden, dass er zu glänzen beginnt (siehe Seite 98).

Den Teig in eine Quicheform mit 30 Zentimeter Durchmesser drücken, die Ränder hochziehen und mindestens 30 Minuten tiefkühlen.

Die Zwiebeln in Würfel schneiden und im Olivenöl glasig anschwitzen. Den Backofen auf 200 °C Grad vorheizen und den Teig 5 Minuten vorbacken. Die Form aus dem Ofen nehmen und den Teigboden mit Emmentaler auslegen. Zuerst die Basilikumblättern und dann die Zwiebeln darauf verteilen. Die Tomaten in Scheiben schneiden und auf die Zwiebeln legen. Eier, Sahne, Salz und Pfeffer im Mixer verquirlen und über die Tomaten gießen. Semmelbrösel und Parmesan mischen und darüberstreuen. Die Quiche 20 Minuten backen.

Zum Servieren die Quiche mit einem scharfen Sägemesser in Stücke schneiden und warm zu Tisch bringen.

Geschmorter Fenchel mit Knoblauch

FÜR 4 PERSONEN
1 kg Gemüsefenchel, unansehnliche Außenblätter entfernt
60 ml Olivenöl
1 Knoblauchknolle, in Zehen geteilt und die abblätternde Hülle entfernt, aber nicht geschält
Salz
125 ml trockener Weißwein

Die Stängel des Fenchels oben glatt schneiden – das Grün beiseitelegen – und die Knollen längs halbieren.

In einer großen, schweren Schmorpfanne das Olivenöl bei mittlerer bis niedriger Temperatur erhitzen. Die Fenchelhälften mit der Schnittfläche nach unten hineinlegen. Die Knoblauchzehen in die Zwischenräume schieben. Den Fenchel salzen und zugedeckt garen, bis die Schnittflächen leicht Farbe annehmen. Wenden, erneut salzen und von der anderen Seite ebenso anbräunen. Insgesamt dauert dies etwa 30 Minuten (siehe Seite 71).

Den Deckel abnehmen und etwa die Hälfte des Weins über den Fenchel gießen. Aufkochen lassen und dabei die Pfanne mehrfach sanft rütteln.

Die Fenchelstücke erneut wenden, sodass die Schnittflächen wieder unten liegen, und zugedeckt bei sehr milder Hitze etwa 1 Stunde schmoren. Damit das Gemüse nicht austrocknet, ab und zu etwas von dem restlichen Wein angießen. Zuletzt sollte der Fenchel auf der Zunge zergehen und die Sauce zu einem braunen, nicht zu dicken Sirup eingekocht sein. Zum Servieren das Fenchelgrün hacken und über das Gemüse streuen.

TIPP
Der Knoblauch zerfällt in der Schale in ein delikates Püree, das, auf Brot oder den Fenchel gestrichen, geradezu unwiderstehlich schmeckt.

Ingwer-Sellerie-Stifte im Petersilienmantel

FÜR 4 PERSONEN
1 walnussgroßes Stück Ingwer, geschält
400 g Sellerieknolle, geschält
600 ml Gemüsefond
1 Bund glatte Petersilie, Blätter abgezupft
2 EL Butter
Salz, Pfeffer

Den Ingwer in Scheiben, die Sellerieknolle in gleichmäßige Stifte schneiden. Den Gemüsefond mit dem Ingwer aufkochen lassen. Die Selleriestifte hinzufügen und bei schwacher Hitze in 12 Minuten gar ziehen und dann in der Flüssigkeit abkühlen lassen.

Das Gemüse durch ein Sieb abseihen. Die Petersilie fein schneiden. In einer Pfanne die Butter zerlassen. Die Selleriestifte darin wenden, salzen und pfeffern und dann in der geschnittenen Petersilie wälzen. Zum Servieren die Stifte entweder wild wie Mikado oder exakt aufeinandergestapelt anrichten.

Ratatouille

FÜR 4 PERSONEN

2 Zwiebeln, geschält
1 Aubergine
2 Knoblauchzehen, geschält
4 EL Olivenöl
1 Lorbeerblatt
1 Chilischote, Samen entfernt
1 Stück Schale von 1 Bioz trone
1 Zucchini
je 1 rote und 1 gelbe Papr kaschote, Samen und Scheidewände entfernt
3 Tomaten, überbrüht unc enthäutet
1 EL Oregano, Salz

Die Zwiebeln und die Aubergine in Würfel schneiden. Die Knoblauchzehen vom Keim befreien und in Scheiben schneiden. Das Olivenöl in einer weiten Pfanne erhitzen. Das Lorbeerblatt, die ganze Chilischote, die Zitronenschale, die Zwiebeln, den Knoblauch und die Aubergine darin glasig andünsten.

Zucchini, Paprikaschoten und Tomaten in Würfel schneiden und dazugeben. Alles zugedeckt 10 Minuten köcheln lassen und dann offen weitere 10 Minuten bei schwacher Hitze reduzieren. Mit Salz und Oregano abschmecken.

TIPP

Ratatouille ist ein Hauptgericht, wenn man es mit knusprigem Baguette serviert. Es eignet sich aber auch als Beilage zu Polenta.

Blumenkohllaibchen mit Tomatenwürfeln

FÜR 4 PERSONEN

800 g Blumenkohl, Strunk entfernt
2 Zwiebeln, geschält
2 EL Koriandersamen
8 EL Olivenöl
150 g Vollkornsemmelbrösel
1 Ei
Salz, Pfeffer
Muskatnuss, frisch gerieben
5 Tomaten, überbrüht, enthäutet
Bratöl oder Olivenöl zum Braten

In einen großen Topf so viel Wasser füllen, dass der eingehängte Dämpfeinsatz das Wasser nicht berührt. Das Wasser aufkochen, den Blumenkohl in den Einsatz legen und im Dampf in 8–10 Minuten so weich garen, dass man ihn zerdrücken kann. Die Zwiebeln in Würfel schneiden. Den Koriander zerdrücken. Vier Esslöffel Olivenöl erhitzen und die Zwiebeln und den Koriander darin anschwitzen, die Semmelbrösel dazugeben und kurz mitbraten.

Den gegarten Blumenkohl in eine große Schüssel geben und leicht zerdrücken. Die gerösteten Semmelbrösel und das Ei hinzufügen, mit Salz, Pfeffer und Muskatnuss würzen. Die Masse sollte sich gut formen lassen. Sonst eventuell noch Semmelbrösel dazugeben.
Mit nassen Händen von der Masse kleine Laiberl mit etwa vier Zentimeter Durchmesser formen und im heißen Öl von beiden Seiten goldgelb ausbacken. Auf Küchenpapier abtropfen lassen.

Die Tomaten in Würfel schneiden und in vier Esslöffeln Olivenöl erwärmen. Mit Salz und Pfeffer abschmecken.

Zum Servieren die Laiberl mit den Tomaten auf Tellern anrichten und sofort servieren.

Gebratene Pfifferlinge auf Röstbrot

FÜR 4 PERSONEN

250 g Pfifferlinge, geputzt
1 kleine Zwiebel, geschält
½ Bund glatte Petersilie, Blätter abgezupft
2 EL Olivenöl
4 Eier, verquirlt
4 EL Sahne
Salz, Pfeffer
4 Scheiben Joghurtvollkornbrot
(siehe Seite 350), getoastet

Die Pfifferlinge vierteln, die Zwiebel in Würfel schneiden. Die Petersilie hacken.

Zwiebel und Pilze im Olivenöl glasig anschwitzen. Die Eier mit der Sahne verschlagen und darübergießen. Rühren, bis das Ei stockt. Mit Salz und Pfeffer würzen und die Petersilie dazugeben.

Zum Servieren die warmen Pilze auf dem getoasteten Brot anrichten.

TIPP

Gebratene Pfifferlinge auf Toast passen gut zum Aperitif oder zu einem Salat.

Scharfer Thai-Gemüsecurry

FÜR 4 PERSONEN

Für die Paste
1 Zwiebel, geschält
1 Stück Galgant, geschält
3 Knoblauchzehen, geschält und Keim entfernt
4 EL Tomatenmark
1 Sternanis
3 Gewürznelken
3 EL Tamari (Sojasauce)
1 TL Paprikapulver edelsüß
2 Chilischoten
1 TL Koriandersamen
1 Stück frische Kurkuma oder ½ TL Kurkumapulver
1 TL Kreuzkümmel
½ TL gemahlener Zimt
1 Muskatblüte

Für das Curry
6 EL Olivenöl
200 ml Kokosmilch
2 Brokkoli
1 Zucchini oder 4 Minipatissons
350 g Zuckerschoten, Stielansätze und Seitenfäden entfernt
16 Kirschtomaten
Salz
Saft und abgeriebene Schale von 2 Biolimetten
1 Bund Thai-Basilikum, Blätter abgezupft
Basmatireis zum Servieren

Zwiebel und Galgant würfeln, den Knoblauch zerdrücken. Mit allen anderen Zutaten für die Paste im Mörser fein zerreiben. Die Paste in dem heißen Olivenöl 5 Minuten braten, mit der Kokosmilch aufgießen und 10 Minuten köcheln lassen.

Inzwischen den Brokkoli in Röschen zerteilen. Die Zucchini in Scheiben schneiden oder die Minipatissons vierteln. In einen großen Topf so viel Wasser füllen, dass der eingehängte Dämpfeinsatz das Wasser nicht berührt. Das Wasser aufkochen, das vorbereitete Gemüse in den Einsatz legen und im Dampf bissfest garen: die Zuckerschoten 3 Minuten, den Brokkoli 7 Minuten, die Patissons oder Zucchini 5 Minuten. Brokkoli, Zucchini oder Patissons, Zuckerschoten und Tomaten in die Currysauce geben, mit Salz, Limettensaft und -schale abschmecken. Die Basilikumblätter zum Schluss hineingeben.

Zum Servieren den Thai-Curry in Schalen anrichten und den Basmatireis separat dazu reichen.

Knackiges Gemüse à la Vinaigrette

FÜR 4 PERSONEN

2 Karotten, geputzt
1 Brokkoli
1 kleiner Blumenkohl
1 Kohlrabi, geschält
100 g Zuckerschoten, Stielansätze entfernt, Seitenhaut abgezogen
1 Knoblauchzehe, geschält, Keim entfernt
4 EL weißer Balsamicoessig
1 Msp. Klee- oder Akazienhonig
6 EL Olivenöl
Salz, Pfeffer
1 Bund Schnittlauch, in feine Röllchen geschnitten

Die Karotten in Stifte schneiden. Brokkoli und Blumenkohl in mundgerechte Röschen zerteilen. Den Kohlrabi in Spalten (Achtel oder Sechzehntel) schneiden.

In einen großen Topf so viel Wasser einfüllen, dass der eingehängte Dämpfeinsatz das Wasser nicht berührt. Das Wasser aufkochen, das Gemüse in den Einsatz legen und je nach Festigkeit im Dampf bissfest garen: Karotten und Kohlrabi 7 Minuten, Brokkoli und Blumenkohl 4 Minuten, Zuckerschoten 2 Minuten.

Die Knoblauchzehe zerdrücken. Aus dem Balsamicoessig, Honig, Knoblauch, Olivenöl, Salz und Pfeffer eine Vinaigrette rühren und das heiße Gemüse damit marinieren.

Zum Servieren das Gemüse auf einem großen Teller anrichten und mit Schnittlauch bestreut als Salat oder Vorspeise reichen.

TIPP

Im Sommer, mit einem knusprigen Baguette und einem Glas Weißwein, ist dieses Gericht auch ein wunderbares Mittag- oder Abendessen.

Hirsetimbale mit Gemüsebandnudeln

FÜR 4 PERSONEN

Für die Gemüsebänder

200 g weißer Spargel, geschält, oder 200 g grüner Spargel, das untere Drittel geschält
200 g Karotten, geschält
200 g Lauch, geputzt
200 g Zucchini
3 EL Olivenöl
Salz, Pfeffer

Für die Hirsetimbale

300 ml Gemüse- oder Spargelfond
150 g Hirse
1 EL Karottenwürfel
1 EL Selleriewürfel
1 EL Zucchiniwürfel
1 EL rote Paprikawürfel
1 EL Lauchwürfel
1 Lorbeerblatt
Salz, Pfeffer
½ Bund glatte Petersilie, Blätter abgezupft
4 EL Olivenöl
2 EL Parmesan, frisch geraspelt

Für die Parmesansauce

1 Schalotte, geschält
1 Lorbeerblatt
2 EL Olivenöl
2 EL Wermut (Noilly Prat)
250 ml Sahne
3 EL frisch geraspelter Parmesan
Salz, Pfeffer
Muskatnuss, frisch gerieben

Sämtliche Gemüsesorten mit einem Sparschäler der Länge nach in dünne Bandnudeln schneiden (siehe Seite 35). In Olivenöl 3 Minuten braten und mit Salz und Pfeffer abschmecken.

Für die Hirsetimbale den Fond in einer tiefen Pfanne erhitzen. Die Hirse, das Gemüse außer dem Lauch und das Lorbeerblatt dazugeben, aufkochen und in 20 Minuten bei geringster Hitze zugedeckt ausquellen lassen. Zum Schluss den Lauch unter die heiße Hirse mischen und mit Salz und Pfeffer abschmecken. Die Hälfte der Petersilie grob schneiden und unterheben.
Die restlichen Petersilienblätter in zwei Esslöffeln Olivenöl knusprig braten. Auf Küchenpapier abtropfen lassen.

Die restlichen zwei Esslöffel Olivenöl unter die noch warme Hirse mischen und diese portionsweise in Timbaleförmchen (ersatzweise in Tassen oder Schälchen) drücken.

Für die Parmesansauce die Schalotte würfeln und mit dem Lorbeerblatt im Olivenöl glasig anschwitzen. Mit Noilly Prat ablöschen, mit Sahne aufgießen und 5 Minuten köcheln lassen. Den Parmesan in der Sauce schmelzen lassen und das Lorbeerblatt entfernen. Mit Salz, Pfeffer und einer Prise Muskatnuss abschmecken.

Zum Servieren die Gemüsestreifen wie Spaghetti mit einer langen Gabel aufdrehen und auf die Teller setzen. Die Hirsetimbale auf die Teller stürzen und mit der Parmesansauce umgießen. Nach Belieben mit den knusprig gebratenen Petersilienblättchen und dem frisch geriebenen Parmesan bestreuen.

Spinatrisotto

FÜR 4 PERSONEN
1 Zwiebel, geschält
1 Karotte, gründlich abgebürstet
1 Lorbeerblatt
2 EL Olivenöl
2 Tassen Risottoreis (Arborio)
1 Tasse Weißwein
4 Tassen heißer Gemüsefond
200 g Blattspinat, verlesen
50 g Parmesan, frisch geraspelt
Salz, Pfeffer
4 EL geschlagene Sahne

Die Zwiebel in feine Würfel schneiden. Die Karotte fein raspeln. Zwiebel, Karotte und Lorbeerblatt im Olivenöl anschwitzen, den Reis unterrühren und mit Weißwein ablöschen. Den Gemüsefond nach und nach dazugießen und den Risotto immer wieder umrühren, bis die ganze Flüssigkeit aufgesogen, der Risotto saftig, jedoch noch nicht klebrig ist.

Den Spinat waschen, abtropfen lassen, grob schneiden und in den Risotto rühren. Den Parmesan untermischen und mit Salz und Pfeffer abschmecken.

Zum Servieren die geschlagene Sahne unterheben und den Risotto sofort zu Tisch bringen.

TIPP
Hier sind die Mengen in Tassen angegeben, da das Volumen der Zutaten wichtig ist. Man benötigt die Hälfte des Reisvolumens an Wein und die doppelte Volumenmenge Fond.

Spitzkohlbänder mit roten Linsen

FÜR 4 PERSONEN
800 g Spitzkohl, geputzt
1 Schalotte, geschält
2 EL Olivenöl
200 g rote Linsen
300 ml Gemüsefond
Salz, Pfeffer
½ Bund Dill, die groben Stiele entfernt
1 TL Butter

Den Spitzkohl halbieren und längs in ein Zentimeter breite Streifen schneiden.
Die Schalotte in Würfel schneiden und in dem Olivenöl glasig anschwitzen. Die Linsen dazugeben und mit dem Gemüsefond ablöschen. Den Spitzkohl unterrühren und zugedeckt erst 5 Minuten und danach weitere 3 Minuten ohne Deckel garen. Mit Salz und Pfeffer abschmecken, Dill und Butter untermischen.

Zum Servieren die Spitzkohlbänder mit den Linsen sofort auf Tellern anrichten und genießen.

Weiße Bohnen in Tomatensugo

FÜR 4 PERSONEN

Für die Bohnen

300 g getrocknete dicke weiße Bohnen (Jumbobohnen)
1 l Gemüsefond
2 Lorbeerblätter
4 Gewürznelken
1 kleine Zwiebel, geschält

Für den Tomatensugo

1 Zwiebel, geschält
1 Knoblauchzehe, geschält, Keim entfernt
1 Karotte, gründlich abgebürstet
1 Petersilienwurzel, gründlich abgebürstet
1 Lorbeerblatt
etwas abgeriebene Schale von 1 Biozitrone
6 EL Olivenöl
1 TL Klee- oder Akazienhonig
1,5 kg Tomaten, überbrüht, enthäutet
Salz, Pfeffer
4 Zweige Zitronenthymian

Am Vortag die Bohnen mit reichlich kaltem Wasser bedecken und 24 Stunden einweichen.

Den Gemüsefond in einem großen Topf erhitzen. Die Lorbeerblätter und Nelken in die Zwiebel stecken. Die eingeweichten Bohnenkerne abgießen, gut abspülen und mit der gespickten Zwiebel im heißen Fond zugedeckt 1 Stunde bei mittlerer Hitze weich garen.

Für den Tomatensugo die Zwiebel und den Knoblauch in Würfel schneiden, die Karotte und die Petersilienwurzel in dünne Scheiben. Mit dem Lorbeerblatt und Zitronenschale in dem Olivenöl und Honig glasig anschwitzen. Die Tomaten mit den Samen in große Stücke schneiden, mit in den Topf geben und 15 Minuten köcheln lassen.

Die Zwiebel aus den weich gegarten Bohnenkernen entfernen, eventuell noch verbleibende Flüssigkeit abgießen. Die Bohnen in den Tomatensugo geben und 20 Minuten bei schwacher Hitze ziehen lassen. Von dem Thymian die Blättchen abzupfen. Die Bohnen mit Salz, Pfeffer und Zitronenthymian abschmecken.

TIPP

Die Bohnenkerne schmecken im Sugo aufgewärmt nach einem Tag noch besser.
Dieses Gericht ist eine wunderbare sommerliche Vorspeise. Da es sich hervorragend vorbereiten lässt, passt es in eine Auswahl an Antipasti auf ein kaltes Buffet.

Auberginen-Tomaten-Türmchen

FÜR 4 PERSONEN

1 Aubergine
2 Tomaten, Stielansätze entfernt
1 Knoblauchzehe, geschält, Keim entfernt
100 g Schafskäse (Feta)
6 EL Olivenöl
etwas abgeriebene Schale von 1 Biozitrone
Salz, Pfeffer
4 Zweige frischen Oregano, Blättchen abgezupft (oder 1 EL getrockneten Oregano)

Die Aubergine und Tomaten in zentimeterdicke Scheiben schneiden. Den Knoblauch zerdrücken. Den Feta zerbröckeln und mit zwei Esslöffeln Öl, Zitronenschale und dem Knoblauch mischen.

Den Backofen auf 200 °C vorheizen. Ein Backblech mit Olivenöl bepinseln und die Türmchen aufbauen: Je eine Auberginenscheibe salzen und pfeffern, mit einer Tomatenscheibe belegen, mit Feta und Oregano bestreuen und mit etwas Olivenöl beträufeln. Diesen Schritt einmal wiederholen und dann mit einer Auberginenscheibe und etwas Olivenöl abschließen.
Die Türmchen leicht zusammendrücken und15 Minuten backen. Servieren Sie dieses Gericht als Vorspeise mit Baguette oder als Hauptgang mit Kartoffelpüree.

Pochierte Artischocken mit Petersilien-Senf-Dip

FÜR 4 PERSONEN

4 mittelgroße Artischocken

Für den Petersilien-Senf-Dip

1 Knoblauchzehe, geschält, Keim entfernt
½ Bund glatte Petersilie, Blätter abgezupft
125 ml Sahne
1 EL mittelscharfer Senf
1 TL Akazienhonig
Saft von ½ Biozitrone
Salz, Pfeffer

Die Artischocken putzen: Die unansehnlichen unteren Blätter entfernen und den Stiel abschneiden. Die Artischocken in siedendem Wasser 20 Minuten garen, mit einem Schaumlöffel herausheben und kopfüber gründlich abtropfen lassen.

Für den Dip den Knoblauch zerdrücken und die Petersilie hacken. Sahne, Senf, Honig, Knoblauch, Petersilie, Zitronensaft mit etwas Salz und Pfeffer im Mixer glatt pürieren.

Zum Servieren den Dip in vier Schälchen füllen und zusammen mit je einer Artischocke auf einem Teller platzieren.

TIPP

Für die Garprobe mit einem Messer in den Stielansatz der Artischocken stechen. Gleitet das Messer ohne Widerstand hinein, sind sie gar.

VARIANTE

Anstelle des Petersilien-Senf-Dips passt auch **Mandelmayonnaise** hervorragend dazu. Dafür zwei Esslöffel weißes Mandelmus, den Saft von je einer Bioorange und Biozitrone, einen Teelöffel scharfen Senf und einen Teelöffel Klee- oder Akazienhonig mit etwas Salz im Mixer zu einer sämigen Mayonnaise pürieren.

Tapenade

ERGIBT 1 GLAS À 300 MILLILITER

100 g schwarze Oliven, entsteint
80 g Kapern in Öl
4 Knoblauchzehen, geschält, Keim entfernt
abgeriebene Schale von 1 Biozitrone
35 ml Olivenöl
½ Bund Basilikum, Blätter abgezupft
Pfeffer

Alle Zutaten im Blitzhacker pürieren.

Ein ausreichend großes schönes Weck- oder Schraubglas sterilisieren: Glas und Verschluss in kochendes Wasser tauchen, abtropfen lassen.

Die Tapenade in das sterilisierte Glas füllen und das Glas gut verschließen.

TIPP

Die Tapenade hält sich 1 Woche im Kühlschrank. Sie passt gut auf Crostini, zu Grissini und zu Antipasti (siehe Seite 228).

Antipasti

FÜR 4 PERSONEN

Für die Zucchini

2 Zucchini
1 Bund Pfefferminze, Blätter abgezupft
Saft und abgeriebene Schale von 1 Biozitrone
15 g Zedern- oder Pinienkerne, geröstet

Für den Brokkoli

700 g Brokkoli, Röschen abgetrennt
1 Knoblauchzehe, geschält, Keim entfernt
½ Chilischote, Samen entfernt
Saft von 1 Biozitrone
1 Bund Dill
1 EL mittelscharfer Senf
125 ml Sauerrahm
125 ml Sahne

Für den Fenchel

500 g Gemüsefenchel, geputzt, Grün beiseitegelegt
1 EL Fenchelsamen
1 EL Koriandersamen
Saft von 1 Biozitrone
2 EL frisch geraspelter Parmesan

Für die Karotten

2 Bund junge Karotten oder Babykarotten, gründlich abgebürstet
1 Schalotte, geschält
1 Knoblauchzehe, geschält, Keim entfernt
1 Sternanis
1 Chilischote, Samen entfernt
1 TL Klee- oder Akazienhonig
Saft von 2 Bioorangen
½ Bund glatte Petersilie, Blätter abgezupft

Salz, Pfeffer
12 EL Olivenöl

Zucchini: Die Zucchini in etwa einen halben Zentimeter dicke, schräge Scheiben schneiden und zusammen mit den Pfefferminzeblättern in vier Esslöffeln Olivenöl goldgelb anbraten. Zitronensaft und -schale dazugeben, mit Salz und Pfeffer abschmecken und mit Zedern- oder Pinienkernen bestreut auf Tellern anrichten.

TIPP

Die gebratenen Zucchini schmecken am besten lauwarm oder mit Raumtemperatur.

Brokkoli: In einen großen Topf so viel Wasser füllen, dass der eingehängte Dämpfeinsatz das Wasser nicht berührt. Das Wasser aufkochen, den Brokkoli in den Einsatz legen und im Dampf in 2–4 Minuten bissfest garen. Den Knoblauch zerdrücken, die Chilischote und den Dill fein schneiden und alles mit dem Zitronensaft, dem Senf und dem Sauerrahm verrühren. Mit Salz abschmecken. Die Sahne schlagen und unterheben. Die heißen Brokkoliröschen mit der cremigen Sauce übergießen und sofort servieren.

TIPP

Für einen gemischten Antipasti-Teller können Sie die Sauce vorbereiten, jedoch die Sahne erst kurz vor dem Servieren schlagen und unterheben und den Brokkoli erst dann im Dampf garen, wenn Sie anrichten wollen.

Fenchel: Den Fenchel in hauchdünne Scheiben hobeln. Die Fenchelsamen und den Koriander im Mörser grob zerstoßen und in einer heißen Pfanne ohne Fett rösten, bis sie zu duften beginnen. Vier Esslöffel Olivenöl und den gehobelten Fenchel dazugeben und kurz braten, bis der Fenchel gar, aber noch bissfest ist. Den Zitronensaft hinzufügen, vom Herd nehmen und mit Salz und Pfeffer abschmecken. Auf Vorspeisentellern anrichten und mit dem Parmesan bestreuen. Das Fenchelgrün darüberzupfen.

TIPP

Der marinierte Fenchel schmeckt am besten lauwarm oder mit Raumtemperatur.

Karotten: Die Karotten, falls nötig, längs halbieren. Die Schalotte in kleine Würfel, die Knoblauchzehe in Scheiben schneiden. Die Karotten, die Schalotte, den Knoblauch, den Sternanis und die Chilischote in vier Esslöffeln Olivenöl mit Honig karamellisieren. Den Orangensaft angießen und 15 Minuten leise köcheln lassen, bis die Flüssigkeit reduziert ist und die Karotten gar sind. Die Karotten im eigenen Sud abkühlen lassen. Mit Salz abschmecken und mit Petersilienblättern bestreut anrichten.

Rote-Bete-Kraut mit Zitrone und Olivenöl

FÜR 4 PERSONEN

4 EL Olivenöl
100 g Rote-Bete-Kraut
Salz, Pfeffer
Saft von 1 Zitrone

Das Olivenöl erhitzen und das rohe Rote-Bete-Kraut darin 1 Minute zusammenfallen lassen.

Zum Servieren das Kraut auf Vorspeisetellern anrichten, mit Salz und Pfeffer bestreuen und mit Zitronensaft beträufeln.

TIPP

Rote-Bete-Kraut kann entweder als Beilage anstelle von Spinat oder als Vorspeise gereicht werden. Es passt auch gut zu Gerichten mit Roter Bete.

Auberginenkaviar

FÜR 4 PERSONEN
1 große Aubergine
6 EL Olivenöl
2 EL Kapern
½ Bund Basilikum, Blätter abgezupft
1 Knoblauchzehe, geschält, Keim entfernt
250 ml Tomatenpolpa
etwas abgeriebene Schale von 1 Biozitrone
Salz, Pfeffer
Kapernäpfel zum Garnieren

Den Backofen auf 180 °C vorheizen. Die Aubergine halbieren. Das Fruchtfleisch in der Schale gitterartig einschneiden und mit dem Olivenöl beträufeln (siehe Seite 58). Die Hälften auf ein Backblech legen und 25 Minuten bei 180 °C backen.

Die Kapern hacken. Das Basilikum schneiden. Die Knoblauchzehe zerdrücken.
Mit einem Löffel das gebackene Fruchtfleisch aus den Auberginenschalen herauskratzen, mit der Gabel leicht zerquetschen, mit Tomatenpolpa, Basilikum, Zitronenschale, Knoblauch und den Kapern in eine Schüssel geben und mit dem Schneebesen gut durchmischen. Mit Salz und Pfeffer abschmecken.

Zum Servieren den Auberginenkaviar mit getoastetem Rosmarinbaguette (siehe Seite 350) anrichten und nach Belieben mit Basilikum und Kapernäpfel garnieren.

Gefüllte Gurken mit Dill-Kartoffel-Püree

FÜR 4 PERSONEN
2 Salatgurken, geschält
500 g mehligkochende Kartoffeln, geschält
½ Bund Dill
125 ml Milch
20 g Butter
50 g Parmesan, frisch geraspelt
Salz, Pfeffer
Butter für das Backblech

Die Gurken in fünf Zentimeter lange Stücke schneiden und vorsichtig mit dem Parisienne-Ausstecher aushöhlen. Dabei eine Seite nicht ganz durchstechen, sodass ein Boden bleibt. Die Kartoffeln in grobe Stücke schneiden. Den Dill fein schneiden.

In einen großen Topf so viel Wasser füllen, dass der eingehängte Dämpfeinsatz das Wasser nicht berührt. Das Wasser aufkochen, die Kartoffelstücke in den Einsatz legen und im Dampf in 15–20 Minuten so weich garen, dass man sie pürieren kann. Separat die Gurkenstücke im Dampf in 3 Minuten bissfest garen.

Den Backofen auf 200 °C vorheizen. Die Milch erhitzen. Die gegarten Kartoffeln zerstampfen und mit der heißen Milch, der Butter und dem Parmesan verrühren. Den Dill dazugeben und mit Salz und Pfeffer abschmecken.

Die Kartoffelmasse in einen Spritzbeutel mit großer Sterntülle geben und in die gegarten Gurkenstücke füllen. Ein Backblech mit Butter bepinseln. Die Gurkenstücke daraufsetzen und 10 Minuten backen.

Zum Servieren die gefüllten Gurken auf einem großen Teller oder Portionstellern anrichten.

Kartoffelkörbchen mit Wildkräutersalat

FÜR 4 PERSONEN

Für die Körbchen

500 g Kartoffeln
500 ml Bratöl oder Kokosfett

Für den Salat

35 g gemischte Wild- und Gartenkräuter wie Schafgarbe, Tripmadam, Rauke, Kapuzinerkresseblüten, Ringelblumen, Basilikum, krause Petersilie, Dill
2 EL Apfelessig
3 EL Olivenöl
Salz, Pfeffer

Die Kartoffeln schälen und in hauchdünne Scheiben hobeln. Das Bratöl in einem Topf erhitzen. Jeweils fünf bis sechs Kartoffelscheiben zu einem Rondell überlappend zusammenfügen und mit einem tiefen Sieblöffel im heißen Fett knusprig und goldgelb ausbacken (siehe Seite 69). Sobald die Kartoffelscheiben zusammenkleben, das Rondell während des Ausbackens in die Rundung des Sieblöffels drücken, damit eine gebogene Körbchenform entsteht. Insgesamt dauert das Ausbacken etwa 2 Minuten. Die Kartoffelkörbchen auf Küchenpapier abtropfen lassen.

Für den Salat die Kräuter waschen, trocknen und zupfen. Mit Apfelessig, Olivenöl, Salz und Pfeffer anmachen. Der Salat in die Körbchen füllen und sofort servieren.

TIPP

Für das Ausbacken solcher Körbchen gibt es eigens doppelte Sieblöffel, die hierfür sehr praktisch sind.

Pfifferlingsülze mit Petersilienjoghurt

FÜR 4 PERSONEN

Für die Sülze

500 ml Gemüsefond (siehe Seite 351)
250 g Pfifferlinge, geputzt
1 Zweig Rosmarin
3 Knoblauchzehen, geschält und halbiert
1 TL Agar-Agar
Salz, Pfeffer

Außerdem

200 g Kartoffeln, geschält
3 EL Olivenöl
Salz, Pfeffer
250 ml Joghurt
½ Bund Petersilie, grob geschnitten

Den Gemüsefond in einem Topf erhitzen und die Pfifferlinge zusammen mit dem Rosmarin, dem Knoblauch und dem Agar-Agar 10 Minuten darin kochen. Mit Salz und Pfeffer abschmecken. Den Knoblauch und den Rosmarin entfernen. Die Pilze mit der Flüssigkeit auf vier tiefe Teller verteilen und abkühlen lassen.

Wenn die Sülze fest ist, die Kartoffeln in Würfel schneiden und im heißen Olivenöl in 5 Minuten knusprig braten. Mit Salz und Pfeffer abschmecken. Den Joghurt mit der Petersilie verrühren und leicht salzen.

Zum Servieren die heißen Kartoffeln auf die abgekühlte Sülze geben oder auf einem Extrateller anrichten und den Petersilienjoghurt separat dazu reichen.

Zartweizenrisotto mit Artischockenstreifen

FÜR 4 PERSONEN

Für den Risotto

1 Zwiebel, geschält
1 Karotte, gründlich abgebürstet
1 Petersilienwurzel, gründlich abgebürstet
1 Lorbeerblatt
3 EL Olivenöl
2 Tassen Zartweizen
4 Tassen Gemüsefond
50 g Parmesan, geraspelt
Salz, Pfeffer
4 EL geschlagene Sahne

Für die Artischockenstreifen

1 Knoblauchzehe
3 Artischocken, Böden ausgelöst (siehe Seite 24)
2 EL Olivenöl
2 Zweige Zitronenthymian, Blätter abgezupft
12 Kirschtomaten, Salz, Pfeffer

Die Zwiebel in feine Würfel schneiden. Die Karotte und die Petersilienwurzel würfeln. Zwiebel, Karotte, Petersilienwurzel und Lorbeerblatt im Olivenöl anschwitzen, den Zartweizen dazugeben und mit Gemüsefond aufgießen. Zugedeckt 20 Minuten bei geringer Hitze ausquellen lassen. Den Knoblauch schälen, den Keim entfernen und zerdrücken. Die Artischockenböden in dünne Streifen schneiden und mit dem Knoblauch im Olivenöl 3 Minuten braten. Von dem Thymian einige Blättchen beiseitelegen. Die restlichen mit den Tomaten zu den Artischocken geben, 2 Minuten braten, salzen, pfeffern.

Den Parmesan in den Risotto rühren und mit Salz und Pfeffer abschmecken.

Zum Servieren die geschlagene Sahne unter den Weizenrisotto ziehen, diesen mit den Artischocken anrichten und die zurückgelegten Thymianblättchen darüberstreuen.

Frittierte Salbeiblätter

FÜR 4 PERSONEN

2 Eiweiß
Salz, Pfeffer
Saft von 1 Zitrone
100 ml Kokosöl oder Bratöl
20 große Salbeiblätter
30 g Dinkelvollkornmehl

Die Eiweiße mit einer guten Prise Salz und etwas Pfeffer halb schlagen, sodass es zwar bereits weiß, aber noch cremig ist. Den Zitronensaft zum Schluss unter Schlagen langsam einträufeln. Das Fett in einer tiefen Pfanne erhitzen, sodass ein Tropfen Wasser darin zischt. Die Salbeiblätter einzeln durch den Eischnee ziehen, dann in Mehl wenden und im heißen Fett in 2 Minuten knusprig und hellbraun ausbacken. Auf Küchenpapier abtropfen lassen (siehe Seite 70).

TIPP

Dieser Snack passt gut zu einem Glas Weißwein oder zum Aperitif.

Violette Kartoffelgnocchi mit Kürbis-Kokos-Sauce und gebratenem Gemüse

FÜR 4 PERSONEN

Für die Gnocchi
800 g violette Kartoffeln
50 g Dinkelvollkorngrieß
1 Eigelb
Muskatnuss, frisch gerieben
Salz
2 EL Olivenöl

Für die Sauce
1/4 Hokkaidokürbis, Kerne und Fasern entfernt
200 ml Kokosmilch
etwas abgeriebene Schale von 1 Bioorange
Salz, Pfeffer

Für das Gemüse
je 1 rote und gelbe Paprikaschote, Samen und Scheidewände entfernt
1 Pak Choi, geputzt
2 EL Olivenöl
Salz, Pfeffer

Außerdem
Korianderblüten oder Koriandergrün

In einen großen Topf so viel Wasser einfüllen, dass der eingehängte Dämpfeinsatz das Wasser nicht berührt. Das Wasser aufkochen, die Kartoffeln in den Einsatz legen und im Dampf in 45 Minuten so weich garen, dass man sie zerdrücken kann. Die heißen Kartoffeln schälen und durch die Kartoffelpresse in eine flache Holzschale drücken; 15 Minuten ausdampfen lassen, bis sie lauwarm sind. Dann den Grieß, das Eigelb, Muskatnuss und Salz dazugeben. Schnell zu einem festen Teig verkneten. Kleine Portionen vom Teig abstechen, Gnocchi formen und mit einer Gabel Rillen hineindrücken (siehe Seite 102).

Den Hokkaidokürbis mit der Schale in grobe Stücke schneiden. Im Dampf in 20 Minuten weich garen, sodass man ihn pürieren kann. Mit der Kokosmilch und etwas Orangenschale im Mixer pürieren. Mit Salz und Pfeffer abschmecken.

Die Paprika in Rauten, den Pak Choi in zwei Zentimeter große Stücke schneiden. Im Olivenöl zuerst die Paprika 2 Minuten anbraten, dann den Pak Choi dazugeben und weitere 3 Minuten schmoren. Mit Salz und Pfeffer abschmecken.

In einer zweiten Pfanne die Gnocchi im Olivenöl von beiden Seiten je 2 Minuten braten.

Zum Servieren die Sauce in tiefe Teller füllen, das Gemüse hineingeben und die Gnocchi daraufsetzen. Mit Korianderblüten oder abgezupftem Koriandergrün bestreuen.

Satéspieße mit scharfer Erdnusssauce

FÜR 4 PERSONEN

Für die Erdnuss-Sauce
1 Chilischote, Samen entfernt
1 Stück frische Kurkuma, geschält
1 Frühlingszwiebel, geputzt
2 Stängel Zitronengras
1 TL Klee- oder Akazienhonig
Saft von 2 Bioorangen
1 EL Tamari (Sojasauce)
4 EL Olivenöl
125 g gesalzene geröstete Erdnüsse
200 ml Kokosmilch

Für die Marinade
3 Tamarindenschoten
4 Knoblauchzehen, geschält
1 kleines Stück Ingwer, geschält
2 Schalotten, geschält
1 EL Klee- oder Akazienhonig
je 1 EL Fenchel-, Koriander- und Kreuzkümmelsamen
1 EL weißer Pfeffer
4 EL geröstetes Sesamöl
Saft von 1 Limette
1 EL Tamari (Sojasauce)
Salz

Für die Spieße
2 Karotten, gründlich abgebürstet
1 Zucchini
je 1 rote und gelbe Paprika,
20 Zuckerschoten, Stielansatz und Seitenfäden entfernt

Außerdem
Kokosfett zum Braten

Für die Erdnusssauce Chilischote, Kurkuma und Frühlingszwiebel grob schneiden. Von dem Zitronengras die harten äußeren Blätter entfernen und den dicken weißen Teil des Zitronengrases fein schneiden. Mit allen weiteren Zutaten im Mixer pürieren. In vier Schälchen füllen.

Für die Marinade die Tamarindenschoten aufbrechen. Das Mark mit den Kernen in einer Tasse mit kochend heißem Wasser auflösen, durch ein Sieb streichen. Vom Knoblauch den Keim entfernen, den Ingwer, die Schalotten und den Knoblauch grob zerkleinern. Alle Zutaten im Blitzhacker zu einer Paste pürieren. Mit Salz abschmecken. Die Paste muss sehr intensiv schmecken.

Die Karotten und Zucchini längs in dünne Scheiben schneiden. Das Fruchtfleisch der Paprika mit dem Sparschäler in dünnen Scheiben von der Schote ziehen. Das Gemüse in der Paste marinieren und in Wellen auf Holzspieße ziehen. Eine Grillpfanne mit wenig Kokosöl einpinseln und die Gemüsespieße 3–4 Minuten darin braten.

Zum Servieren die Spieße auf Tellern anrichten und je ein Schälchen Sauce dazu reichen.

Rote Bete mit Wasabisellerie

FÜR 4 PERSONEN

Für die Rote Bete

8 junge Rote Beten, gründlich abgebürstet
4 EL Sauerrahm
2 EL Sesam, geröstet

Für den Wasabisellerie

1 Stange Staudensellerie, geschält
2 EL Wasabipaste
2 TL Klee- oder Akazienhonig
3 EL geröstetes Sesamöl
Salz
1 EL Tamari

Von den Roten Beten einen Deckel abschneiden und die Knollen aushöhlen, die Deckel aufheben. Wenn vorhanden, zarte Blätter als Dekoration beiseitelegen. In einen großen Topf so viel Wasser füllen, dass der eingehängte Dämpfeinsatz das Wasser nicht berührt. Das Wasser aufkochen, die ausgehöhlten Roten Beten in den Einsatz legen und im Dampf 20 Minuten garen.

Den Staudensellerie in kleine Würfel schneiden und im Dampf 2 Minuten bissfest garen. Mit der Wasabipaste, dem Honig, dem Sesamöl, Salz und Tamari würzig abschmecken.

Die Roten Beten füllen: In jede Rote Bete etwas Sauerrahm geben, den Wasabisellerie darauffüllen und mit Sesam bestreuen. Den Deckel lose auf die Füllung setzen.

Zum Servieren je zwei gefüllte Knollen auf einem Teller anrichten und mit zarten Rote-Bete-Blättern garnieren.

Rote-Bete-Risotto

FÜR 4 PERSONEN
1 Zwiebel, geschält
1 Karotte, gründlich abgebürstet
1 Rote Bete, gründlich abgebürstet
1 Lorbeerblatt, 2 EL Olivenöl
2 Tassen Risottoreis (beispielsweise Arborio)
5 Tassen heißer Gemüsefond
50 g Parmesan, frisch geraspelt
Salz, Pfeffer
1 EL Balsamicoessig
4 EL geschlagene Sahne
1 Bund krause Petersilie, Blätter abgezupft
Kokosfett zum Ausbacken

Die Zwiebel in feine Würfel schneiden. Die Karotte und die Rote Bete fein raspeln. Zwiebel, Karotte, Rote Bete und Lorbeerblatt im Olivenöl anschwitzen, den Reis unterrühren und den Gemüsefond nach und nach dazugeben. Dabei immer wieder umrühren, bis die ganze Flüssigkeit aufgesogen, der Risotto saftig, jedoch noch nicht klebrig ist.

Die Petersilie in heißem Kokosfett 4 Sekunden kross ausbacken, auf Küchenpapier abtropfen lassen. Den Parmesan in den Risotto rühren und mit Salz, Pfeffer und Balsamicoessig abschmecken.

Zum Servieren die geschlagene Sahne unterheben und den Risotto im Petersilienbett anrichten.

Gefüllte Artischockenböden mit Dillsauce

FÜR 4 PERSONEN

Für die gefüllten Artischockenböden
4 Artischocken, Böden ausgelöst (siehe Seite 24)
Saft von 1 Biozitrone
700 g Petersilienwurzeln
50 g kalte Butter
Salz, Pfeffer

Für die Sauce
1 Schalotte, geschält
4 EL Olivenöl
250 ml Sahne
1 Bund Dill, geschnitten
½ TL Pfeilwurzmehl, in wenig kaltem Wasser klümpchenfrei angerührt
Salz, Pfeffer

Zwei Liter Wasser aufkochen und die Artischockenböden mit dem Zitronensaft darin 15–20 Minuten kochen. Sie sind gar, wenn eine Messerspitze leicht in sie hineingleitet. Abtropfen lassen.
Inzwischen die Petersilienwurzeln gründlich abbürsten und in grobe Stücke schneiden. In einen großen Topf so viel Wasser füllen, dass der eingehängte Dämpfeinsatz das Wasser nicht berührt. Das Wasser aufkochen, die Petersilienwurzeln in den Einsatz legen und im Dampf in 8–10 Minuten so weich garen, dass man sie pürieren kann. Die heißen Wurzeln im Blitzhacker mit der kalten Butter glatt pürieren, mit Salz und Pfeffer würzen, leicht abkühlen lassen und in einen Spritzbeutel mit großer Sterntülle füllen.

Die Artischockenböden auf ein gebuttertes Backblech legen und das Petersilienpüree daraufspritzen. Den Backofen auf 200 °C vorheizen. Für die Sauce die Schalotte in feine Würfel schneiden und im Olivenöl glasig anschwitzen. Mit der Sahne auffüllen und 10 Minuten köcheln lassen. Die Sauce im Mixer mit dem Dill pürieren, mit Pfeilwurzmehl leicht binden und mit Salz und Pfeffer abschmecken. Direkt vor dem Servieren die gefüllten Artischockenböden in 10 Minuten goldgelb backen.

Zum Servieren die Sauce auf vorgewärmte Teller löffeln, die Artischockenböden daraufsetzen und sofort zu Tisch bringen.

Spinat-Laubfrösche mit Käsefüllung

FÜR 4 PERSONEN

20 große Spinatblätter
2 Schalotten, geschält
150 g reifer Camembert
80 g Mascarpone
2 EL Weißwein
1 Msp. Cayennepfeffer
½ TL edelsüßes Paprikapulver
Salz
4 EL Chili- oder Pilzöl zum Beträufeln (siehe Seite 306)

In einen großen Topf so viel Wasser füllen, dass der eingehängte Dämpfeinsatz das Wasser nicht berührt. Das Wasser aufkochen, den Spinat in den Einsatz legen und im Dampf 2 Sekunden garen, in Eiswasser abschrecken. Die Blätter auf einem Küchentuch abtrocknen.

Die Schalotten klein würfel. Den Camembert mit einer Gabel zerdrücken, den Mascarpone und den Wein unterarbeiten und mit Cayennepfeffer, Paprikapulver, Schalotten und wenig Salz abschmecken. Jedes Spinatblatt mit einem Esslöffel Käsemasse füllen (siehe Seite 87).

Zum Servieren mit Chili- oder Pilzöl beträufeln.

TIPP

Die Laubfrösche als Käsegang oder als Snack mit knusprigem Brot reichen.

Gemüsemousse mit Senfvinaigrette

FÜR 4 PERSONEN

Für die weiße Mousse
500 g Blumenkohl, zerteilt
2 EL kalte Butter, Salz

Für die gelbe Mousse
500 g Karotten, abgebürstet
2 EL kalte Butter, Salz

Für die grüne Mousse
500 g grüne Erbsen
2 EL kalte Butter, Salz

Für die Senfvinaigrette
1 EL mittelscharfer Senf
Saft von 1 Biozitrone
1 Msp. Klee- oder Akazienhonig
4 EL Olivenöl
Salz, roter Pfeffer, grob zerdrückt
½ Bund Schnittlauch

In einen großen Topf so viel Wasser einfüllen, dass der eingehängte Dämpfeinsatz das Wasser nicht berührt. Das Wasser aufkochen, den zerteilten Blumenkohl, die gründlich abgebürsteten Karotten und die frischen oder tiefgekühlten Erbsen separat in den Einsatz legen und im Dampf so weich garen dass man sie pürieren kann. Dann einzeln noch heiß im Mixer mit der kalten Butter und etwas Salz glatt pürieren. Die drei Gemüsepürees bis zur weiteren Verwendung kalt stellen.

Für die Vinaigrette Senf, Zitronensaft und Honig verquirlen, langsam das Öl hineinrühren, sodass eine sämige Vinaigrette entsteht. Mit Salz und rotem Pfeffer abschmecken. Den Schnittlauch fein schneiden.

Zum Servieren die abgekühlten Mousses mit heißen Löffeln zu Nockerln abstechen und anrichten. Mit der Vinaigrette umgießen und mit Schnittlauch bestreut servieren.

Dazu knuspriges Brot, beispielsweise Rosmarinbaguette (siehe Seite 350) reichen.

Gebackene Gorgonzolabirne

FÜR 4 PERSONEN

Für die Birnen
2 Biobirnen
125 ml Weißwein
1 TL Klee- oder Akazienhonig
2 Lorbeerblätter

Für die Füllung
1 kleine Kartoffel, geschält
1 EL kalte Butter
100 g Gorgonzola dolce
1 Eigelb
2 EL zerdrückte Walnusskerne
1 EL Sherry medium dry
Muskatnuss, frisch gerieben
Salz, Pfeffer

Außerdem
Butter für das Blech

Die Birnen schälen, halbieren und das Kernhaus mit dem Parisienne-Ausstecher entfernen. In einem ausreichend großen Topf 1,5 Liter Wasser erhitzen. Den Weißwein, Honig und die Lorbeerblätter zusammen mit den Birnen und der abgeschälten Schale hineingeben. Etwa 1 Stunde bei ganz niedriger Temperatur gar ziehen lassen, bis die Birnen glasig und durchscheinend sind. Die Garzeit hängt davon ab, wie fest die rohen Birnen sind. Sehr harte Früchte müssen auf jeden Fall 1 Stunde garen, bei sehr weichen genügen eventuell 30 Minuten.
Die Birnen in dem Sud abkühlen lassen. Das intensiviert ihr Aroma.

In einen Topf so viel Wasser einfüllen, dass der eingehängte Dämpfeinsatz das Wasser nicht berührt. Das Wasser aufkochen, die Kartoffel in Stücke schneiden, in den Einsatz legen und im Dampf in 15 Minuten so weich garen, dass man sie zerdrücken kann. Die Kartoffel zerdrücken, die Butter, den Gorgonzola, das Eigelb, die Walnusskerne und den Sherry untermischen und mit Muskatnuss, Salz und Pfeffer abschmecken.

Den Backofen auf 200 °C vorheizen. Die Birnen aus dem Sud heben und mit der Schnittfläche nach oben auf ein mit Butter bepinseltes Backblech setzen. Die Käsefüllung auf die Früchte häufen und diese 10 Minuten backen. Aus dem Ofen nehmen und etwas abkühlen lassen.

Zum Servieren die warmen Birnen auf Tellern anrichten.

Gebackene Früchte mit Quarknockerln

FÜR 4 PERSONEN

Für die Früchte

200 g Pfirsiche, vom Kern befreit
2 Passionsfrüchte
100 g Rote Johannisbeeren, von der Rispe gezupft
100 g Schwarze Johannisbeeren, von der Rispe gezupft
200 g Himbeeren
50 g Akazienhonig
je 1 Msp. Vanille, gemahlener Zimt und Sternanis
Butter für die Form

Für die Nockerln

700 g Quark
100 g Crème fraîche
1 EL Vanillepuddingpulver
1 Prise Salz
1 Msp. Vanille
3 Eigelb
50 g Akazienhonig
etwas abgeriebene Schale von 1 Biozitrone

Für die gebackenen Früchte eine feuerfeste Form in ausreichender Größe buttern. Den Backofen auf 200 °C vorheizen.

Die Pfirsiche in Spalten schneiden, die Passionsfrüchte halbieren und das Mark mit den Kernen herauslöffeln. Sämtliche Früchte mit dem Honig und den Gewürzen mischen und in die Form füllen. Mit Alufolie abgedeckt 20 Minuten backen.

Für die Nockerln den Quark durch ein Tuch pressen, sodass sich sein Gewicht auf 400 Gramm reduziert. Zusammen mit allen anderen Zutaten zu einer glatten Masse verrühren. In einem weiten Topf Wasser bis kurz unter den Siedepunkt erhitzen. Mit einem Eisportionierer Kugeln oder mit einem Esslöffel Nockerln von der Quarkmasse abstechen, ins siedende Wasser gleiten lassen und 10 Minuten garen. Dann mit einem Schaumlöffel aus dem Wasser heben.

Zum Servieren die warmen Nockerln auf die heißen Früchte setzen.

TIPP

Die gebackenen Früchte schmecken auch mit süßer Polenta, Hirse oder Milchreis hervorragend.
Dieses Rezept eignet sich für alle Früchte im Jahresablauf.

Birnentee on the rocks

FÜR 4 PERSONEN
500 g Birnen, Stiel- und Blütenansätze entfernt
1 Biozitrone
1 Zimtstange
etwa 50 g Klee- oder Akazienhonig
Eiswürfel

Die Birnen in grobe Stücke, die Zitrone in Scheiben schneiden. Die Birnenstücke, Zitronenscheiben, Zimtstange und drei Liter Wasser in einen Topf füllen und zum Kochen bringen. Bei schwacher Hitze ohne Deckel 1 Stunde ziehen lassen.
Den Tee mit Honig abschmecken, die Menge des Honigs hängt sehr von der Süße der verwendeten Birnen ab. Es kann also sein, dass man mehr oder auch weniger Honig benötigt. Den Birnentee abkühlen lassen und durch ein Sieb abseihen.

Zum Servieren Eiswürfel in Gläser füllen und den Tee darübergießen.

TIPP
Der Birnentee schmeckt auch hervorragend heiß serviert.

Birnen-Kokos-Milch

FÜR 4 PERSONEN
750 ml kalter Birnentee (siehe oben)
250 ml Kokosmilch
Saft und abgeriebene Schale von 1 Biolimette
30 g Klee- oder Akazienhonig
Eiswürfel

Den kalten Birnentee, die Kokosmilch, die Limettenschale und den -saft und den Klee- oder Akazienhonig im Mixer aufschäumen.

Zum Servieren einige Eiswürfel in Gläser füllen und die schaumige Birnen-Kokos-Milch darübergießen.

Prosecco mit Blaubeermark

FÜR 4 PERSONEN
1 Biozitrone
250 g Blaubeeren
50 g Klee- oder Akazienhonig
¼ Vanilleschote, längs halbiert, das Mark ausgekratzt
500 ml gekühlter Prosecco

Die Zitrone in Scheiben schneiden, mit den Blaubeeren, dem Honig und dem Vanillemark aufkochen und 5 Minuten köcheln lassen. Im Mixer pürieren und durch ein feines Sieb passieren; bis zur Verwendung kalt stellen. Es hält sich etwa 3 Tage im Kühlschrank.

Zum Servieren das Blaubeermark in Sektgläser löffeln und mit dem Prosecco aufgießen.

Himbeer-Rosen-Gelee

FÜR 4 PERSONEN
250 ml Himbeersaft
1 Biozitrone, in Scheiben geschnitten
35 g Klee-oder Akazienhonig
100 g Tapioka
25 ml Biorosenwasser
200 g Himbeeren

Die Zitrone in Scheiben schneiden und mit 750 Milliliter Wasser, dem Himbeersaft und dem Honig erhitzen. Tapioka einrühren und bei schwacher Hitze zugedeckt 15 Minuten ausquellen lassen, bis die Perlen durchsichtig sind. Das Rosenwasser dazugeben.
Die Himbeeren auf vier Dessertschälchen verteilen und die heiße Tapiokamasse darübergießen. Bis zum Servieren kalt stellen.

Apfel-Eistee mit Minze

FÜR 4 PERSONEN
750 ml kalter Apfeltee (siehe Seite 347)
Saft von ½ Biozitrone
15 g Klee- oder Akazienhonig
4 Stängel frische Minze
Eiswürfel

Den Apfeltee, den Zitronensaft und den Honig im Mixer aufschäumen.

Zum Servieren einige Eiswürfel in Gläser füllen, die Minzestängel hineingeben und den Apfeltee aufgießen.

Alkoholfreie Limetten-Bananen-Bowle

FÜR 4 PERSONEN
300 g Bananen, geschält
2 Biolimetten
2 Bioorangen
50 g Klee- oder Akazienhonig
2 Stängel Zitronengras
750 ml Wasser mit Kohlensäure
Eiswürfel

Die Bananen in Stücke brechen. Die Limetten und Orangen fein schälen und den Saft auspressen. Die Bananen zusammen mit dem Limettensaft, dem Orangensaft und dem Honig im Mixer pürieren.

Das Zitronengras fein schneiden. Mit der Zitrusschale in eine Bowlenschüssel füllen, das Fruchtpüree dazugeben und zugedeckt im Kühlschrank 30 Minuten ziehen lassen.

Zum Servieren die Bowle mit dem Wasser auffüllen und reichlich Eiswürfel hineingeben.

Rosenblütensorbet mit Himbeeren

FÜR 4 PERSONEN:

200 g Himbeeren
500 ml Weißwein
150 g Klee- oder Akazienhonig
6 duftende Rosenblüten, ungespritzt
Saft von 1 Biozitrone

Den Wein erhitzen und vom Feuer ziehen. Die Rosenblüten hineingeben und zugedeckt 2 Stunden ziehen lassen. Anschließend abseihen und mit der Hälfte des Zitronensafts und 120 g Honig in der Eismaschine zu Sorbet gefrieren.

Die Hälfte der Himbeeren mit 30 Gramm Honig und der anderen Hälfte des Zitronensafts im Mixer glatt pürieren und durch ein feines Sieb passieren. Das Sorbet mit Himbeerpüree und den restlichen ganzen Himbeeren servieren.

Blütenbowle mit Sommerbeeren

FÜR 4 PERSONEN

1 Biozitrone
50 g Himbeeren
50 g Brombeeren
50 g Erdbeeren, Stielansatz entfernt
30 g Klee- oder Akazienhonig
1,5 l stilles Wasser
½ Vanilleschote, längs aufgeschlitzt, Mark ausgekratzt
3 g ungespritzte Rosenblütenblätter
3 g frische Kamillenblüten
3 g frische Ringelblumenblütenblätter
Eiswürfel

Die Zitrone in Scheiben schneiden. Die Hälfte der Beeren mit der Hälfte der Zitronenscheiben, dem Honig und 500 Milliliter des stillen Wassers pürieren und durch ein feines Sieb passieren.

Die restlichen Erdbeeren in Würfel schneiden, die Brombeeren halbieren. Verbleibende Zitronenscheiben, Erdbeerwürfel, Brombeerhälften, Himbeeren, Vanilleschote und -mark in ein Bowlengefäß oder eine Glaskaraffe mit zwei Liter Fassungsvermögen geben, die Blüten darüberstreuen und mit dem Fruchtpüree aufgießen. Die Bowle abdecken und mindestens 30 Minuten kühl stellen.

Zum Servieren die Bowle mit dem restlichen Wasser auffüllen und Eiswürfel hineingeben.

TIPP

Die Beeren- und Blütenkombinationen sind veränderbar. Je nach Angebot können Sie Lindenblüten, Kleeblüten, Gänseblümchen, Veilchen, Holunderblüten, Malvenblüten oder Mädesüß verwenden.
Die Bowle schmeckt genauso gut nur mit Himbeeren oder mit ausschließlich Erdbeeren.

Rosenlikör

ERGIBT ETWA 1 LITER
7 Duftrosenblüten, ungespritzt
250 g Akazienhonig
0,75 l Wodka

Eine ausreichend große, gut verschließbare Karaffe sterilisiren: Glas und Verschluss in kochendes Wasser tauchen, abtropfen lassen.

Die Blüten in die Karaffe füllen. Den Honig daraufgeben und mit dem Alkohol aufgießen.

Die Karaffe fest verschließen und den Ansatz mindestens sechs Wochen mazerieren lassen. Dann den Likör durch ein feines Tuch passieren und in eine verschließbare Flasche abfüllen.

Der Likör hält sich mindestens ein Jahr.

TIPP
Für einen raffinierten Aperitif je einen Esslöffel Rosenlikör in ein Champagnerglas geben und mit gekühltem Champagner aufgießen.

Nusslikör

ERGIBT ETWA 1,1 LITER
750 ml Armagnac
12 grüne Walnüsse
15 g Ingwer
1 Zimtstange
2 Gewürznelken
2 Zacken Sternanis
1 Muskatnuss, halbiert
300 g Klee- oder Akazienhonig

Ein ausreichend großes Weckglas oder eine Flasche sterilisieren: Glas und Verschluss in kochendes Wasser tauchen, abtropfen lassen.

Die Walnüsse und den ungeschälten Ingwer in Scheiben schneiden. Alle Zutaten in das sterilisierte Gefäß füllen.

Das Glas oder die Flasche verschließen und den Likör mindestens 3 Monate mazerieren lassen. Gelegentlich schwenken.

TIPP
Am besten schmeckt der Likör nach ca. einem Jahr.

Eingelegte grüne Tomaten mit Ingwer

ERGIBT ETWA 500 MILLILITER
1 kleines Stück Ingwer, geschält
2 Schalotten, geschält
350 g kleine grüne Tomaten (größere Exemplare halbiert oder geviertelt)
1 Knoblauchzehe, geschält, halbiert, Keim entfernt
5 Pimentkörner
1 TL Koriandersamen
1 kleine Zimtstange
1 Prise Salz
1 TL Molke
etwa 200 ml abgekochtes Wasser

Ein ausreichend großes schönes Weck- oder Schraubglas sterilisieren: Glas und Verschluss in kochendes Wasser tauchen und abtropfen lassen.

Den Ingwer in Scheiben schneiden. Die Schalotten vierteln. Die Tomaten, den Ingwer, die Schalotten, den Knoblauch und die Gewürze in das sterilisierte Glas füllen. Salz, Molke und so viel abgekochtes Wasser dazugeben, dass das Gemüse bedeckt ist, jedoch noch etwa zwei Zentimeter Luft bis zum Glasrand bleiben.

Das Glas fest verschließen, auf den Kopf stellen und 1 Woche am Licht stehen lassen. Dabei beginnt die sogenannte Milchsäuregärung und der vorhandene Sauerstoff wird verbraucht. Nach 1 Woche das Glas umdrehen und mindestens 10 Wochen dunkel und kühl (Keller ist ideal, Kühlschrank zu kalt) lagern.

Weinsauerkraut vom Spitzkohl

ERGIBT ETWA 370 MILLILITER
1 kg Spitzkohl, geputzt
1 TL Salz
4–6 frische Weinblätter (ersatzweise 2 Spitzkohlblätter)
2 EL Bioweißwein

Ein ausreichend großes Weck- oder Schraubglas sterilisieren: Glas und Verschluss in kochendes Wasser tauchen, abtropfen lassen.

Den Spitzkohl in feine Streifen schneiden oder hobeln und mit dem Salz gut durchkneten, sodass sich eigener Saft bildet. Den Glasboden mit zwei bis drei Weinblättern auslegen, das geknetete Kraut einfüllen und mit der geballten Faust oder einem Mörserstößel so fest eindrücken, dass über dem Spitzkohl der eigene Saft steht. Weißwein darübergießen und mit den restlichen Weinblättern abdecken. Nochmals fest andrücken und das Glas gut verschließen (siehe Seite 72).

Das Glas zuerst 8–10 Tage bei 18–20 °C in der Küche und danach 3 Wochen im Keller gären lassen. Nun ist das Sauerkraut essbereit, kann aber im kühlen Keller noch 6–8 Monate aufgehoben werden.

Mixed Pickles

ERGIBT ETWA 800 MILLILITER

100 g Karotten, gründlich abgebürstet
100 g Zucchini
1 kleines Stück Ingwer, geschält
50 g Brokkoli, in Röschen zerteilt
50 g Blumenkohl, in Röschen zerteilt
50 g Kirschtomaten
50 g Perlzwiebeln, geschält
1 Knoblauchzehe, geschält, halbiert, Keim entfernt
5 Pimentkörner
1 TL Koriandersamen
2 Zweige glatte Petersilie
2 Zweige Dill
1 Chilischote, Samen entfernt
1 Prise Salz
2 TL Molke
etwa 400 ml abgekochtes Wasser

Ein ausreichend großes schönes Weck- oder Schraubglas sterilisieren: Glas und Verschluss in kochendes Wasser tauchen und anschließend abtropfen lassen.

Die Karotten in Scheiben schneiden. Die Zucchini halbieren und in Scheiben schneiden. Den Ingwer in Scheiben schneiden. Sämtliches Gemüse und die Gewürze in das sterilisierte Glas füllen. Salz, Molke und so viel abgekochtes Wasser dazugeben, dass das Gemüse bedeckt ist, jedoch noch etwa zwei Zentimeter Luft bis zum Glasrand bleiben (siehe Seite 74).

Das Glas fest verschließen und kopfüber 1 Woche am Licht stehen lassen. Dabei entsteht die sogenannte Milchsäuregärung und der vorhandene Sauerstoff wird verbraucht. Nach 1 Woche das Glas umdrehen und mindestens 10 Wochen dunkel und kühl (Keller ist ideal, Kühlschrank zu kalt) lagern.

TIPP

Im Prinzip eignet sich fast jedes Gemüse für dieses Rezept – mischen Sie ganz nach Belieben.
Milchsaure Pickles sind lecker in winterlichen Salaten, zur Brotzeit (Käse) und zu Laiberln.

Grüne Tomatenkonfitüre mit Ziegenkäse

FÜR 4 PERSONEN

Für die Konfitüre

4 Schalotten, geschält
6 grüne Tomaten, Stielansatz entfernt
1 kleines Stück Ingwer, geschält
1 Lorbeerblatt
1 Muskatblüte
5 Pimentkörner
3 EL Olivenöl
3 EL Klee- oder Akazienhonig
3 EL Weißweinessig
Salz

Außerdem

200 g Ziegenfrischkäse
4 Weinblätter

Für die Tomatenkonfitüre die Schalotten in Streifen, die Tomaten in Würfel und den Ingwer in Scheiben schneiden. Schalotten, Ingwer, Lorbeerblatt, Muskatblüte und Piment im Olivenöl glasig anschwitzen, den Honig, Essig und die Tomaten dazugeben und 20 Minuten bei sehr schwacher Hitze einkochen lassen. Mit Salz abschmecken.

Zum Servieren den Ziegenkäse in vier gleich große Stücke schneiden. Jedes Stück auf ein Weinblatt setzen und die noch warme Tomatenkonfitüre dazu reichen.

TIPP

Im Kühlschrank hält sich die Konfitüre einige Tage.
Die Tomatenkonfitüre passt besonders gut zu intensiv schmeckendem Käse aus Ziegen-, Schafs- oder Kuhmilch. Aber auch mit milden Sorten wie dem Ziegenfrischkäse, die nahezu jedem schmecken, harmoniert sie wunderbar.

Kohlrabi milchsauer eingelegt

ERGIBT 1 GLAS À 370 MILLILITER

100 g Kohlrabi, geschält
1 Dillblüte oder 1 Zweig Dillkraut
1 Lorbeerblatt
1/4 TL Koriandersamen
1 TL schwarze Pfefferkörner
1/2 TL Salz
180 ml abgekochtes, abgekühltes Wasser
1 TL Molke

Das Glas sterilisieren: Glas und Verschluss in kochendes Wasser tauchen, abtropfen lassen. Den Kohlrabi in ein Zentimeter große Würfel schneiden und in das Glas füllen. Die Gewürze und das Salz dazugeben, mit dem Wasser auffüllen und zum Schluss die Molke hinzufügen. Das Glas mit dem Deckel fest verschließen und erst 8–10 Tage bei 18–20 °C in der Küche und danach 3 Wochen im Keller gären lassen. Nun sind die Kohlrabi essbereit, können aber im kühlen Keller noch 6–8 Monate aufgehoben werden (siehe Seite 74).

TIPP

Sie können die Molke auch selbst herstellen:
Ein Sieb über einem Gefäß mit einem sauberen Geschirrtuch auslegen. Einen Becher Biojoghurt daraufgeben und etwa 10 Minuten abtropfen lassen. Einen Teelöffel der aufgefangenen Molke für ein Glas eingelegten Kohlrabi verwenden.

Mit Schafskäse gefüllte Paprika

ERGIBT ETWA 1,2 LITER

300 g kleine, mittelscharfe Paprikaschoten, Stiel, Samen und Scheidewände entfernt (siehe Seite 22)

300 g milder Schafskäse

2 Knoblauchzehen, geschält, Keim entfernt

3 kleine Zweige Rosmarin

1 TL Pfefferkörner

700 ml Olivenöl

Drei Gläser sterilisieren: Gläser und Verschlüsse in kochendes Wasser tauchen, abtropfen lassen. In einen großen Topf so viel Wasser füllen, dass der eingehängte Dämpfeinsatz das Wasser nicht berührt. Das Wasser aufkochen, die Paprikaschoten in den Einsatz legen und im Dampf 2 Minuten garen. Den Käse mit einer Gabel zerdrücken, den Knoblauch zerdrücken. Beides mischen und in die Schoten füllen. Die gefüllten Schoten in die Gläser schichten, den Rosmarin und die Pfefferkörner dazugeben und mit dem Olivenöl bedecken. Die Gläser fest verschließen und die Schoten mindestens 2 Tage ziehen lassen. Dann sind sie essbereit, aber sie können auch noch ein paar Tage aufbewahrt werden. Jedoch ist es empfehlenswert, den Inhalt zügig zu verbrauchen.

TIPP

Das Öl schmeckt hervorragend! Genießen Sie es als Dip zu frischem Brot oder verwenden Sie es als Marinade zum Grillen.

Eingemachte Paprika

ERGIBT ETWA 400 MILLILITER

je 80 g grüne und rote kleine Paprikaschoten, Stiel entfernt

125 ml Weißweinessig

40 g Akazienhonig

1 TL Salz

1 Zweig Zitronenthymian

1 TL Pimentkörner

Ein Glas mit Bügelverschluss oder Schraubdeckel sterilisieren: Glas und Verschluss in kochendes Wasser tauchen, abtropfen lassen. Die Paprikaschoten mit einem Schaschlikspieß mehrmals einstechen. 125 Milliliter Wasser mit dem Essig, dem Honig und dem Salz aufkochen, die Paprikaschoten dazugeben, 3 Minuten kochen und dann mit einem Schaumlöffel herausheben. Die Paprika mit dem Thymian und Piment in das Weckglas füllen. Die Flüssigkeit im Topf nochmals aufkochen und sofort über die Paprika gießen, sodass die Schoten bedeckt sind. Das Glas fest verschließen.

TIPP

Die Paprika können sofort verzehrt, aber auch im kühlen Keller noch 6–8 Monate aufgehoben werden.

Kirschtomaten in Essig

ERGIBT ETWA 3 LITER
1 kleines Stück Ingwer
2 Lorbeerblätter
500 ml Weißweinessig
2 EL Salz
500 g Klee- oder Akazienhonig
2 Zimtstangen
1 kg Cocktailtomaten

Den Ingwer mit der Schale in Scheiben schneiden. Zwei Liter Wasser mit dem Ingwer, den Lorbeerblättern, dem Weißweinessig, dem Salz, dem Honig und den Zimtstangen aufkochen. Die Tomaten hineingeben und 5 Minuten sieden lassen.

Die Gläser sterilisieren: Gläser und Schraubdeckel in kochendes Wasser tauchen, abtropfen lassen. Die Tomaten aus dem Sud heben und auf die sterilisierten Gläser verteilen. Den Sud kochend heiß darübergießen und die Gläser fest verschließen.

TIPP
Die Tomaten zügig verbrauchen, wenn das Glas geöffnet ist. Die eingelegten Kirschtomaten passen zu Käse, Laibchen oder gegrilltem Gemüse.

Schlehenessig

ERGIBT ETWA 1 LITER
40 g Schlehen
5 Kardamomkapseln
3 Gewürznelken
1 Zimtstange
1 EL Koriandersamen
etwas dünn abgeschälte Schale von 1 Bioorange
4 EL Akazienhonig
1 l Rotweinessig

Die Schlehen im Mörser leicht andrücken. Die Kardamomkapseln im Mörser aufbrechen.

Schlehen, die Gewürze und die Orangenschale in eine gut verschließbare weite Karaffe füllen. Den Honig daraufgeben und mit dem Essig aufgießen.

Das Gefäß fest verschließen und den Essig mindestens 6 Wochen mazerieren lassen.

Lavendel-Brombeer-Essig

ERGIBT ETWA 1,1 LITER
10 Stängel Lavendel mit Blüten
100 g Brombeeren
2 EL Akazienhonig
1 l Rotweinessig

Den Lavendel und die Beeren in eine gut verschließbare weite Karaffe füllen. Den Honig daraufgeben und den Essig darübergießen. Die Karaffe fest verschließen und den Essig mindestens 6 Wochen durchziehen lassen.

TIPP
Aromatisierter Essig ist eine wunderbare Würzzutat in der Küche. Besonders im Winter freut man sich über solche Vorräte.

Estragonessig

ERGIBT ETWA 1 LITER
3 Schalotten, geschält
1 Bund Estragon
1 TL weiße Pfefferkörner
2 EL Klee- oder Akazienhonig
1 l Weißweinessig

Die Schalotten klein würfeln. Schalotten, Estragon mit den Stielen und die Pfefferkörner in eine gut verschließbare weite Karaffe füllen. Den Honig daraufgeben und mit dem Essig aufgießen.

Das Gefäß fest verschließen und den Essig mindestens 6 Wochen durchziehen lassen.

Gewürzessig

ERGIBT ETWA 1 LITER
1 Zimtstange
1 Sternanis
5 Lorbeerblätter
2 Knoblauchzehen, geschält, halbiert, Keim entfernt
1 EL Pimentkörner
1 Muskatnuss, zerhackt
1 Zweig Liebstöckel
½ Bund Dill
½ Bund Bohnenkraut
2 EL Klee- oder Akazienhonig
1 l Rotweinessig

Die Gewürze und die Kräuter in eine gut verschließbare weite Karaffe füllen. Den Honig daraufgeben und mit dem Essig aufgießen.

Das Gefäß fest verschließen und den Essig mindestens 6 Wochen durchziehen lassen.

Erdbeeressig mit Basilikum

ERGIBT ETWA 1 LITER
100 g Erdbeeren, entstielt
10 Blätter Basilikum
1 EL grüne Pfefferkörner
etwas dünn abgeschälte Schale von 1 Bioorange
2 EL Akazienhonig
1 l Weißweinessig

Die Erdbeeren vierteln und mit dem Basilikum, dem Pfeffer und der Orangenschale in eine gut verschließbare weite Karaffe füllen. Den Honig daraufgeben und mit dem Essig aufgießen. Das Gefäß fest verschließen und den Essig mindestens 6 Wochen durchziehen lassen.

Herbstrezepte

Kokos-Pastinaken-Suppe

FÜR 4 PERSONEN

350 g Pastinaken, gründlich abgebürstet
250 ml Kokosmilch
550 ml Gemüsefond
etwas abgeriebene Schale von 1 Bioorange
Salz, Pfeffer
2 EL Sonnenblumenkerne, über Nacht in Wasser eingeweicht
1 EL Olivenöl
100 ml Sahne

Die Pastinaken in grobe Stücke schneiden. In einen großen Topf so viel Wasser füllen, dass der eingehängte Dämpfeinsatz das Wasser nicht berührt. Das Wasser aufkochen, die Pastinaken in den Einsatz legen und im Dampf so weich garen, dass man sie gut pürieren kann.

Die gegarten Pastinaken mit der Kokosmilch und dem Gemüsefond im Mixer glatt pürieren. Mit einem Hauch Orangenschale, Salz und Pfeffer abschmecken.

Die Sonnenblumenkerne abgießen, gut abspülen und im Olivenöl kurz anbraten. Mit Salz und Pfeffer leicht würzen. Die Sahne steif schlagen.

Zum Servieren die Suppe mit einem Sahnetupfer garnieren und die gebratenen Sonnenblumenkerne darüberstreuen.

Wirsingsuppe mit Käse

FÜR 4 PERSONEN

1 Zwiebel, geschält
2 EL Olivenöl
1 Kartoffel, geschält
700 ml Gemüsefond
300 ml Milch
500 g Wirsing, Strunk entfernt
Salz, Pfeffer
Muskatnuss, frisch gerieben
120 g Gruyère, gerieben

Die Zwiebel in Streifen schneiden und im Olivenöl glasig anschwitzen. Die Kartoffel fein raspeln. Die Kartoffelraspel zur Zwiebel geben, kurz mitbraten und dann den Gemüsefond und die Milch angießen. 10 Minuten köcheln lassen. Den Wirsing in Stücke schneiden.

In einen großen Topf so viel Wasser füllen, dass der eingehängte Dämpfeinsatz das Wasser nicht berührt. Das Wasser aufkochen, den Wirsing in den Einsatz legen und im Dampf in 6 Minuten so weich garen, dass man ihn pürieren kann.

Den gegarten Wirsing und die Kartoffelraspel samt Garflüssigkeit im Mixer pürieren. Die Suppe mit Salz, Pfeffer und Muskatnuss abschmecken, mit dem Gruyère verrühren und sofort servieren.

TIPP

Anstelle des Gruyères kann man auch Emmentaler oder einen anderen Bergkäse in die Suppe geben.
Wer gerne Kümmel mag, brät mit der Zwiebel zusätzlich einen Teelöffel grob zerstoßenen Kümmel an.
Direkt vor dem Servieren noch zwei Esslöffel Schnittlauchröllchen über die Suppe streuen.

Asiatischer Eintopf mit Sojasprossen

FÜR 4 PERSONEN

1 Karotte, gründlich abgebürstet
4 Babymaiskölbchen
1 Pak Choi
1 Knoblauchzehe, geschält, Keim entfernt
1 walnussgroßes Stück Ingwer, geschält
1 Chilischote, Samen entfernt
4 EL Olivenöl
150 g Enokipilze, erdiger Stiel entfernt
40 g Zuckerschoten, geputzt
250 ml Gemüsefond
100 g Soja- oder Alfalfasprossen
½ TL Pfeilwurzmehl
Salz, 1 EL Tamari (Sojasauce)
Saft von 1 Biolimette
½ Bund Koriandergrün

Außerdem
Basmatireis zum Servieren

Die Karotte in Stifte schneiden, den Mais längs halbieren, den Pak Choi in zwei Zentimeter breite Streifen schneiden. Die Knoblauchzehe und den Ingwer in Scheiben schneiden, die Chilischote fein schneiden.

Das Olivenöl erhitzen und Ingwer, Chili, Knoblauch sowie Karotten- und Maisstifte darin anbraten. Die Pilze dazugeben und 5 Minuten schmoren lassen. Mit dem Gemüsefond aufgießen, das restliche Gemüse und die Sprossen dazugeben und alles weitere 5 Minuten garen. Das Pfeilwurzmehl in wenig kaltem Wasser klümpchenfrei anrühren und die eventuelle Flüssigkeit des Eintopfs damit leicht binden. Mit Salz, Sojasauce und Limettensaft abschmecken.

Kurz vor dem Servieren das Koriandergrün grob schneiden und dazugeben.

Zum Servieren reicht man als klassische Beilage duftigen Basmatireis dazu.

Topinamburcremesuppe

FÜR 4 PERSONEN

Für die Chips

1 Topinamburknolle, gründlich abgebürstet

Für die Suppe

400 g Topinambur (ungefähr 6 Stück), geschält
750 ml Gemüsefond
30 g Crème fraîche
Salz, Pfeffer
1 Artischocke, Boden ausgelöst (siehe Seite 24, nach Belieben)
½ Bund Schnittlauch, fein geschnitten
2 EL Olivenöl (nach Belieben)

Die Chips wie auf Seite 310 beschrieben zubereiten und für die Garnitur beiseitelegen.

Für die Suppe die Topinambur in grobe Stücke schneiden, im Gemüsefond in 15 Minuten weich kochen und mit dem Fond im Mixer sämig pürieren. Die Crème fraîche einrühren, mit Salz und Pfeffer abschmecken.

Nach Belieben den Artischockenboden in dünne Scheiben schneiden und im heißen Olivenöl 2 Minuten braten. Mit Salz und Pfeffer abschmecken.

Zum Servieren die Suppe mit Schnittlauch, den warmen Artischockenscheiben und den Topinamburchips bestreuen.

Rotkohlsuppe mit Muskatschaum

FÜR 4 PERSONEN

Für die Suppe

300 g Rotkohl, Strunk entfernt
1 Kartoffel, geschält
1 Zwiebel, geschält
3 EL Sonnenblumenöl
1/2 TL Klee- oder Akazienhonig
1 Lorbeerblatt
½ Zimtstange
750 ml Gemüsefond
1 TL Rotweinessig
Salz, Pfeffer
gemahlener Piment

Für den Muskatschaum

125 ml Magermilch
Muskatnuss, Salz

Den Rotkohl in grobe Stücke schneiden. Die Kartoffel und die Zwiebel in Würfel schneiden. In einem großen Topf das Sonnenblumenöl und den Honig erhitzen, die Zwiebel- und Kartoffelwürfel, das Lorbeerblatt, die Zimtstange und den Rotkohl darin kurz anschwitzen. Mit dem Gemüsefond aufgießen und zugedeckt bei schwacher Hitze 25 Minuten garen, bis der Rotkohl und die Kartoffeln weich sind.

Das Lorbeerblatt und die Zimtstange entfernen. Die Suppe im Mixer pürieren und durch ein mittelfeines Sieb passieren. Mit Rotweinessig, Salz, Pfeffer und Piment abschmecken.

Für den Schaum die Milch erhitzen. Großzügig Muskatnuss hineinreiben und leicht salzen. Die Milch mit einem kleinen Schneebesen aufschäumen.

Zum Servieren die Suppe in Suppentassen schöpfen, den Milchschaum darüberlöffeln und sofort zu Tisch bringen.

Kürbissuppe, im Kürbis serviert

FÜR 4 PERSONEN

1 mittelgroßer Muskat- oder 1 sehr großer Hokkaidokürbis (ca. 3 kg)
1 EL Olivenöl
1 Knoblauchzehe, geschält, Keim entfernt
1 kleines Stück Ingwer, geschält
750 ml Gemüsefond
1 rote Chilischote, Samen entfernt
Saft und etwas Schale von 1 Bioorange
1 Sternanis, Salz
125 ml Sahne, ½ Bund Dill
1 EL Kürbiskernöl

Den Kürbis waschen, am Stielende einen Deckel abschneiden und die Kerne und das faserige Innere entfernen. Mit einem Löffel oder Parisienne-Ausstecher das Fruchtfleisch gleichmäßig herausschaben, sodass noch ein stabiler Rand bleibt. Den Backofen auf 100 °C vorheizen. Den Kürbis außen mit dem Olivenöl einreiben und im Backofen bei 100 °C warm stellen.

Den Knoblauch zerdrücken, den Ingwer in Scheiben schneiden. Das Kürbisfleisch mit dem Knoblauch und Ingwer im Gemüsefond in 15 Minuten weich garen, im Mixer pürieren.
Die Suppe wieder in den Topf gießen, Chili, Orangenschale und Sternanis dazugeben und 10 Minuten bei schwacher Hitze ziehen lassen. Kurz vor dem Servieren Chili, Orangenschale und Sternanis entfernen und die Suppe mit Salz und Orangensaft abschmecken. Die Sahne steif schlagen. Zum Servieren die Suppe in den vorgewärmten Kürbis füllen, die Sahne obenauf setzen, den Dill daraufzupfen und das Kürbiskernöl darüberträufeln.

Sauerkrautsuppe mit knusprigem Kartoffelstrudel

FÜR 4 PERSONEN

Für den Strudel
100 g gesiebtes Dinkelvollkornmehl
50 g gesiebtes Reismehl
10 g Butter
1 Eigelb, Salz, Pfeffer
400 g Kartoffeln, 1 Schalotte
2 EL Olivenöl, 100 g Räuchertofu
1 Bund Majoran, Blätter abgezupft
15 g zerlassene Butter zum Bestreichen

Für die Suppe
2 Zwiebeln, geschält
1 Knoblauchzehe, geschält, Keim entfernt
1 Lorbeerblatt
5 Wacholderbeeren, zerdrückt
2 EL Olivenöl, 1 TL Akazienhonig
300 g Sauerkraut, 750 ml Gemüsefond
1 Kartoffel, geschält
125 ml Weißwein, Salz, Pfeffer

Für den Strudelteig die beiden Mehle, die Butter und das Eigelb mit 65 Milliliter Wasser und einer Prise Salz gut verkneten und in Frischhaltefolie gewickelt mindestens 1 Stunde ruhen lassen.
Für die Füllung die Kartoffeln schälen und in grobe Stücke schneiden. In einen großen Topf so viel Wasser füllen, dass der eingehängte Dämpfeinsatz das Wasser nicht berührt. Das Wasser aufkochen, die Kartoffeln in den Einsatz legen und im Dampf in mindestens 10 Minuten weich garen.

Die Schalotte schälen, würfeln und im Olivenöl glasig anschwitzen, den Tofu würfeln, dazugeben und kurz anbraten. Vom Herd nehmen, die Kartoffeln untermischen und grob zerdrücken. Mit Salz, Pfeffer und Majoran abschmecken. Etwas abkühlen lassen.
Den Backofen auf 200 °C vorheizen. Den Teig hauchdünn ausrollen (siehe Seite 100) und mit zerlassener Butter bestreichen. Die Kartoffelmasse darauf verteilen und eng einrollen.
Den Strudel auf ein gebuttertes Backblech legen, mit Butter bestreichen und in 15 Minuten knusprig backen. Die Zwiebeln würfeln und den Knoblauch zerdrücken. Zwiebeln, Knoblauch, Lorbeerblatt und Wacholderbeeren im Olivenöl mit Honig glasig anschwitzen. Das Sauerkraut fein schneiden, dazugeben und kurz schmoren. Mit Fond auffüllen, die Kartoffel fein reiben und mit dem Wein dazugeben. Bei schwacher Hitze 30 Minuten köcheln lassen. Mit Salz und Pfeffer abschmecken. Den Strudel in zwei Zentimeter große Stücke schneiden und in die Suppe geben.

Spitzkohleintopf mit Grünkernbällchen

FÜR 4 PERSONEN

Für die Grünkernbällchen

je 1 EL Karotten- und Selleriewürfel
1 Lorbeerblatt
150 g Grünkern, geschrotet
300 ml Gemüsefond, 1 EL Lauchwürfel
1 Schalotte, geschält
½ Bund Majoran, Blätter abgezupft
3 EL Olivenöl
25 g Vollkornsemmelbrösel
25 g geröstete Sonnenblumenkerne
abgeriebene Schale von ½ Biozitrone
1 TL mittelscharfer Senf
1 Eigelb, Salz, Pfeffer

Für den Eintopf

500 g Spitzkohl, Strunk entfernt
1 Zwiebel, geschält, 2 Karotten
2 EL Olivenöl, 250 ml Gemüsefond
½ TL Pfeilwurzmehl, Salz, Pfeffer
4 EL geschlagene Sahne
2 Tomaten, überbrüht, enthäutet, Samen entfernt

Für die Grünkernbällchen die Karotten- und Selleriewürfel mit dem Lorbeerblatt und dem Grünkernschrot im Gemüsefond aufkochen und dann zugedeckt etwa 10 Minuten ausquellen lassen, bis alle Flüssigkeit aufgesogen ist. Die Lauchwürfel untermischen.

Die Schalotte in Würfel, den Majoran fein schneiden. Schalotte und Majoran im Olivenöl glasig anschwitzen, die Semmelbrösel dazugeben und kurz anbraten. Die Sonnenblumenkerne grob hacken. Bröselmischung, Sonnenblumenkerne, Zitronenschale, Senf und Eigelb zur Grünkernmasse geben und gut untermischen. Mit Salz und Pfeffer abschmecken.

In einen großen Topf so viel Wasser füllen, dass der eingehängte Dämpfeinsatz das Wasser nicht berührt. Das Wasser aufkochen. Mit nassen Händen aus der Grünkernmasse kleine Bällchen in der Größe von Murmeln rollen, in den Einsatz legen und im Dampf 5–8 Minuten garen.

Den Spitzkohl und die Zwiebel in große Würfel oder Stücke, die Karotten gründlich abbürsten in Scheiben schneiden. Zwiebel und Karotten im Olivenöl glasig anschwitzen, den Spitzkohl dazugeben und den Gemüsefond angießen. Zugedeckt 10 Minuten köcheln lassen. Das Pfeilwurzmehl in wenig Wasser klümpchenfrei anrühren und die Flüssigkeit damit leicht binden. Mit Salz und Pfeffer abschmecken und die geschlagene Sahne und die gewürfelten Tomaten sachte unterheben. Zum Servieren den Eintopf in tiefe Teller füllen und die Grünkernbällchen daraufsetzen.

Klare Spitzkohlessenz mit Kartoffelwürfeln

FÜR 4 PERSONEN

350 g Spitzkohl, Strunk entfernt
1 Karotte, geputzt
1 Schalotte, geschält
1 Lorbeerblatt
4 EL Olivenöl, ½ TL Akazienhonig
750 ml Gemüsefond
50 ml Sherry, Salz, Pfeffer
2 Kartoffeln, geschält, ½ TL Madras-Currypulver
½ Bund glatte Petersilie, Blätter abgezupft

Den Spitzkohl in feine Streifen (Julienne) schneiden. Die Karotte in dünne Scheiben schneiden. Die Schalotte klein würfeln. Schalottenwürfel, Karottenscheiben und Lorbeerblatt in einem großen Topf in zwei Esslöffeln Olivenöl und dem Honig glasig anschwitzen. Den Gemüsefond angießen, den Spitzkohl dazugeben und 10 Minuten köcheln lassen. Den Sherry hinzufügen und mit Salz und Pfeffer abschmecken.

Die Kartoffeln schälen, klein würfeln, im verbleibenden Olivenöl braten und mit Currypulver, Salz und Pfeffer würzen. Die Petersilie fein schneiden. Die Suppe in Teller schöpfen und die Kartoffelwürfel und Petersilie hineingeben.

Rote-Bete-Salat mit Vanille und Birne

FÜR 4 PERSONEN

2 Birnen, halbiert, vom Kerngehäuse befreit
1 große (oder 2 kleinere) Rote Bete, gründlich abgebürstet
Saft von 1 Orange
4 EL Sonnenblumenöl
½ Vanilleschote, Mark ausgekratzt
Salz, schwarzer Pfeffer

Die Birnen und Rote Bete mit der Schale auf der Röstireibe in Stifte raspeln. Mit dem Orangensaft, dem Sonnenblumenöl, dem Vanillemark, einer kleinen Prise Salz und Pfeffer abschmecken.

Zum Servieren den Salat in Cocktailgläsern oder in einer Schüssel anrichten.

TIPP

Gerade erdiges Gemüse wie Rote Bete schmeckt mit Vanille sehr gut. Vanille passt auch toll zu Pastinakensalat oder Sellerie.

Karamellisierte Topinambur

FÜR 4 PERSONEN

600 g Topinambur (ungefähr 9 Stück), geschält
4 EL Olivenöl
1 EL Klee- oder Akazienhonig
Salz, Pfeffer
1 EL Kapern (nach Belieben)

Die Topinambur in Achtel (Spalten) schneiden und im Öl und Honig in 6–7 Minuten goldgelb karamellisieren. Mit Salz und Pfeffer abschmecken. Nach Belieben nach 5 Minuten Bratzeit die Kapern dazugeben. Sie öffnen sich ein wenig und werden knusprig.

TIPP

Dieses Gericht ist eine feine kleine Vorspeise und sollte warm serviert werden. Köstlich schmecken die Topinambur auch, wenn man sie wie hier im Bild mit Feldsalat anrichtet und die Bratflüsigkeit mit den Kapern darübergibt.

Leichter Waldorfsalat

FÜR 4 PERSONEN

½ Sellerieknolle (etwa 300 g), geschält
1 säuerlicher Apfel, vom Kerngehäuse befreit
¼ Ananas, geschält, Strunk entfernt
4 EL Joghurt
Saft von 1 Biozitrone
5 EL Olivenöl
Salz, Pfeffer
½ Bund glatte Petersilie, Blätter abgezupft
2 EL grob zerdrückte Walnusskerne

Den Sellerie und den Apfel mit der Schale auf der Röstireibe in Stifte raspeln. Die Ananas in kleine Würfel schneiden.

Joghurt, Zitronensaft und Olivenöl zu einem Dressing verrühren, mit sehr wenig Salz und etwas Pfeffer abschmecken und mit dem Sellerie, dem Apfel und der Ananas mischen. Die Petersilie hacken und zusammen mit den Walnüssen unterheben.

Zum Servieren den Salat in schönen Gläsern, auf Salatblättern oder auf einem Teller mit Apfelspalten anrichten.

Topinambur-Carpaccio

FÜR 4 PERSONEN

20 g Butter
15 ml Olivenöl
10 Topinamburknollen, gründlich abgebürstet
Salz, Pfeffer
20 g Parmesan, frisch gerieben
1 Bund Schnittlauch, fein geschnitten

Den Backofen auf 220 °C vorheizen. Butter und Olivenöl in einem kleinen Topf schmelzen. Vier feuerfeste große Teller mit etwas Butter-Olivenöl-Mischung bepinseln.

Die ungeschälten Topinambur auf dem Gurkenhobel in hauchdünne Scheiben schneiden und schuppenartig auf den Tellern anordnen (siehe Seite 75). Das restliche Ölgemisch darüberträufeln, mit Salz, Pfeffer und Parmesan bestreuen und im Backofen in 5 Minuten goldbraun backen.

Zum Servieren mit Schnittlauch bestreuen und sofort zu Tisch bringen.

Kürbis-Karotten-Salat

FÜR 4 PERSONEN

¼ Hokkaidokürbis (etwa 300 g), Fasern und Kerne entfernt
2 Karotten, gründlich abgebürstet
Saft von 1 Bioorange
3 EL Olivenöl
1 EL Kürbiskernöl
Salz, roter Pfeffer
2 EL Kürbiskerne, grob gehackt

Das Kürbisstück und die Karotten jeweils mit der Schale mit dem Sparschäler in breite Streifen schneiden. Mit dem Orangensaft, Oliven- und Kürbiskernöl, einer kleinen Prise Salz und grob zerdrücktem rotem Pfeffer abschmecken.

Zum Servieren die Kürbiskerne darüberstreuen.

VARIANTE

Kürbis und Karotte kann man auch auf der Röstireibe in Stifte raspeln.

Karottensalat mit Sauerkraut

FÜR 4 PERSONEN

400 g Karotten, gründlich abgebürstet
250 g milchsauer eingemachtes Sauerkraut
½ Bund glatte Petersilie, Blätter abgezupft
4 EL Sonnenblumenöl, Pfeffer

Die Karotten auf der Röstireibe in Stifte raspeln. Das Sauerkraut abtropfen lassen und fein schneiden. Die Petersilie ebenfalls fein schneiden.

Karotten und Sauerkraut mit dem Sonnenblumenöl, Pfeffer und der Petersilie locker mischen und sofort servieren.

Paprikasalat mit Kichererbsensprossen

FÜR 4 PERSONEN

je 300 g rote und gelbe Paprikaschoten, Stiel, Samen und Scheidewände entfernt
1 Knoblauchzehe, geschält, Keim entfernt
3 EL Balsamicoessig
Saft von 1 Biozitrone
½ TL Klee- oder Akazienhonig
6 EL Olivenöl
½ Bund wilder Oregano, Blätter abgezupft
60 g gekeimte Kichererbsen (siehe Seite 80), gründlich gewaschen und abgetropft
Salz, roter Pfeffer

Die Paprikaschoten in Würfel schneiden. Die Knoblauchzehe zerdrücken.
Aus dem Balsamicoessig, dem Zitronensaft, dem Honig, dem Olivenöl und dem Knoblauch ein Dressing rühren. Die Paprikawürfel, den Oregano und die Kichererbsen hineingeben und gut untermischen. Den Salat mit Salz und rotem Pfeffer abschmecken.

Lauwarmer Reizkersalat

FÜR 4 PERSONEN

350 g frische Blutreizker, geputzt
8 Frühlingszwiebeln, geputzt
4 Tomaten, überbrüht, enthäutet, Samen entfernt
6 EL Olivenöl
4 Knoblauchzehen, geschält, halbiert, Keim entfernt
4 EL Balsamicoessig
Salz, Pfeffer
4 Scheiben Dinkelvollkorntoast
1 Bund Basilikum, Blätter abgezupft

Die Reizker vierteln. Die Frühlingszwiebeln in zwei Zentimeter große Stücke schneiden. Die Tomaten vierteln.

In einer weiten Pfanne das Olivenöl erhitzen. Die Reizker und den Knoblauch darin anschwitzen. Die Frühlingszwiebeln und die Tomatenviertel dazugeben. Kurz durchschwenken und mit Balsamicoessig, Salz und Pfeffer abschmecken.

Zum Servieren die Brotscheiben toasten, den warmen Reizkersalat darauf anrichten und mit Basilikumblättern bestreuen.

Käferbohnensalat mit geräuchertem Algentofu

FÜR 4 PERSONEN

Für den Salat

1 Lorbeerblatt
3 Gewürznelken
1 Zwiebel, geschält
1 l Gemüsefond
300 g frische Käferbohnen (oder 150 g getrocknete, 6 Stunden in Wasser eingeweicht und abgegossen)
2 Tomaten, überbrüht und enthäutet
2 Frühlingszwiebeln
120 g geräucherter Algentofu
½ Bund Thymian, Blätter abgezupft

Für die Vinaigrette

1 Knoblauchzehe, geschält, Keim entfernt
4 EL weißer Balsamicoessig
6 EL Olivenöl
abgeriebene Schale von 1 Biozitrone
Salz, Pfeffer

Das Lorbeerblatt und die Nelken in die Zwiebel stecken. Den Gemüsefond in einem großen Topf aufkochen und die gespickte Zwiebel und die Käferbohnen darin 45 Minuten garen. Inzwischen die Tomaten in Würfel, die Frühlingszwiebeln in Ringe schneiden. Den Algentofu ebenfalls würfeln.

Die Knoblauchzehe zerdrücken. Alle Zutaten für die Vinaigrette vermischen und die heißen Käferbohnen darin wenden. Die Tomaten, die Frühlingszwiebeln, den Algentofu und den Thymian unterheben.

TIPP

Dieser Salat schmeckt am besten, wenn er mindestens 1 Stunde durchziehen konnte.

Olivenpralinen

FÜR 4 PERSONEN

200 g schwarze Oliven, entsteint
100 g gesiebtes Dinkelvollkornmehl
1 Msp. Weinstein-Backpulver
150 g Schafskäse (Feta)
100 g sehr kalte Butter
½ Chilischote, Samen entfernt
½ Bund Zitronenthymian, Blättchen abgezupft

Die Oliven hacken. Mehl und Backpulver mischen. Den Schafskäse zerkrümeln. Die Butter in kleine Würfelchen und die Chilischote fein schneiden.

Alle Zutaten rasch mit kühlen Händen zu einem mürben Teig verkneten. Aus dem Teig Kugeln in der Größe von Mirabellen formen, auf ein mit Backpapier ausgelegtes Backblech legen und für 1 Stunde kühl stellen.

Den Backofen auf 180 °C vorheizen und die Olivenpralinen im heißen Ofen 15 Minuten backen.

TIPP

Die würzigen Pralinen schmecken am besten warm zum Aperitif oder zu einem Salat.

Gebackener Honigkürbis

FÜR 4 PERSONEN

1 kg Hokkaidokürbis, von Kernen und Fasern befreit
1 Chilischote, Samen entfernt
1 Knoblauchzehe, geschält, Keim entfernt
5 EL Olivenöl
2 EL Klee- oder Akazienhonig
1 TL gemahlener Zimt
½ TL frisch geriebene Muskatnuss
1 TL zerstoßene Koriandersamen
Salz, Pfeffer

Den Kürbis in mundgerechte Spalten schneiden. Die Chilischote hacken, den Knoblauch zerdrücken.

Den Backofen auf 200 °C vorheizen. Das Olivenöl mit dem Honig erwärmen, den Chili, den Knoblauch und sämtliche Gewürze unterrühren und die Kürbisspalten damit einpinseln. Die Kürbisspalten auf ein Backblech legen und in 10–15 Minuten weich und goldgelb backen. Warm servieren.

TIPP

Beim Hokkaidokürbis kann man die Schale mitessen. Wenn Sie einen anderen Kürbis für dieses Rezept verwenden, sollten Sie ihn schälen.

Lauchquiche

FÜR 4 PERSONEN

Für den Teig
200 g Dinkelvollkornmehl
80 g Butter
2 EL Milch
10 g frische Hefe (¼ Würfel)
1 Prise Salz

Für den Belag
2 Stangen Lauch, gründlich gewaschen, geputzt
4 EL Olivenöl
50 g Emmentaler, in dünner Scheiben
3 Eier
250 ml Sahne
Salz, Pfeffer
Muskatnuss, frisch gerieben
25 g Gorgonzola

Für den Teig alle Zutaten rasch von Hand verkneten. Der Teig soll nur gerade so zusammenhalten und darf auf keinen Fall so fest durchgewalkt werden, dass er zu glänzen beginnt (siehe Seite 98).

Den Teig in eine Quicheform mit 30 Zentimeter Durchmesser drücken, die Ränder dabei hochziehen und mindestens 30 Minuten tiefkühlen.

Von dem Lauch die zähen, dunkelgrünen Teile entfernen. Den Rest der Stange in Ringe schneiden und im Olivenöl glasig anschwitzen.

Den Backofen auf 200 °C Grad vorheizen. Den Teig 5 Minuten vorbacken, aus dem Ofen nehmen und mit Emmentaler auslegen. Den Lauch darauf verteilen. Eier, Sahne, Salz, Pfeffer und Muskatnuss im Mixer pürieren und über den Lauch gießen. Den Gorgonzola zerbröckeln und darüberstreuen. Die Quiche 20 Minuten backen.

Zum Servieren die warme Quiche mit einem scharfen Sägemesser in Stücke schneiden.

Gegrillte Pilze

FÜR 4 PERSONEN

4 große Steinpilze oder 8 Riesenchampignons, geputzt

Für das Würzöl

2 Knoblauchzehen, geschält, Keim entfernt
5 EL Olivenöl
Salz, Pfeffer
4 Zweige Thymian (nach Belieben), Blättchen abgezupft

Den Backofengrill auf höchster Stufe vorheizen.
Die Steinpilze halbieren. Die Riesenchampignons ganz lassen, jedoch den Stiel deutlich kürzen.

Den Knoblauch zerdrücken, mit dem Olivenöl vermischen, mit Salz und Pfeffer kräftig würzen. Den Thymian, falls verwendet, zum Öl geben. Die Pilze mit dem Würzöl bepinseln und von beiden Seiten jeweils 3 Minuten grillen.

Zum Servieren die Pilze zu einem Salat oder auf knusprigem Brot reichen – so schmecken sie einfach herrlich.

TIPP

Bei Steinpilzen verwende ich am liebsten nur das Knoblauchöl um das natürliche Aroma zu heben. Zu Riesenchampignons passt der kräftige Thymian jedoch sehr gut.

Rosenkohl-Kastanien-Quiche

FÜR 4 PERSONEN

Für den Teig

200 g Dinkelvollkornmehl
80 g Butter
2 EL Milch
10 g frische Hefe (1/4 Würfel)
1 Prise Salz

Für den Belag

300 g Rosenkohl, geputzt
150 g Esskastanien, gegart, geschält
1 Zwiebel, geschält
1/2 Bund Majoran, Blätter abgezupft
4 EL Olivenöl
50 g Emmentaler, in dünnen Scheiben
3 Eier
250 ml Sahne, Salz, Pfeffer
25 g Vollkornsemmelbrösel
25 g Parmesan, frisch gerieben

Für den Teig alle Zutaten rasch von Hand verkneten. Der Teig soll nur gerade so zusammenhalten und darf auf keinen Fall so fest durchgewalkt werden, dass er zu glänzen beginnt (siehe Seite 98).

Den Teig in eine Quicheform mit 30 Zentimeter Durchmesser drücken, die Ränder dabei hochziehen und mindestens 30 Minuten tiefkühlen.

Die Rosenkohl-Röschen halbieren. In einen großen Topf so viel Wasser füllen, dass der eingehängte Dämpfeinsatz das Wasser nicht berührt. Das Wasser aufkochen, den Rosenkohl in den Einsatz legen und im Dampf in 4 Minuten weich, aber noch bissfest garen. Die Kastanien grob hacken. Die Zwiebel in Würfel schneiden und mit dem Majoran im Olivenöl glasig anschwitzen, die Kastanien dazugeben und kurz anbraten.

Den Backofen auf 200 °C Grad vorheizen. Den Teig 5 Minuten vorbacken, aus dem Ofen nehmen und mit Emmentaler auslegen. Die Zwiebeln und Kastanien darauf verteilen. Den Rosenkohl darauflegen. Eier, Sahne, Salz und Pfeffer im Mixer pürieren und darübergießen. Semmelbrösel und Parmesan mischen und darüberstreuen. Die Quiche 20 Minuten backen.

Zum Servieren die warme Quiche mit einem scharfen Sägemesser in Stücke schneiden.

Buntes Kartoffel-Gemüse-Gratin

FÜR 4 PERSONEN

800 g Kartoffeln, geschält
300 g Karotten, gründlich abgebürstet
300 g Zucchini
2 Knoblauchzehen, geschält, Keim entfernt
350 ml Sahne
1 Bund Thymian, Blätter abgezupft
Salz, Pfeffer
Butter für die Form

Sämtliches Gemüse längs in hauchdünne Scheiben hobeln. Den Knoblauch zerdrücken. Die Sahne mit Knoblauch und Thymian verrühren.

Den Backofen auf 200 °C vorheizen. Eine kleine Springform mit 25 Zentimeter Durchmesser mit Butter bepinseln. Das Gemüse in Lagen einfüllen, jede Lage mit Salz und Pfeffer würzen und etwas von der Knoblauchsahne darauflöffeln. Das Gratin 45 Minuten im Ofen backen. Es ist fertig, wenn man mit einem Holzspieß wie in Butter hineinsticht.

Zum Servieren das Gratin mit konfierten Tomaten (siehe Seite 61) und Spargel im Spinatmantel (siehe Seite 175) anrichten.

Ofenkartoffeln

FÜR 4 PERSONEN

1 kg kleine Kartoffeln, gründlich abgebürstet
6 EL Olivenöl
1 EL Koriandersamen
1 EL Kümmelsamen
1 EL edelsüßes Paprikapulver
½ TL Cayennepfeffer
Salz, Pfeffer

Den Backofen auf 200 °C vorheizen. Die Kartoffeln halbieren. Das Öl auf einem Backblech verstreichen. Den Koriander und Kümmel im Mörser zerstoßen. Sämtliche Gewürze mischen. Die Kartoffeln mit der Schnittseite in die Gewürzmischung tauchen und mit dieser Seite nach unten auf das Backblech legen, 20 Minuten backen. Sie sind gar, wenn man einen Holzspieß wie in weiche Butter hineinstechen kann.
Zum Servieren die warmen Kartoffeln mit Salat, gegrilltem Gemüse und selbst gemachtem Ketchup (siehe Seite 349) anrichten. Sie passen aber auch gut zu Avocado-Gurken-Tatar und Raita (siehe Seite 208) oder dem Koriander-Joghurt-Dip von Seite 172.

Kürbisauflauf

FÜR 4 PERSONEN

800 g Hokkaidokürbis, Kerne entfernt
1 Knoblauchzehe, geschält, Keim entfernt
350 ml Sahne, 1 Ei
2 TL Pfeilwurzmehl, Salz, Pfeffer
Muskatnuss, frisch gerieben
80 g Parmesan, frisch geraspelt
20 g Vollkornsemmelbrösel
Butter für die Form

Den Kürbis mit der Schale grob raspeln. Den Knoblauch zerdrücken. Die Sahne mit dem zerdrückten Knoblauch, dem Ei und dem Pfeilwurzmehl gründlich verrühren. Den Backofen auf 200 °C vorheizen. Eine feuerfeste Auflaufform buttern.

Die Form einen Zentimeter dick mit geraspeltem Kürbis auslegen. Die Lage mit Salz, Pfeffer und Muskatnuss würzen, mit etwas Parmesan bestreuen und ein wenig von der Knoblauchsahne darüberlöffeln. Diesen Vorgang wiederholen, bis der Kürbis aufgebraucht ist. Zuletzt Semmelbrösel und Parmesan aufstreuen und den Auflauf im Ofen 20 Minuten backen.

Steinpilzpizza

FÜR 4 PERSONEN

Für den Teig
10 g Hefe
125 ml kaltes Wasser
180 g Dinkelvollkornmehl
1 Ei
1 Prise Salz
10 g Butter

Für den Belag
4 EL Olivenöl
1 Knoblauchzehe, Keim entfernt, zerdrückt
2 TL Hefepaste
3 EL Crème fraîche
300 g Steinpilze, geputzt und in feine Scheiben geschnitten
Salz, Pfeffer
4 Stängel Thymian oder wilder Oregano, Blätter abgezupft
4 EL frisch geraspelter Parmesan

Außerdem
Butter oder Backpapier für das Backblech

Für den Teig die Hefe im kalten Wasser auflösen. Das Hefewasser mit dem Dinkelmehl gründlich verkneten und 10 Minuten aufgehen lassen. Das Ei, Salz und die Butter unterkneten. Den Teig auf dem gebutterten Backblech dünn ausrollen. Den Teig mit einer Gabel mehrmals einstechen. Nochmals leicht aufgehen lassen.

Den Backofen auf 200 °C vorheizen. Für den Belag das Olivenöl und den Knoblauch vermischen. Die Hefepaste mit der Crème-fraîche verrühren. Den Teig 5 Minuten vorbacken. Aus dem Ofen nehmen und mit der Crème fraîche-Mischung großzügig bestreichen. Die Pilze darauf verteilen und mit Salz und Pfeffer bestreuen. Den Parmesan und den Thymian darüberstreuen. Das Knoblauchöl darüberträufeln. Die Pizza im Backofen in 15 Minuten knusprig backen.

Ganze gegrillte Paprika

FÜR 4 PERSONEN
1 Knoblauchzehe, geschält, Keim entfernt
2 EL Chiliöl (siehe Seite 306)
4 EL Olivenöl
Salz, Pfeffer
8 kleine Spitz- oder Tomatenpaprika

Die Knoblauchzehe zerdrücken. Knoblauch, beide Öle, Salz und Pfeffer mischen. Die ganzen Paprika in der Marinade wenden und auf Alufolie auf dem Holzkohlengrill oder ohne Alufolie in der Grillpfanne von allen Seiten 4–6 Minuten grillen.

TIPP
Je kleiner die Paprika, desto kürzer ist die Grillzeit und desto zarte sind sie. Oft haben die Schoten dann nur sehr kleine Kerne.
Anstelle des Chiliöls kann man auch Rosmarinöl (siehe Seite 306) verwenden.

Spitzkohlwickerl mit Kümmel-Schwarzbier-Jus

FÜR 4 PERSONEN

Für die Kohlwickerl
1 junger Spitzkohl
2 große Zwiebeln, geschält
1 Knoblauchzehe, geschält, Keim entfernt
12 Shiitakepilze, geputzt, Stiele entfernt
1 Karotte, gründlich abgebürstet
4 EL Olivenöl
Salz, Pfeffer

Für den Jus
1 Karotte, gründlich abgebürstet
1 Petersilienwurzel, gründlich abgebürstet
1 Zwiebel, geschält
1 Lorbeerblatt, 1 Muskatblüte
1 EL Kümmelsamen, 2 EL Olivenöl
750 ml dunkles Bier
300 ml Gemüsefond
1 TL Klee- oder Akazienhonig
1 TL Hefepaste
1 TL Pfeilwurzmehl
Salz, Pfeffer

Außerdem
Butter für die Form

In einen großen Topf so viel Wasser einfüllen, dass der eingehängte Dämpfeinsatz das Wasser nicht berührt. Das Wasser aufkochen, die acht äußeren Blätter vom Spitzkohl lösen, in den Einsatz legen und im Dampf 3 Minuten vorgaren, dann in Eiswasser abschrecken. Trocken tupfen und den Strunk vorsichtig herausschneiden.

Für die Füllung eine Zwiebel und den Knoblauch in Würfelchen schneiden. Die Shiitakepilze und die Karotte ebenfalls würfeln. Den restlichen Spitzkohl fein schneiden und im Dampf in 5 Minuten weich garen. Inzwischen im Olivenöl Zwiebel, Knoblauch, Karotte und Shiitakepilze glasig anbraten. Den geschnittenen Spitzkohl dazugeben und mit Salz und Pfeffer abschmecken.

Die zweite Zwiebel in Ringe schneiden. Eine Backform buttern und die Zwiebelringe darin verteilen. Die Füllung auf die Spitzkohlblätter geben (siehe Seite 89) und diese aufrollen. Mit der Naht nach unten auf die Zwiebelringe setzen. Den Backofen auf 200 °C vorheizen.
Für die Jus Karotte, Petersilienwurzel und Zwiebel in Ringe schneiden. Mit dem Lorbeerblatt, der Muskatblüte und dem Kümmel im Olivenöl glasig anschwitzen. Bier und Gemüsefond angießen, den Honig und die Hefepaste dazugeben und 10 Minuten köcheln lassen. Das Pfeilwurzmehl in wenig kaltem Wasser klümpchenfrei anrühren, die Sauce damit leicht binden, mit Salz und Pfeffer abschmecken und über die Spitzkohlpäckchen gießen. Die Backform mit Alufolie fest verschließen und die Kohlwickerl etwa 30 Minuten im Backofen garen.

Zum Servieren auf jeden Teller zwei Spitzkohlwickerl mit etwas Sauce geben.

Fenchelgemüse mit Pernodsahne

FÜR 4 PERSONEN
2 Knollen Gemüsefenchel
1 Schalotte, geschält
3 EL Olivenöl
40 ml Pernod
250 ml Sahne, Salz, Pfeffer

Die Fenchelknollen putzen, achteln, schönes Grün beiseitelegen und den Strunk herausschneiden. Die Schalotte in feine Würfel schneiden.

Die Schalottenwürfel in dem Olivenöl glasig anschwitzen, die Fenchelachtel dazugeben und kurz anbraten. Mit dem Pernod ablöschen, mit Sahne aufgießen und mit aufgelegtem Deckel bei schwacher Hitze 15 Minuten garen. Mit Salz und Pfeffer abschmecken.

Zum Servieren das Fenchelgrün fein schneiden und darüberstreuen.

Semmelknödel in Pfifferlingrahm

FÜR 4 PERSONEN

Für die Knödel

3 Vollkornbrötchen vom Vortag
½ Zwiebel, geschält
½ Bund glatte Petersilie, Blätter abgezupft
350 ml Milch
2 EL Olivenöl
2 Eier
Salz, Pfeffer

Für den Pfifferlingrahm

300 g Pfifferlinge, geputzt
½ Bund glatte Petersilie, Blätter abgezupft
½ Zwiebel, geschält
2 EL Olivenöl
250 ml Sahne
Salz, Pfeffer

Die Vollkornbrötchen in Würfel schneiden. Die Zwiebel fein würfeln. Die Petersilie grob schneiden. Die Milch erhitzen und heiß über die Brotwürfel gießen.

Die Zwiebel in zwei Esslöffeln Olivenöl glasig anbraten und dann zu den eingeweichten Brötchen geben. Die Eier und die Petersilie untermischen und die Masse mit Salz und Pfeffer abschmecken.

In einen großen Topf so viel Wasser füllen, dass der eingehängte Dämpfeinsatz das Wasser nicht berührt. Das Wasser aufkochen, mit nassen Händen Knödel von vier Zentimeter Durchmesser formen und in den Einsatz legen. Die Knödel im Dampf 8 Minuten garen.

Große Pfifferlinge halbieren, die Petersilie grob schneiden und die Zwiebel würfeln. Zwei Esslöffel Olivenöl in einer Pfanne erhitzen, die Zwiebelwürfel und die Pilze darin 2 Minuten braten. Die Sahne angießen und 7 Minuten köcheln lassen. Mit Salz und Pfeffer abschmecken. Die Petersilie untermischen.

Zum Servieren die Knödel in tiefe, vorgewärmte Teller heben und mit Pilzragout übergießen.

Rote-Linsen-Pfanne mit Paprika

FÜR 4 PERSONEN

1 Zwiebel, geschält
1 Karotte, gründlich abgebürstet
je 2 rote und gelbe Paprikaschoten, Stiele, Samen und Scheidewände entfernt
1 Lorbeerblatt
4 EL Olivenöl
250 g rote Linsen
300 ml Gemüsefond
1 Stange Lauch, gründlich gewaschen, geputzt
½ Bund glatte Petersilie, Blätter abgezupft
4 EL geschlagene Sahne
Salz, Pfeffer

Die Zwiebel und Karotte in Würfel schneiden. Die Paprika ebenfalls würfeln. Die Zwiebel, die Karotte, die Paprika und das Lorbeerblatt im Olivenöl anschwitzen. Die Linsen dazugeben und den Gemüsefond angießen. Zugedeckt 10 Minuten köcheln lassen.

Den Lauch in Ringe schneiden und dazugeben. Die Linsen weitere 5 Minuten garen, sodass sie fertig ausquellen. Die Petersilie fein schneiden. Die Sahne und die Petersilie unterheben, mit Salz und Pfeffer abschmecken.

TIPP

Wer es gerne scharf mag, kann eine rote Chilischote mit den Zwiebeln braten. Das passt gut zu den Linsen.

Gebackene Rote Bete mit Dillsauerrahm

FÜR 4 PERSONEN

1 kg kleine Rote Bete (maximal so groß wie ein kleiner Pfirsich), gründlich abgebürstet
8 EL Olivenöl
Salz, Pfeffer
2 Knoblauchzehen, geschält, Keim entfernt
1 Bund Dill
1 TL Dijonsenf
250 ml Sauerrahm
200 ml Joghurt

Den Backofen auf 200 °C vorheizen. Von den Roten Beten den Wurzelansatz und eventuelle Blätter entfernen. Vier Esslöffel Olivenöl mit Salz und Pfeffer würzen, die Rote-Bete-Knollen darin wenden und jede einzeln fest in Alufolie wickeln. Die Pakete auf ein Backblech legen und mindestens 1 Stunde backen. Die Roten Beten sind gar, wenn ein Holzspieß wie in weiche Butter hineinsticht.

Den Knoblauch zerdrücken, den Dill fein schneiden. Beides mit Senf, Sauerrahm und Joghurt verrühren und mit Salz und Pfeffer abschmecken.

Zum Servieren die Roten Beten in der geöffneten Folie auf Teller legen und den Dillsauerrahm in kleinen Schälchen dazustellen.

TIPP

Der Dillsauerrahm passt auch zu gegrilltem Gemüse oder Ofenkartoffeln (siehe Seite 282).

Topinamburgemüse in Zitronensauce

FÜR 4 PERSONEN
600 g Topinambur (ungefähr 9 Stück), geschält
2 EL Olivenöl
1 Msp. Klee- oder Akazienhonig
Saft von 2 Biozitronen
125 ml Sahne
Salz, Pfeffer
½ TL Pfeilwurzmehl, in wenig kaltem Wasser klümpchenfrei angerührt

Die Topinambur in Scheiben schneiden und im Öl und Honig kurz anbraten. Den Zitronensaft dazugießen und 5 Minuten leise köcheln lassen. Die Sahne dazugeben, mit Salz und Pfeffer abschmecken. Die Flüssigkeit mit wenig Pfeilwurzmehl leicht binden.

Zum Servieren das Gemüse mit der Sauce in Schalen füllen und nach Belieben mit etwas Petersilie garnieren.

Polentataler mit gebratenem Radicchio

FÜR 4 PERSONEN
Für den Radicchio
50 g Rosinen
100 ml Saft von 1 Bioorange
200 g Radicchio, geachtelt
3 EL Olivenöl
1 TL Klee- oder Akazienhonig
1 EL Crème fraîche
2 EL Pinien- oder Zedernkerne, geröstet
Salz, Pfeffer

Für die Polentataler
200 ml Milch
300 ml Gemüsefond
150 g Polenta
15 g kalte Butter
45 g Parmesan, frisch gerieben
Salz
1 Knoblauchzehe, geschält, Keim entfernt
2 Zweige Rosmarin, Blätter abgezupft
2 EL Olivenöl

Die Rosinen mindestens 3 Stunden in dem Orangensaft einweichen.

Für die Polentataler die Milch und den Gemüsefond aufkochen, die Polenta unter Rühren dazugeben und einmal aufkochen lassen. In die dicke Polentamasse die kalte Butter und den Parmesan einrühren, mit Salz abschmecken.

Den Knoblauch zerdrücken, den Rosmarin fein schneiden, beides in Olivenöl kurz anbraten und unter die Polenta mischen. Die Polenta auf ein Blech gießen und abkühlen lassen. Die abgekühlte Polenta rund ausstechen und die Scheiben kurz vor dem Servieren in wenig Olivenöl von beiden Seiten goldgelb braten.

Den Radicchio im Olivenöl und Honig kurz karamellisieren (siehe Seite 48). Die Rosinen, die Crème fraîche und die Pinien- oder Zedernkerne dazugeben und mit Salz und Pfeffer abschmecken.

Zum Servieren den Radicchio auf den Polentatalern anrichten.

Kürbis-Cordon bleu mit Chili-Orangen-Mayonnaise

FÜR 4 PERSONEN

Für das Cordon bleu

500 g weichfleischiger Kürbis (Butternuss- oder Muskatkürbis), geschält
Salz, Pfeffer
Muskatnuss, frisch gerieben
4 Scheiben Emmentaler
30 g Dinkelvollkornmehl
2 Eier, verquirlt
30 g Vollkornsemmelbrösel
Öl zum Braten

Für die Mayonnaise

2 EL weißes Mandelmus
Saft und abgeriebene Schale von 1 Bioorange
Saft von 1 Zitrone
1 TL scharfer Senf
1 Chilischote, Samen entfernt, Salz
1 TL Klee- oder Akazienhonig

Den Kürbis in acht gleich große, möglichst dünne Scheiben wie Schnitzel schneiden. In einen großen Topf so viel Wasser füllen, dass der eingehängte Dämpfeinsatz das Wasser nicht berührt. Das Wasser aufkochen, die Kürbisscheiben in den Einsatz legen und im Dampf 3 Minuten vorgaren. Dann mit Salz, Pfeffer und etwas Muskatnuss würzen. Vier Kürbisscheiben mit dem Käse belegen und darauf passgenau eine weitere Kürbisscheibe geben. So zusammengefügt zuerst im Mehl, dann in den Eiern und abschließend in den Semmelbröseln wenden. In heißem Öl von beiden Seiten jeweils in 3 Minuten knusprig und hellgelb braten. Auf Küchenpapier abtropfen lassen.

Für die Mayonnaise alle Zutaten im Mixer mit etwas Salz zu einer sämigen Mayonnaise pürieren. Je nachdem, wie scharf die Mayonnaise werden soll, gibt man die ganze Chilischote oder nur ein kleines Stück davon hinein.

Zum Servieren jeweils zwei Kürbis-Cordon bleu mit etwas Mayonnaise auf einem Teller anrichten oder die Mayonnaise in einem Schälchen separat dazu reichen.

TIPP

Dazu passt milchsauer eingemachtes Gemüse (siehe Seite 74).

Kürbispüree mit karamellisiertem Chicorée

FÜR 4 PERSONEN

800 g Hokkaidokürbis, Kerne und Fasern entfernt
Saft und Schale von 1 Bioorange
3 EL kalte Butter
Salz, Pfeffer
2 Chicorée
1 EL Klee- oder Akazienhonig
edelsüßes Paprikapulver

Den Kürbis in grobe Stücke schneiden. In einen großen Topf so viel Wasser füllen, dass der eingehängte Dämpfeinsatz das Wasser nicht berührt. Das Wasser aufkochen, die Kürbisstücke in den Einsatz legen und im Dampf so weich garen, dass man sie gut zerdrücken kann. Den heißen Kürbis im Mixer mit der Orangenschale, zwei Esslöffeln Butter und etwas Salz und Pfeffer glatt pürieren.

Den Chicorée halbieren. Den Honig und einen Esslöffel Butter in einer Pfanne schmelzen lassen, die Chicoréehälften darin von beiden Seiten anbraten, mit dem Orangensaft ablöschen und hellgelb karamellisieren (siehe Seite 49). Leicht salzen. Zum Servieren das Kürbispüree mit etwas Paprikapulver bestauben. Den Chicorée darauflegen.

Knusprige Strudelteigröllchen

FÜR 4 PERSONEN

Für den Teig
200 g gesiebtes Dinkelvollkornmehl
100 g gesiebtes Reismehl
15 g Butter
1 Ei
1 Prise Salz

Für die vier Füllungen
200 g Gorgonzola dolce
100 g Crème fraîche
Pfeffer

300 g Schafskäse (Feta)
20 g schwarze Oliven ohne Stein

250 g getrocknete Tomater
1 Bund Basilikum

2 Pastinaken, geputzt
1 Zwiebel, geschält
1 Knoblauchzehe, geschält, Keim entfernt
200 g Champignons, geputzt
4 EL Olivenöl
2 EL Crème fraîche
½ TL Hefepaste
Salz, Pfeffer

Außerdem
30 g zerlassene Butter zum Bestreichen
Mehl für die Arbeitsfläche

Für den Teig alle Zutaten mit 125 Milliliter Wasser gut verkneten und in Frischhaltefolie gewickelt mindestens 1 Stunde ruhen lassen.

Während der Teig ruht, die verschiedenen Füllungen zubereiten:
1. Den Gorgonzola mit einer Gabel zerdrücken und die Crème fraiche hineinrühren. Mit wenig Pfeffer würzen.

2. Den Schafskäse in Würfel schneiden und die Oliven hacken. Beides gut durchmischen.

3. Die getrockneten Tomaten grob hacken und das Basilikum zupfen. Beides gut miteinander mischen.

4. Die Pastinaken in grobe Stücke schneiden. In einen großen Topf so viel Wasser einfüllen, dass der eingehängte Dämpfeinsatz das Wasser nicht berührt. Das Wasser aufkochen, die Pastinaken in den Einsatz legen und im Dampf so weich garen, dass man sie zerdrücken kann. Mit einer Gabel zerdrücken.

Zwiebel und Knoblauch in Würfel, die Pilze in Scheiben schneiden. Alles in dem Olivenöl glasig anschwitzen. Mit der Crème fraiche und Hefepaste im Mixer pürieren, mit den zerdrückten Pastinaken mischen und mit Salz und Pfeffer abschmecken.

Fertigstellung: Den Teig hauchdünn ausrollen und in vier bis sechs Zentimeter breite und zwanzig Zentimeter lange Bahnen schneiden. Jede Bahn mit zerlassener Butter bestreichen. Den Backofen auf 200 °C vorheizen. Zwei Esslöffel Füllung in jedes Teigblatt einschließen (siehe Seite 88) und die Röllchen in 10 Minuten knusprig backen.

TIPP

Es gibt unendlich viele Möglichkeiten für die Füllungen. Jedes gedämpfte Gemüse, zum Beispiel auch Spargel mit Crème fraîche oder Spinat mit Ricotta, eignet sich dafür. Zu Karotten passen kandierte Ingwerstücke und Frühlingszwiebeln ... Genießen Sie es, alles auszuprobieren!

Gemüsegröstl

FÜR 4 PERSONEN

4 Kartoffeln, geschält
2 Karotten, gründlich abgebürstet
2 Petersilienwurzeln, gründlich abgebürstet
1 Zwiebel, geschält
2 Lorbeerblätter
8 EL Olivenöl
1 kleine Zucchini
250 ml Gemüsefond
125 ml Weißwein
200 g breite Bohnen, geputzt
1 Stange Lauch, geputzt
125 ml Sahne
Salz, Pfeffer
½ TL Pfeilwurzmehl, in wenig kaltem Wasser klümpchenfrei angerührt (nach Belieben)
½ Bund glatte Petersilie, Blätter abgezupft
100 g Austernpilze, geputzt
1 Knoblauchzehe, geschält, Keim entfernt

Die Kartoffeln achteln. In einen großen Topf so viel Wasser füllen, dass der eingehängte Dämpfeinsatz das Wasser nicht berührt. Das Wasser aufkochen, die Kartoffeln in den Einsatz legen und im Dampf 8–10 Minuten garen.

Die Karotten und die Petersilienwurzeln in schräge Scheiben schneiden. Die Zwiebel achteln. Karotten, Petersilienwurzeln, Zwiebel und Lorbeerblätter in vier Esslöffeln Olivenöl in einer weiten Pfanne anschwitzen. Die Zucchini in schräge Scheiben schneiden, dazugeben und kurz anbraten. Mit Gemüsefond und Weißwein aufgießen und 10 Minuten leise köcheln lassen.

Inzwischen die Bohnen in breite, schräge Stücke schneiden und im Dampf in 3 Minuten bissfest garen. Den Lauch ebenfalls in breite, schräge Stücke schneiden. Kartoffeln, Bohnen und Lauch zum Gemüse in die Pfanne geben und die Sahne dazugießen. Mit Salz und Pfeffer abschmecken und eventuell die Flüssigkeit mit Pfeilwurzmehl ganz leicht binden. Die Petersilie fein schneiden und unter das Gröstl heben.

Die Austernpilze halbieren. Den Knoblauch in Scheiben schneiden. Beides im restlichen Olivenöl knusprig braten. Mit Salz und Pfeffer abschmecken.

Zum Servieren das Gemüsegröstl in tiefe Teller schöpfen und die Pilze darüberstreuen.

Bayerisches Kartoffelgulasch

FÜR 4 PERSONEN

8 Kartoffeln, geschält
je 2 rote, gelbe und grüne Paprikaschoten, Samen und Scheidewände entfernt
4 Zwiebeln, geschält
1 Knoblauchzehe
1 TL Kümmel, 1 Lorbeerblatt
4 EL Olivenöl, 2 EL Tomatenmark
300 ml Gemüsefond
Salz, Pfeffer
½ Bund Thymian, Blätter abgezupft
etwas abgeriebene Schale von 1 Biozitrone
125 ml Sahne

Die Kartoffeln achteln. In einen großen Topf so viel Wasser füllen, dass der eingehängte Dämpfeinsatz das Wasser nicht berührt. Das Wasser aufkochen, die Kartoffeln in den Einsatz legen und im Dampf 15 Minuten garen.

Die Paprika in große Würfel schneiden. Die Zwiebeln ebenfalls in große Würfel schneiden. Den Knoblauch schälen und den Keim entfernen. Paprika, Zwiebeln, Knoblauch, Kümmel und Lorbeerblatt im Olivenöl 3 Minuten anschwitzen. Das Tomatenmark dazugeben und mit dem Gemüsefond aufgießen. Zugedeckt 10 Minuten schmoren lassen. Die Kartoffeln dazugeben und alles weitere 5 Minuten garen. Hierbei saugen die Kartoffeln einiges von der Flüssigkeit auf. Mit Salz, Pfeffer, Thymian und Zitronenschale abschmecken. Die Sahne schlagen.

Zum Servieren die Sahne locker unterheben und das Gulasch in tiefe Teller füllen.

Glasierte Rote-Bete-Würfel auf Sprossengemüse

FÜR 4 PERSONEN

Für die Rote Bete mit Misoglasur

350 g Rote Bete, gründlich abgebürstet
1 TL Hatcho Miso
100 ml Gemüsefond
½ TL Klee- oder Akazienhonig
½ TL Sesamöl
½ TL Pfeilwurzmehl
1 EL Sesam, geröstet

Für das Sprossengemüse

1 Karotte, gründlich abgebürstet
50 g Zuckerschoten, geputzt
1 Knoblauchzehe, geschält, Keim entfernt
1 kleines Stück Ingwer, geschält
100 g Sojasprossen, 3 EL Olivenöl
Salz, 1 TL Tamari (Sojasauce)
½ Bund Koriandergrün, Blätter abgezupft
2 EL Cashewnüsse, geröstet und grob gehackt

Die Rote Bete in exakt vier gleich große Würfel schneiden. In einen großen Topf so viel Wasser füllen, dass der eingehängte Dämpfeinsatz das Wasser nicht berührt. Das Wasser aufkochen, die Rote Bete in den Einsatz legen und im Dampf weich garen. Das dauert etwa 15 Minuten.

Für die Glasur Miso, Gemüsefond, Honig und Öl aufkochen. Das Pfeilwurzmehl in wenig kaltem Wasser klümpchenfrei anrühren, die Glasur mit etwas Pfeilwurzmehl binden, leicht salzen.

Die Karotte in feine Stifte schneiden, die Zuckerschoten längs in Streifen schneiden. Den Knoblauch zerdrücken und den Ingwer raspeln. Karotte, Sojasprossen, Zuckerschoten, Knoblauch und Ingwer im Olivenöl anbraten und mit Salz und Tamari abschmecken. Zuletzt Koriander und Cashewnüsse dazugeben.

Zum Servieren die Rote-Bete-Würfel mit der Oberseite in die Glasur tauchen, in den Sesam dippen und auf dem Gemüse anrichten.

Ungarisches Kartoffelgulasch

FÜR 4 PERSONEN

8 Kartoffeln, 500 g Sauerkraut
6 Zwiebeln, geschält
1 Knoblauchzehe, geschält, Keim entfernt
1 Chilischote, Samen entfernt
1 Lorbeerblatt, 5 Wacholderbeeren
4 EL Olivenöl, ½ TL Klee- oder Akazienhonig
2 EL Tomatenmark
300 ml Gemüsefond
Salz, Pfeffer
1 EL edelsüßes Paprikapulver
½ Bund glatte Petersilie, Blätter abgezupft
125 ml Sahne

Die Kartoffeln schälen und achteln. In einen großen Topf so viel Wasser füllen, dass der eingehängte Dämpfeinsatz das Wasser nicht berührt. Das Wasser aufkochen, die Kartoffeln in den Einsatz legen und im Dampf 15 Minuten garen.

Das Sauerkraut abtropfen lassen und fein schneiden. Die Zwiebeln in große Würfel schneiden. Den Knoblauch zerdrücken. Die Chilischote fein schneiden. Zwiebeln, Knoblauch, Chili, Lorbeerblatt und angedrückte Wacholderbeeren im Olivenöl mit Honig glasig anschwitzen. Das Sauerkraut dazugeben und kurz mitschmoren. Das Tomatenmark unterrühren, den Gemüsefond angießen und zugedeckt 15 Minuten leise köcheln lassen. Die Kartoffeln dazugeben und alles weitere 5 Minuten garen. Hierbei saugen die Kartoffeln einiges von der Flüssigkeit auf. Mit Salz, Pfeffer, Paprikapulver und Thymian abschmecken. Die Petersilie fein schneiden. Die Sahne schlagen.Zum Servieren die Petersilie und geschlagene Sahne locker unterheben und das Gulasch in tiefe Teller füllen.

Dreierlei Mousse mit Grünkohl und Zitronen-Haselnuss-Vinaigrette

FÜR 4 PERSONEN

Für die Mousses

300 g Muskatkürbis, geschält, Kerne und Fasern entfernt
300 g Petersilienwurzeln, gründlich abgebürstet
300 g Rote Bete, gründlich abgebürstet
300 g kalte Butter
Salz, Pfeffer

Für die Vinaigrette

½ TL mittelscharfer Senf
Saft von 1 Biozitrone
20 g Haselnüsse, geröstet, gehobelt
6 EL Haselnussöl, Salz, Pfeffer

Den Kürbis, die Petersilienwurzeln und die Roten Beten in grobe Stücke schneiden. In einen großen Topf so viel Wasser einfüllen, dass der eingehängte Dämpfeinsatz das Wasser nicht berührt. Das Wasser aufkochen, die Wurzelgemüse getrennt nacheinander in den Einsatz legen und im Dampf so weich garen, dass man sie leicht pürieren kann. Das dauert jeweils etwa 15 Minuten. Im Blitzhacker zuerst die heißen Petersilienwurzeln mit 100 Gramm Butter, dann den Kürbis mit 100 Gramm Butter und zuletzt die Roten Beten mit 100 Gramm Butter pürieren. Jedes Püree mit Salz und Pfeffer abschmecken und auf Zimmertemperatur abkühlen lassen.

Für die Vinaigrette zuerst den Senf mit dem Zitronensaft verquirlen, bis er sich auflöst, dann die restlichen Zutaten unterrühren.

Zum Servieren von den Pürees Nockerln abstechen und auf schönen Tellern anrichten. Mit der Vinaigrette beträufeln und sofort zu Tisch bringen.

TIPP

Dazu passt gut Joghurtbrot mit Leinsamen oder Rosmarinbaguette (siehe Seite 350).

Fenchel süßsauer

FÜR 4 PERSONEN

800 g Gemüsefenchel, geputzt
2 Karotten, gründlich abgebürstet
2 Lorbeerblätter
250 ml Weißweinessig
1 EL Salz
200 g Klee- oder Akazienhonig
1 EL Fenchelsamen
2 Knoblauchzehen, geschält, halbiert, Keim entfernt
etwas dünn abgeschälte Schale von 1 Bioorange

Die Fenchelknollen in große Würfel schneiden. Die Karotten in Scheiben schneiden. Einen Liter Wasser mit den Lorbeerblättern, dem Weißweinessig, dem Salz, dem Honig, den Fenchelsamen, dem Knoblauch und der Orangenschale aufkochen. Die Fenchel- und Karottenstücke hineingeben und 5 Minuten sieden lassen.

Ein (oder mehrere) großes Weck- oder Schraubglas sterilisieren: Glas und Verschluss in kochendes Wasser tauchen, abtropfen lassen. Das Gemüse aus dem Sud heben und in das Glas füllen. Den Sud kochend heiß mit den Gewürzen darübergießen und das Glas fest verschließen.

TIPP

Sobald das Glas geöffnet ist, den Fenchel zügig verbrauchen.
Süßsaurer Fenchel passt zu Käse, Laibchen oder gegrilltem Gemüse.

Gefüllter Rosenkohl auf Karotten-Gewürzsauce

FÜR 4 PERSONEN

350 g Rosenkohl, geputzt
300 g Kartoffeln, geschält
400 g Karotten, gründlich abgebürstet
Salz, Pfeffer
1 Zwiebel, geschält
1 kleines Stück Ingwer, geschält
1 Zacken Sternanis
3 EL Olivenöl
100 ml Gemüsefond
Saft und abgeriebene Schale von 1 Bioorange
½ TL Pfeilwurzmehl, in wenig kaltem Wasser klümpchenfrei angerührt
1 Msp. Kleehonig

Den Rosenkohl mit einem Parisienne-Ausstecher aushöhlen. In einen großen Topf so viel Wasser einfüllen, dass der eingehängte Dämpfeinsatz das Wasser nicht berührt. Das Wasser aufkochen, den Rosenkohl in den Einsatz legen und im Dampf in 2 Minuten weich garen.

Die Kartoffeln und Karotten in grobe Stücke schneiden. Im Dampf so weich garen, dass man sie pürieren kann. Die Kartoffeln und die Hälfte der Karotten zerdrücken. Mit Salz und Pfeffer würzen und die Masse in den ausgehöhlten Rosenkohl füllen. Die Röschen im Dampf warm halten (siehe Seite 44).

Die Zwiebel und den Ingwer in Würfel schneiden. Mit dem Sternanis in Olivenöl anschwitzen, den Gemüsefond angießen und 10 Minuten köcheln lassen. Sternanis entfernen. Die Zwiebelmasse und die restlichen Karotten mit Orangensaft und -schale im Mixer pürieren. Mit Pfeilwurzmehl binden und mit Honig, Salz und Pfeffer abschmecken.

Zum Servieren die Sauce auf vorgewärmte Teller geben und die gefüllten Rosenkohlknospen darauf arrangieren.

Pochierter Lauch mit Rote-Bete-Chutney

FÜR 4 PERSONEN

Für das Chutney
250 g Rote Bete, gründlich abgebürstet
2 Äpfel, 2 Schalotten, geschält
1 Vanilleschote, längs aufgeschlitzt
3 EL Olivenöl
1 EL Klee- oder Akazienhonig
1 EL Rotweinessig
Salz, Pfeffer

Für den Lauch
250 ml Gemüsefond
20 ml Olivenöl, Salz
2 Lorbeerblätter
1 TL Koriandersamen, zerdrückt
400 g Lauch, gewaschen

Für das Chutney die Rote Bete, die ungeschälten Äpfel und die Schalotten würfeln. Zusammen mit den anderen Zutaten 40 Minuten auf mittlerer Hitze einkochen lassen.

Den Backofen auf 220 °C vorheizen. Für den Lauch den Gemüsefond mit dem Olivenöl, Salz, den Lorbeerblättern und Koriandersamen in einer tiefen, feuerfesten Form im Ofen erhitzen. Die Lauchstangen in vier Zentimeter lange Stücke schneiden, in den Garsud legen. Die Form mit Alufolie verschließen und das Gemüse 5 Minuten im Ofen garen.

Zum Servieren die Lauchstücke herausnehmen und mit dem Rote-Bete-Chutney anrichten.

Karottenspaghetti mit Petersiliensauce

FÜR 4 PERSONEN

Für die Sauce

1 Zwiebel, geschält
1 Bund glatte Petersilie
2 EL Olivenöl
60 ml Sahne
60 ml Gemüsefond
½ TL Pfeilwurzelmehl
Salz, Pfeffer

Für die Karottenspaghetti

4 mittelgroße Karotten, geputzt
1 Knoblauchzehe, geschält
3 EL Olivenöl
Salz, Pfeffer

Die Zwiebel in Würfel, die Petersilie fein schneiden. Die Zwiebel und die Petersilie im Olivenöl glasig anschwitzen. Mit der Sahne und der Hälfte des Gemüsefonds aufgießen und 5 Minuten leise köcheln lassen. Mit dem restlichen Fond das Pfeilwurzelmehl glatt rühren und die Sauce damit binden (siehe Seite 122). Mit Salz und Pfeffer abschmecken.

Die Karotten putzen und auf der Röstiraffel längs in dünne Streifen (Spaghetti) schneiden. Die Knoblauchzehe halbieren, zusammen mit den Karottenspaghetti in Olivenöl sehr kurz anbraten, sodass die Spaghetti noch Biss haben. Mit Salz und Pfeffer abschmecken.

Zum Servieren die Karottenspaghetti auf einem Spiegel aus Petersiliensauce anrichten.

Annakartoffeln mit Rotkohlsauce und Grünkohl

FÜR 4 PERSONEN

Für die Annakartoffeln
1 große Gemüsezwiebel, geschält
3 EL Olivenöl
800 g Kartoffeln, geschält
Salz, Pfeffer
300 ml Gemüsefond
Butter für die Förmchen

Für die Sauce
200 g Rotkohl, Strunk entfernt
1 Schalotte, geschält
1 Gewürznelke
1 Lorbeerblatt
2 EL Olivenöl
300 ml Gemüsefond
Salz, Pfeffer
1 Msp. Kleehonig
1 TL Rotweinessig
½ TL Pfeilwurzmehl, in wenig kaltem Wasser klümpchenfrei angerührt

Für den Grünkohl
½ Grünkohl, Blätter vom Mittelstrunk abgetrennt
Salz, Pfeffer
1 Prise frisch geriebene Muskatnuss
1 TL zerlassene Butter

Vier feuerfeste Förmchen oder Tassen buttern. Den Backofen auf 200 °C vorheizen. Für die Annakartoffeln die Zwiebel würfeln und in dem Olivenöl glasig anschwitzen. Die Kartoffeln in hauchdünne Scheiben hobeln. Schichtweise Kartoffelscheiben und Zwiebeln in die Formen geben, bis sie gut gefüllt sind. Jede Schicht leicht salzen und pfeffern. Gut andrücken. Die Annakartoffeln mit etwas Gemüsefond begießen, mit Alufolie abdecken, in ein heißes Wasserbad stellen und mindestens 50 Minuten im Ofen garen. Zur Garprobe mit einem Messer hineinstechen. Sollte das Messer durch die Masse wie durch weiche Butter gleiten, sind die Kartoffeln fertig (siehe Seite 50).
Für die Sauce den Rotkohl in grobe Stücke schneiden. In einen großen Topf so viel Wasser füllen, dass der eingehängte Dämpfeinsatz das Wasser nicht berührt. Das Wasser aufkochen, den Rotkohl in den Einsatz legen und im Dampf in 8–10 Minuten so weich garen, dass man ihn pürieren kann.
Die Schalotte würfeln und mit den Gewürzen in dem Olivenöl glasig anschwitzen. Mit dem Rotkohl und so viel Gemüsefond pürieren, dass eine cremige Konsistenz entsteht. Die Sauce durch ein Sieb passieren, mit Salz, Pfeffer, Honig und Essig würzen und mit Pfeilwurzmehl binden. Den Grünkohl im Dampf 3 Minuten garen, die Rosetten mit Salz, Pfeffer und Muskatnuss bestreuen und mit zerlassener Butter beträufeln.

Zum Servieren die Annakartoffeln mit einem stumpfen Messer vorsichtig vom Rand der Förmchen lösen und auf vorgewärmte Teller stürzen. Mit der Sauce umgießen und mit Grünkohl garnieren.

TIPP
Lassen Sie die Förmchen vor dem Stürzen 5 Minuten abkühlen.

Gemüse im Tempurateig

FÜR 4 PERSONEN

1 Karotte, gründlich abgebürstet
1 Zucchini
½ Blumenkohl oder 1 kleiner Brokkoli, geputzt
1 Bund Frühlingszwiebeln, geputzt
1 rote Paprikaschote, Stiel, Samen und Scheidewände entfernt
1 gelbe Paprikaschote, Stiel, Samen und Scheidewände entfernt
Kokosfett zum Ausbacken

Für den Teig

2 Eier
2 Tassen gesiebtes Dinkelvollkornmehl
2 Tassen eisgekühltes Wasser
1 Prise Salz

Für den Dip

1 kleines Stück Ingwer, geschält
1 Msp. Klee- oder Akazienhonig
100 ml Sojasauce (Tamari)

Die Karotte und Zucchini in sechs Zentimeter lange, Pommes-frites-ähnliche Stücke schneiden. Den Blumenkohl oder Brokkoli in mundgerechte Röschen teilen. Die Frühlingszwiebeln in sechs Zentimeter lange Stücke schneiden. Die Paprikaschoten in zentimeterbreite Streifen schneiden.

In einen großen Topf so viel Wasser einfüllen, dass der eingehängte Dämpfeinsatz das Wasser nicht berührt. Das Wasser aufkochen, Karotte und Blumenkohl oder Brokkoli in den Einsatz legen und im Dampf 2–3 Minuten vorgaren. Das andere Gemüse wird roh verwendet.

Für den Teig alle Zutaten miteinander verrühren. Wichtig: Das Wasser muss wirklich eiskalt sein.

Die Gemüsestücke im Teig wenden und in heißem Kokosfett in 2 Minuten goldgelb ausbacken (siehe Seite 68). Auf Küchenpapier abtropfen lassen.

Für den Dip den Ingwer fein reiben. Mit dem Honig in die Sojasauce rühren.

Zum Servieren die Gemüsetempura auf einer Platte anrichten und den Dip in Schälchen dazu reichen.

TIPP

Fast jedes Gemüse eignet sich zum knusprigen Ausbacken im Tempurateig. Probieren Sie doch auch Sorten wie Topinambur, Rote Bete oder Fenchel.

Tomatengelee mit Basilikumsauce

FÜR 4 PERSONEN

Für das Gelee
300 g Tomaten, Stielansatz entfernt
½ Knoblauchzehe, geschält, Keim entfernt
½ Chilischote, Samen entfernt
½ TL Klee- oder Akazienhonig
400 ml Gemüsefond
6 g Agar-Agar
Salz, Pfeffer

Für die Sauce
1 Schalotte
4 EL Olivenöl
1 Bund Basilikum, Blätter abgezupft
125 ml Sahne
Salz, Pfeffer

Die Tomaten in grobe Stücke schneiden und mit dem Knoblauch, Chili, Honig und dem Gemüsefond im Mixer pürieren und durch ein feines Sieb passieren. Die Flüssigkeit genau abmessen: Für 500 Milliliter abgetropfte Tomatenflüssigkeit benötigt man zwei gestrichene Teelöffel Agar-Agar, das sind etwa 6 Gramm. Die Tomatenflüssigkeit mit der entsprechenden Menge Agar-Agar aufkochen. Mit Salz und Pfeffer abschmecken. Eine kleine Dreiecksform mit Klarsichtfolie auskleiden. Die heiße Tomatenflüssigkeit hineingießen und für mindestens 1 Stunde kalt stellen, damit sie geliert (siehe Seite 118).

Für die Sauce die Schalotte schälen, in feine Würfel schneiden und im Olivenöl glasig anschwitzen. Die Basilikumblätter dazugeben und kurz mit anschwitzen. Mit der Sahne aufgießen und 5 Minuten leise köcheln lassen; im Mixer pürieren. Mit Salz und Pfeffer abschmecken.

Das Gelee aus der Form stürzen, die Folie abziehen. Das Gelee in Stücke schneiden und auf Vorspeisentellern anrichten. Mit der heißen Sauce umgießen und sofort servieren.

Fenchel-Pastinaken-Püree im Tomatenkranz

FÜR 4 PERSONEN

400 g Gemüsefenchel, geputzt, Grün beiseitegelegt
300 g Pastinaken, gründlich abgebürstet
4 Knoblauchzehen, geschält, Keim entfernt
1 Sternanis
4 EL Olivenöl
200 ml Sahne
Salz, Pfeffer
4 Tomaten, überbrüht, enthäutet, Samen entfernt
Dinkelbaguette zum Servieren

Die Fenchelknollen und Pastinaken in grobe Stücke schneiden. In einen großen Topf so viel Wasser füllen, dass der eingehängte Dämpfeinsatz das Wasser nicht berührt. Das Wasser aufkochen, Fenchel und Pastinaken in den Einsatz legen und im Dampf in 8–10 Minuten so weich garen, dass man sie pürieren kann.

Die Knoblauchzehen in Scheiben schneiden. Knoblauch und Sternanis im Olivenöl anschwitzen, mit Sahne aufgießen und 10 Minuten leise köcheln lassen. Den Sternanis entfernen.

Das gegarte Gemüse mit der Knoblauchsahne im Mixer pürieren und durch ein mittelfeines Sieb streichen. Mit Salz und Pfeffer abschmecken. Die Tomaten in Streifen schneiden.

Zum Servieren die Tomaten ringförmig auf Vorspeisentellern anrichten. Das Fenchelpüree in deren Mitte füllen, nach Belieben mit Fenchelgrün garnieren und mit knusprig getoastetem Dinkelbaguette zum Eintunken zu Tisch bringen.

Rote Bete-Glasnudeln mit Blattspinat und Mandeln

FÜR 4 PERSONEN

300 ml Rote-Bete-Saft
150 g Glasnudeln
200 g Blattspinat, geputzt
2 EL Olivenöl
Salz, Pfeffer
2 Frühlingszwiebeln
50 g gehäutete Mandeln, 24 Stunden in Wasser eingeweicht

Den Rote-Bete-Saft erhitzen. Die Glasnudeln damit übergießen und 15 Minuten einweichen.

Den Blattspinat im Olivenöl kurz anschwitzen, sodass er zusammenfällt. Mit Salz und Pfeffer abschmecken. Die Frühlingszwiebeln waschen und in feine Ringe schneiden.

Den Spinat als Nest in vier tiefen Tellern anrichten. Die Glasnudeln abtropfen lassen und daraufsetzen. Mit Frühlingszwiebelringen und den Mandeln bestreuen.

Schokoladenkuchen

FÜR 1 SPRINGFORM VON 28 CM DURCHMESSER

100 g Zartbitterschokolade
100 g Butter
6 Eier
1 Prise Salz
abgeriebene Schale von 1 Bioorange
150 g Klee-oder Akazienhonig
120 g Dinkelmehl
Butter für die Backform
40 g Kakaopulver

Den Backofen auf 180 °C vorheizen. Die Schokolade und die Butter im heißen Wasserbad vorsichtig schmelzen. Die Eier trennen.

Die Eiweiße mit einer Prise Salz und der Orangenschale steif schlagen. Unter Schlagen den Honig und die Eigelbe nach und nach hineingeben. So lange schlagen, bis die Masse schaumig ist. Mit einem Teigspatel die heiße geschmolzene Butter-Schokoladen-Mischung und das Mehl unter die Eiermasse ziehen.

Eine Backform mit Butter auspinseln. Den Teig einfüllen – er sollte etwa fünf Zentimeter hoch in der Form stehen – und im Ofen 15–20 Minuten backen. Der Kuchen ist fertig, wenn an einem Holzspieß, den man hineinsticht, kein Teig mehr hängen bleibt.

Den Kuchen aus der Form lösen und dick mit Kakaopulver bestauben.

TIPP
Der Trick bei diesem Kuchen ist, dass er nicht zu lange backen darf – sonst wird er trocken.

Ananas-Honigmelonen-Drink

FÜR 4 PERSONEN

100 g Ananas, geschält
100 g Honigmelone, geschält, Kerne entfernt
1 Biolimette
1 Msp. gemahlene Vanille
30 g Klee- oder Akazienhonig
1 l stilles Wasser
Eiswürfel

Die Ananas und die Honigmelone in grobe Stücke schneiden. Von der Limette vier Scheiben abschneiden und in bereitgestellte Gläser geben. Die verbleibende Limette schälen und ebenfalls in grobe Stücke schneiden.

Im Mixer die Ananas, die Honigmelone, die Limettenstücke, die Vanille, den Honig und das Wasser pürieren; durch ein feines Sieb passieren.

Zum Servieren einige Eiswürfel in die vorbereiteten Gläser zu den Limettenscheiben geben und mit dem Ananas-Honigmelonen-Drink auffüllen.

Gewürzbirnen

FÜR 4 PERSONEN/ ERGIBT ETWA 2 LITER

4 Biobirnen
1 Bioorange
2 EL Klee- oder Akazienhonig
125 ml Weißweinessig
2 Lorbeerblätter
1 TL Piment
2 Zimtstangen
1 Prise Salz
4 TL Konfigel

Die Birnen schälen, den Stiel daran lassen und das Kernhaus vorsichtig von unten mit einem kleinen spitzen Messer herausschneiden. Die Orange mit der Schale in Scheiben schneiden.

In einem ausreichend großen Topf 1,5 Liter Wasser erhitzen. Den Honig, den Essig, die Lorbeerblätter, den Piment, die Zimtstangen, das Salz und das Konfigel zusammen mit den Orangenscheiben, den Birnen und der Birnenschale hineingeben. Die Früchte 1 Stunde bei ganz niedriger Temperatur gar ziehen lassen, bis sie glasig und durchscheinend sind. Die Garzeit hängt davon ab, wie fest die rohen Birnen sind. Sehr harte Früchte auf jeden Fall 1 Stunde garen, bei sehr weichen genügen eventuell schon 30 Minuten (siehe Seite 47).

Ein ausreichend großes Glas (oder mehrere kleinere Gläser) mit Schraubdeckel sterilisieren: Glas und Verschluss in kochendes Wasser tauchen und abtropfen lassen. Die heißen Birnen und Orangenscheiben mit den Gewürzen und dem Sud einfüllen. Den Deckel fest verschließen.

TIPP

Das geöffnete Glas zügig verbrauchen. Das ungeöffnete Glas hält sich bei kühler Aufbewahrung mindestens 1 Jahr.

Cidre mit Feigen und Orangen

FÜR 4 PERSONEN

2 Feigen
Saft von 2 Bioorangen
1/4 Vanilleschote, längs aufgeschlitzt, Mark ausgekratzt
30 g Klee- oder Akazienhonig
500 ml gekühlter Cidre

Die Haut von den Feigen vorsichtig abziehen und die Feigen in Würfel schneiden. Den Orangensaft mit der Vanilleschote, dem -mark und dem Honig aufkochen lassen.

Vom Herd nehmen, die Feigen in die heiße Flüssigkeit geben und abkühlen lassen. Dann zugedeckt mindestens 6 Stunden, am besten 24 Stunden, im Kühlschrank ziehen lassen.

Zum Servieren die Feigen mit der Flüssigkeit in Gläser geben und mit Cidre aufgießen.

Würzöle

Für das Zitrusöl
750 ml Olivenöl
2 Stängel Zitronengras
dünn abgeschälte Schale von ½ Bioorange
dünn abgeschälte Schale von 1 Biolimette
4 Kaffirlimettenblätter

Für das Chiliöl
500 ml Olivenöl
10 rote Chilischoten, halbiert,
Samen entfernt
2 Knoblauchzehen, geschält, halbiert,
Keim entfernt
1 Zweig Rosmarin (optional)

Rosmarinöl (im Bild)
750 ml Olivenöl
3 Zweige Rosmarin
1 TL Salz, 1 TL schwarze Pfefferkörner
dünn abgeschälte Schale von 1 Biozitrone

Vier ausreichend große schöne Weck- oder Schraubgläser oder Glasflaschen à 750 Milliliter Inhalt sterilisieren: Gläser und Verschlüsse in kochendes Wasser tauchen, abtropfen und gut trocknen lassen.

Für jede Sorte das Öl und die Aromazutaten in ein sterilisiertes Glas füllen und das Gefäß fest verschließen. Mindestens 6 Wochen mazerieren lassen, damit sich die Aromen mit dem Öl verbinden. Die Öle sind etwa 6 Monate haltbar.

TIPP

Zitrusöl schmeckt köstlich zu gedämpftem, gegrilltem oder gebratenem Gemüse, aromatisiert Salate und ist auch ganz einfach zum Auftunken mit Brot ein Genuss.
Chiliöl ist sehr scharf und toll, wenn man keine frischen Chilischoten zur Hand hat, aber einem Gericht eine scharfe Note verleihen möchte.
Rosmarinöl eignet sich wunderbar zum Dippen für Brot, zu Antipasti, zu Grillgemüse und für mediterrane Salate.

Gewürznüsse

FÜR 4 PERSONEN
150 g Cashewnüsse
150 g Mandeln mit Haut
100 g Kürbiskerne
1 Chilischote, Samen entfernt
1 Knoblauchzehe, 1 TL gemahlener Zimt
1 EL Pimentkörner
1 EL Koriandersamen
1 Muskatnuss, frisch gerieben
abgeriebene Schale von 1 Bioorange
50 g Klee- oder Akazienhonig
4 EL Sonnenblumenöl, 1 TL Salz

Die Nüsse, Mandeln und Kürbiskerne in einer heißen Pfanne ohne Fett rösten, bis sie zu duften beginnen, dann in eine Schüssel füllen und leicht abkühlen lassen. Die Chilischote grob hacken, den Knoblauch schälen, Keim entfernen, und zerdrücken. Chili, Knoblauch, die Gewürze und die Orangenschale in einen Mörser geben und so fein wie möglich zerstoßen.

In der Pfanne den Honig karamellisieren. Das Öl, das Salz und die Gewürze dazugeben und die Nüsse darin kurz schwenken. Die Nüsse auf Backpapier geben und auskühlen lassen.

TIPP

Gewürznüsse kann man gut einige Wochen aufheben. Es lohnt sich also, von diesem Snack für einen Aperitif einen kleinen Vorrat herzustellen, denn die Nüsse sind ausgesprochen lecker.

Süßsaure Senffrüchte

ERGIBT ETWA 1,5 LITER

200 g Birnen, geviertelt, geschält und Kerngehäuse entfernt
200 g Äpfel, geviertelt, geschält und Kerngehäuse entfernt
200 g Quitten, geviertelt, geschält und Kerngehäuse entfernt
200 g kernlose Weintrauben
125 ml Weißweinessig
500 g Klee- oder Akazienhonig
1 EL helles Senfmehl

Vier Schraubgläser mit etwa 350 Milliliter Inhalt sterilisieren: Glas und Verschluss in kochendes Wasser tauchen, abtropfen lassen.

Geschälte Birnen, Äpfel und Quitten in zwei bis drei Zentimeter große Stücke schneiden. Die Weintrauben halbieren.

Den Essig mit 400 Milliliter Wasser und dem Honig aufkochen. Äpfel, Birnen und Quitten darin 10 Minuten sachte köcheln lassen. Dann die Trauben dazugeben und weitere 5 Minuten sachte köcheln lassen. Die Früchte sind gar, wenn sie glasig aussehen. Das Obst mit einem Sieblöffel herausheben und in die Gläser füllen. Das Senfmehl in den Essigsirup rühren und aufkochen lassen. Heiß über die Früchte in die Gläser füllen und die Deckel fest verschließen. Dunkel und kühl lagern.

TIPP

Senffrüchte passen gut zu Käse oder Laibchen.
Probieren Sie auch Pflaumen, grüne Melonen oder Aprikosen. Alle festeren Früchte eignen sich.

Paprikarelish

ERGIBT ETWA 400 MILLILITER

2 Zwiebeln, geschält
4 Knoblauchzehen, geschält, Keim entfernt
je 2 rote und gelbe Paprikaschoten, Stiel, Samen und Scheidewände entfernt
1 kleines Stück Ingwer, geschält
1 Chilischote, Samen entfernt
4 EL Olivenöl
1 EL Klee- oder Akazienhonig
1 Zimtstange
2 Gewürznelken
2 EL grüne Pfefferkörner
2 EL Balsamicoessig
Salz

Die Zwiebeln in Würfel, die Knoblauchzehen in Scheiben schneiden. Die Paprikaschoten würfeln. Den Ingwer und die Chilischote fein schneiden.

Chili, Ingwer, Paprika, Knoblauch und Zwiebeln im Olivenöl mit Honig anschwitzen, die Zimtstange, Nelken, Pfefferkörner und den Essig dazugeben und alles 20 Minuten leise köcheln lassen. Mit Salz abschmecken.

Ein ausreichend großes Weck- oder Schraubglas sterilisieren: Glas und Verschluss in kochendes Wasser tauchen, abtropfen lassen. Das heiße Relish in das sterilisierte Glas füllen und das Glas fest verschließen.

TIPP

Das Relish zügig verbrauchen, sobald das Glas geöffnet ist.

Topinambur- und Kürbischips

FÜR 4 PERSONEN
5 Topinamburknollen, gründlich abgebürstet
300 g Hokkaidokürbis, Kerne und Fasern entfernt

Den Backofen auf 150 °C vorheizen. Topinambur und Kürbis, beides ungeschält, auf dem Gurkenhobel in hauchdünne Scheiben schneiden. Auf Backpapier auslegen und im Ofen in 10 Minuten knusprig backen (siehe Seite 59).

TIPP
Die Chips können trocken und luftdicht verschlossen einige Tage aufbewahrt werden.
Sie schmecken als Snack zum Aperitif genauso wie über eine Suppe gestreut und gelingen auch mit Karotten, Petersilienwurzeln, Pastinaken und Schwarzwurzeln.

Pilzpulver zum Würzen

1 kg Stein- oder Habichtspilze (Hirschzungen), geputzt

Die Pilze in hauchdünne Streifen schneiden, auf Butterbrotpapier luftig ausbreiten und einige Tage trocknen lassen. Wenn sie so trocken sind, dass sie rascheln, die Pilze im Mixer pulverisieren. Das Pilzpulver in fest verschlossenen Gläsern trocken aufbewahren.

Pilzpulver verbessert jedes Pilzgericht um ganze Aroma-Oktaven! Deshalb lohnt es sich definitiv, sich einmal im Jahr die Mühe zu machen. Das Pulver ist sehr ergiebig.

Getrocknete Pilze

1 kg Steinpilze
oder 100 g Morcheln
oder 100 g goldgelbe Kraterellen
oder 100 g Herbsttrompeten

Große Pilze putzen und in hauchdünne Streifen schneiden. Kleine Pilze nur putzen und von Sand befreien. Die Pilze auf Butterbrotpapier luftig ausbreiten und einige Tage trocknen lassen. Wenn sie so trocken sind, dass sie rascheln, in fest verschlossenen Gläsern trocken aufbewahren.

Eingelegte Steinpilze

ERGIBT ETWA 750 MILLILITER
½ kg kleine, feste Steinpilze, geputzt
250 ml Weißweinessig, 1 TL Salz
2 Lorbeerblätter
1 TL schwarze Pfefferkörner
1 TL Koriandersamen
2 Chilischoten
2 Zweige Thymian
Olivenöl

Die Schraubgläser sterilisieren: Glas und Verschluss in kochendes Wasser tauchen, umgedreht auf einem sauberen Küchentuch abtropfen lassen.

Die Pilze, falls nötig, halbieren. Den Essig mit 500 Milliliter Wasser und dem Salz aufkochen und die Pilze darin 10 Minuten köcheln lassen. In ein Sieb abgießen und in die Gläser füllen. Die Gewürze dazugeben und so viel Olivenöl aufgießen, dass die Pilze ganz damit bedeckt sind. Die Gläser fest verschließen. Die Pilze sind etwa 1 Jahr haltbar.

Winterrezepte

Pilzessenz mit Pilzschnitten

FÜR 4 PERSONEN

250 g Shiitakepilze, Steinpilze oder Pfifferlinge, geputzt
1 Karotte, gründlich abgebürstet
1 Petersilienwurzel, gründlich abgebürstet
1 Lorbeerblatt
500 ml Gemüsefond
1 EL Tamari (Sojasauce)
1 Msp. Klee- oder Akazienhonig
Salz, Pfeffer

1 Knoblauchzehe, geschält
4 EL Olivenöl
4 Scheiben Vollkorntoast
2 Eier, 4 EL Sahne
½ Bund glatte Petersilie
Kokosfett zum Ausbacken

Die Pilze in Scheiben schneiden. Zwei Drittel davon fein hacken und für die Pilzschnitten beiseitelegen. Die Karotte und die Petersilienwurzel in Scheiben schneiden, mit den Pilzscheiben und dem Lorbeerblatt im Gemüsefond aufkochen und bei ganz schwacher Hitze 20 Minuten gar ziehen lassen. Mit Tamari, Honig, Salz und Pfeffer abschmecken.

Die Knoblauchzehe vom Keim befreien und zerdrücken. Die gehackten Pilze mit dem Knoblauch im Olivenöl glasig anschwitzen. Die Brotscheiben toasten. Die Eier trennen. Die Pilze mit einem Eigelb im Mixer pürieren, mit Salz und Pfeffer abschmecken. Die Pilzpaste auf die Toastscheiben streichen und zusammenklappen. Das Eiweiß und das ganze Ei mit der Sahne verquirlen. Die gefüllten Toasts eintauchen und in heißem Kokosfett auf beiden Seiten in 3 Minuten hellbraun und knusprig ausbacken. Auf Küchenpapier abtropfen lassen.

Zum Servieren den Toast in Streifen schneiden, in die Pilzessenz geben und mit Petersilienblättern bestreuen.

Pastinakenschaumsuppe mit Haselnusspralinen

FÜR 4 PERSONEN

Für die Suppe
300 g Pastinaken, gründlich abgebürstet
500 ml Gemüsefond
250 ml Milch
Salz, Pfeffer
2 Zweige glatte Petersilie Blätter abgezupft

Für die Pralinen
30 g Gorgonzola dolce
2 EL trockener Quark
2 EL frisch geraspelter Parmesan
Salz, Pfeffer
2 EL Haselnüsse, geröstet in Blättchen gehobelt oder geschnitten

Für die Suppe die Pastinaken in grobe Stücke schneiden und im Gemüsefond in 15 Minuten weich garen. Die Milch dazugeben, alles im Mixer schaumig aufschlagen und mit Salz und Pfeffer abschmecken.

Für die Pralinen den Gorgonzola mit einer Gabel zerdrücken, mit dem Quark, Parmesan, etwas Salz und Pfeffer vermischen und aus der Masse mundgerechte Kugeln formen und diese in den gerösteten Haselnussblättchen wälzen.

Zum Servieren die Suppe in Schalen schöpfen, mit Petersilienblättern garnieren und die Haselnusspralinen auf einem Löffel dazu anrichten.

TIPP

Die Pralinen können gut vorbereitet und im Kühlschrank bis zur Verwendung kalt gestellt werden. Man sollte sie jedoch etwa 30 Minuten vor dem Servieren Raumtemperatur annehmen lassen, damit sie ihr Aroma entfalten können.

Karottencremesuppe mit Petersilienstrudel-Bonbon

FÜR 4 PERSONEN

Für die Bonbons

1 Zwiebel, geschält, 1 EL Olivenöl
4 EL Walnusskerne, zerdrückt
1 EL Crème fraîche
1 Bund glatte Petersilie, klein geschnitten
Salz, Pfeffer
1/4 Rezept Strudelteig (siehe Seite 324)
2 EL zerlassene Butter zum Bestreichen

Für die Suppe

500 g Karotten, gründlich abgebürstet
1 Zwiebel, geschält und geviertelt
1 kleines Stück Ingwerknolle, geschält
1 l Gemüsefond
Salz, Pfeffer
2 EL geschlagene Sahne
1 Zweig glatte Petersilie, Blätter abgezupft

Für die Strudelfüllung die Zwiebel in Würfel schneiden und im Olivenöl glasig anschwitzen. Vom Herd nehmen. Die Nüsse, Crème fraîche und die Petersilie untermischen, salzen und pfeffern. Den Backofen auf 200 °C vorheizen.

Den Strudelteig hauchdünn ausrollen. In acht Zentimeter große Quadrate schneiden. Jeweils mit zerlassener Butter bestreichen. Einen Teelöffel Füllung in jedes Teigblatt einrollen und die Teigenden wie ein Bonbon zusammendrücken. Die Bonbons außen mit Butter bestreichen und im Ofen 10 Minuten bei 200 °C knusprig backen.

Für die Suppe die Karotten in grobe Stücke schneiden, die Zwiebel vierteln. Karotten, Zwiebeln und den Ingwer im Gemüsefond in 15 Minuten weich kochen. Im Mixer sämig pürieren. Mit Salz und Pfeffer abschmecken. Mit Sahnehäubchen und Petersilienblättern bestreut servieren.

Das Strudelbonbon entweder separat auf einem kleinen Teller reichen oder quer über die Suppentasse legen.

TIPP

Sollte die Suppe zu sämig sein, können Sie auch etwas mehr Gemüsefond verwenden.

Gersteneintopf mit Karotten und Wirsing

FÜR 4 PERSONEN

1 Zwiebel, geschält
2 Lorbeerblätter, 6 Gewürznelken
2 Karotten, gründlich abgebürstet
1 Petersilienwurzel, gründlich abgebürstet
2 EL Olivenöl
220 g Rollgerste (Graupen)
900 ml Gemüsefond
500 g Wirsing, Strunk entfernt
1 Stange Lauch, gründlich geputzt
Salz, Pfeffer
1 Bund glatte Petersilie, Blätter abgezupft
50 g Sonnenblumenkerne, geröstet
2 EL Butter

Die Zwiebel mit den Lorbeerblättern und Nelken spicken. Die Karotten und die Petersilienwurzel in Würfel schneiden und im Olivenöl anschwitzen. Die Gerste und die gespickte Zwiebel dazugeben. Den Gemüsefond angießen und zugedeckt bei schwacher Hitze 30 Minuten köcheln lassen.

Den Wirsing in zwei mal zwei Zentimeter große Stücke schneiden. In einen großen Topf so viel Wasser füllen, dass der eingehängte Dämpfeinsatz das Wasser nicht berührt. Das Wasser aufkochen, den Wirsing in den Einsatz legen und im Dampf 4 Minuten garen.

Den Lauch in Ringe schneiden, zur Gerste geben und alles weitere 5 Minuten garen. Den Eintopf mit Salz und Pfeffer abschmecken. Die Petersilie schneiden. Kurz vor dem Servieren den Wirsing, die Petersilie, die Sonnenblumenkerne und die Butter unterrühren.

Zum Servieren den Eintopf in vier tiefe Teller schöpfen.

Berglinsen-Eintopf

FÜR 4 PERSONEN

1 Zwiebel, geschält
2 Lorbeerblätter
6 Gewürznelken
800 ml Gemüsefond
250 g braune Berglinsen
2 Karotten, gründlich abgebürstet
2 Petersilienwurzeln, gründlich abgebürstet
4 Kartoffeln, geschält
2 Stangen Lauch, gründlich gewaschen, geputzt
3 EL Apfelessig
Salz, Pfeffer
1 Bund glatte Petersilie, Blätter abgezupft
4 EL geschlagene Sahne

Die Zwiebel mit den Lorbeerblättern und Nelken spicken. Den Gemüsefond in einen großen Topf gießen, die Linsen und die gespickte Zwiebel dazugeben und zugedeckt bei schwacher Hitze 20 Minuten garen.

Die Karotten und die Petersilienwurzeln in Scheiben schneiden. Die Kartoffeln vierteln. In einen großen Topf so viel Wasser füllen, dass der eingehängte Dämpfeinsatz das Wasser nicht berührt. Das Wasser aufkochen, die Karotten und Petersilienwurzeln in den Einsatz legen und im Dampf 5 Minuten garen. Die Kartoffeln 15 Minuten im Dampf garen.

Den Lauch in Ringe schneiden. Zu den Linsen geben und 5 Minuten garen. Die Linsen mit Essig, Salz und Pfeffer abschmecken. Die gedämpften Karotten, Petersilienwurzeln und Kartoffeln hinzufügen. Die Petersilie schneiden.

Zum Servieren die Petersilie und Sahne unter den Eintopf heben.

Cremige Wirsingsuppe mit Salbeigrissini

FÜR 4 PERSONEN

Für die Suppe
500 g Wirsing, Strunk entfernt
1 Zwiebel, geschält
750 ml Gemüsefond
80 g Crème fraîche
Salz, Pfeffer
Muskatnuss, frisch gerieben

Für die Grissini
1 Bund Salbei, Blätter abgezupft
4 EL Olivenöl
10 g (1/4 Würfel) frische Hefe
1 Msp. Kleehonig
300 g Dinkelvollkornmehl
Salz

Für die Grissini die Salbeiblätter in Streifen schneiden und in Olivenöl anschwitzen. Vom Herd ziehen. Die Hefe mit dem Honig in 160 Milliliter Wasser auflösen, das Mehl, etwas Salz und den geschmorten Salbei samt dem Bratöl unterkneten. Den Teig bei Zimmertemperatur 10 Minuten aufgehen lassen. Nochmals kräftig durchkneten und aus dem Teig schmale, lange Stangen formen. Den Backofen auf 200 °C vorheizen. Ein Blech mit Backpapier auskleiden, die Grissini darauflegen und erneut 10 Minuten gehen lassen. Die Grissini in 5 Minuten knusprig backen.

Den Wirsing in grobe Stücke schneiden und die Zwiebel vierteln. In einen großen Topf so viel Wasser füllen, dass der eingehängte Dämpfeinsatz das Wasser nicht berührt. Das Wasser aufkochen, den Wirsing und die Zwiebel in den Einsatz legen und im Dampf weich garen. Mit dem Gemüsefond und der Crème fraîche im Mixer pürieren und durch ein mittelfeines Sieb streichen. Mit Salz, Pfeffer und Muskat abschmecken.

Zum Servieren die Suppe in Teller schöpfen. Die Grissini separat dazu reichen.

TIPP

Die Teigmenge ergibt etwa 20 Grissini. Sie lassen sich auch gut aufheben.

Misosuppe mit Algen und Tofu

FÜR 4 PERSONEN
750 ml Gemüse- oder Spargelfond
2 EL Hatcho Miso
1 Msp. Klee- oder Akazienhonig
2 Stück Wakame-Algen (frisch oder getrocknet)
1 kleines Stück Ingwer, geschält
1 Karotte, gründlich abgebürstet
etwas Saft von 1 Biozitrone
Salz
2 Frühlingszwiebeln, geputzt
200 g Seidentofu

Den Fond in einem ausreichend großen Topf erhitzen. Hatcho Miso und Honig darin auflösen. Die Algen schneiden (getrocknete brechen) und in die Suppe geben.

Den Ingwer und die Karotte in sehr dünne Scheiben schneiden und beides in der Suppe 15 Minuten garen. Die Suppe mit einem Spritzer Zitronensaft und Salz abschmecken.

Die Frühlingszwiebeln in feine Ringe, den Tofu in Würfel schneiden.

Zum Servieren die Frühlingszwiebeln und den Tofu auf vorgewärmte Suppenschalen verteilen und die heiße Misosuppe darüberschöpfen.

Austernpilzsalat

FÜR 4 PERSONEN

1 Karotte, gründlich abgebürstet
1 Petersilienwurzel, gründlich abgebürstet
250 ml Apfelessig
1 l Gemüsefond
1 EL Salz
2 Lorbeerblätter
1 TL Pfefferkörner
1 EL Koriandersamen
300 g Austernpilzkappen
200 g Kirschtomaten
1 Bund Frühlingszwiebeln, geputzt
6 EL Olivenöl
2 Knoblauchzehen, geschält, Keim entfernt
1 Bund glatte Petersilie, grob gehackt
1 Bund Estragon, grob gehackt

Die Karotte und Petersilienwurzel in Scheiben schneiden. Den Essig und den Gemüsefond mit dem Salz, Karotte, Petersilienwurzel und den Gewürzen aufkochen und 5 Minuten köcheln lassen. Dann die Austernpilzkappen hinzufügen, 6 Minuten kochen, in ein Sieb abgießen und abtropfen lassen.

Die Kirschtomaten halbieren, die Frühlingszwiebeln in zwei Zentimeter lange Stücke schneiden. Die Knoblauchzehen halbieren und mit den gegarten Pilzen im Olivenöl anschwitzen. Die Kirschtomaten und Frühlingszwiebeln dazugeben und kurz durchschwenken. Estragon und Petersilie gut untermischen und den Salat eventuell noch etwas nachsalzen. Warm servieren.

TIPP

Die Pilze sind durch das Kochen im Sud bereits gesättigt und saugen nicht mehr so viel Öl auf. Der Salat kann auch auf einem Bett von grünen Blattsalaten angerichtet werden. Vor allem festere Salate mit stabilem Blatt eignen sich hierfür. Gut dazu passt frisch gebackenes Baguette.

Asiatischer Nudelsalat

FÜR 4 PERSONEN

10–15 g getrocknete Hijik - oder Wakame Algen
120 g Soba-Nudeln (Buchweizennudeln)
2 Frühlingszwiebeln, geputzt
2 Schalotten, geschält
Saft von 2 Zitronen
1 TL Kleehonig
1 TL Sojasauce
4 EL Sesamöl
2 EL Olivenöl
Salz, Pfeffer

Die Algen 1 Stunde in kaltem Wasser einweichen und dann 2 Minuten aufkochen. Abgießen und in feine Streifen schneiden.
Die Nudeln nach Packungsanleitung bissfest kochen. Die Frühlingszwiebeln in feine Streifen schneiden. Die Schalotten fein würfeln.
Die Algen, die Nudeln und die Zwiebeln mit den restlichen Zutaten mischen, mit Salz und Pfeffer abschmecken und lauwarm servieren.

Nori-Gemüse-Salat

FÜR 4 PERSONEN
4 Blatt getrocknete Nori-Algen
2 EL ungeschälter Sesam
2 große Karotten, abgebürstet
½ weißer Rettich, abgebürstet
2 Frühlingszwiebeln, geputzt
1 kleines Stück Ingwer, geschält
1 Knoblauchzehe, geschält
1 rote Chilischote, von den Samen befreit
4 EL geröstetes Sesamöl
4 EL Ume su (japanischer Essig)
2 EL Sojasauce
1 TL Kleehonig

Den Backofen auf 100 °C vorheizen. Die Noriblätter fein aufrollen, in sehr dünne Streifen schneiden, mit dem Sesam auf einem Backblech verteilen und im Ofen 5 Minuten rösten, bis sie zu duften beginnen. Die Karotten und den Rettich mit dem Sparschäler in Längsstreifen schneiden. Die Frühlingszwiebeln ebenfalls längs in Streifen schneiden. Den Ingwer sehr fein reiben, den Knoblauch zerdrücken, die Chilischote fein schneiden.

Zutaten mischen und den Salat sofort servieren.

Meeresgemüsesalat

FÜR 4 PERSONEN
120 g frischer Meeressalat (Dulse oder Laminaria)
100 g Kirschtomaten
2 Schalotten, geschält
2 unbehandelte Limetten
1 TL Kleehonig
1 TL Sojasauce
2 EL Sesamöl
2 EL Olivenöl
Salz, Pfeffer
4 EL Olivenöl
80 g Räuchertofu

Den Meeressalat in mundgerechte Stücke zerpflücken. Die Tomaten halbieren, die Schalotten in sehr feine Würfel schneiden. Alles zusammen in eine Schüssel geben.

Die Schale von einer Limette sehr fein abreiben, den Saft von beiden Limetten auspressen. Kleehonig, Limettensaft und -schale, Sojasauce, beide Öle, Salz und Pfeffer verrühren und die Tomaten, den Meeressalat und die Schalotten damit vermischen.

Das Olivenöl in einer Pfanne erhitzen. Den Tofu fein würfeln, im heißen Olivenöl sehr knusprig braten und auf dem Salat verteilen.

Petersilienwurzelsalat

FÜR 4 PERSONEN

500 g Petersilienwurzeln, gründlich abgebürstet
½ Bund glatte Petersilie, Blätter abgezupft
2 Äpfel, Stiel- und Blütenansätze entfernt
4 EL Haselnussöl
Saft von 2 Biozitronen
Salz, Pfeffer
15 g Haselnüsse, geröstet und in Scheiben geschnitten oder gehobelt

Von den Petersilienwurzeln den Wurzelansatz und eventuelle Blätter entfernen. Die Petersilienblätter fein schneiden.

Die Petersilienwurzeln und Äpfel auf der Röstireibe in Stifte raspeln. Mit dem Haselnussöl, dem Zitronensaft, der Petersilie, wenig Salz, Pfeffer und den gerösteten Haselnussblättchen locker mischen und sofort genießen.

Rettichsalat mit Sauerrahm

FÜR 4 PERSONEN

400 g schwarzer Rettich, gründlich abgebürstet
Saft von 1 Biozitrone
4 EL Sauerrahm
4 EL Sonnenblumenöl
Salz, Pfeffer
½ Bund Schnittlauch, fein geschnitten

Von dem Rettich den Wurzelansatz und die Blätter entfernen und den Rettich mitsamt der schwarzen Schale sehr fein raspeln.

Den geriebenen Rettich mit dem Zitronensaft, dem Sauerrahm, dem Sonnenblumenöl, wenig Salz und Pfeffer abschmecken. Den Schnittlauch untermischen und den Rettichsalat sofort genießen.

Apfel-Rotkohl-Salat mit Meerrettich

FÜR 4 PERSONEN

600 g Rotkohl, Strunk entfernt
2 Äpfel, Stiel und Blütenansätze entfernt
20 g frischer Meerrettich
4 EL Apfelessig
1 TL Klee- oder Akazienhonig
4 EL Sonnenblumenöl
4 EL Sauerrahm, Salz

Den Rotkohl fein raspeln. Die Äpfel auf der Röstireibe ebenfalls fein raspeln. Den Meerrettich gründlich abbürsten und sehr fein reiben.

Rotkohl, Äpfel und Meerrettich mit dem Apfelessig, dem Honig, dem Sonnenblumenöl und dem Sauerrahm mischen und den Salat mit wenig Salz abschmecken.

Selleriesalat mit Sauerkraut und Walnüssen

FÜR 4 PERSONEN

400 g Knollensellerie, gründlich abgebürstet
250 g milchsauer eingemachtes Sauerkraut (siehe Seite 250)
25 g Walnusskerne
4 EL Walnussöl
Pfeffer

Von dem Sellerie den Wurzelansatz und eventuelle Blätter entfernen und die Knolle auf der Röstireibe in Stifte raspeln. Das Sauerkraut abtropfen lassen und fein schneiden. Die Walnüsse grob zerdrücken.

Den Sellerie und das Sauerkraut mit dem Walnussöl, Pfeffer und den Walnüssen locker mischen und sofort servieren.

Zwiebelkuchen

FÜR 4 PERSONEN

Für den Teig
10 g frische Hefe
125 ml kaltes Wasser
130 g Dinkelvollkornmehl
50 g Buchweizenvollkornmehl
1 Ei
1 Prise Salz
10 g Butter

Für den Belag
5 Zwiebeln, geschält
3 Knoblauchzehen, geschält und Keim entfernt
6 EL Olivenöl, 4 El Weißwein
2 EL Kümmel
Salz, Pfeffer

Außerdem
Butter für das Backblech
250 g Crème fraîche
200 g Emmentaler, grob geraspelt

Für den Teig die Hefe im kalten Wasser auflösen. Das Hefewasser mit dem Dinkel- und Buchweizenmehl gründlich verkneten und 10 Minuten aufgehen lassen. Das Ei, Salz und die Butter unterkneten. Ein Backblech mit Butter bestreichen und den Teig auf dem gebutterten Backblech dünn ausrollen. Den Teig mit einer Gabel mehrmals einstechen. Nochmals leicht aufgehen lassen.

Den Backofen auf 220 °C vorheizen. Für den Belag die Zwiebeln und die Knoblauchzehen in Streifen schneiden.

In einer Pfanne das Olivenöl erhitzen, den Kümmel, Knoblauch und die Zwiebelstreifen darin glasig anschwitzen. Mit Weißwein ablöschen und 10 Minuten leise köcheln lassen, bis die ganze Flüssigkeit aufgesogen ist. Die Zwiebelmasse mit Salz und Pfeffer würzen.
Den Teig 5 Minuten bei 220 °C vorbacken.

Den Teig mit der Crème fraîche bestreichen. Die geschmorten Zwiebeln darauf verteilen und mit dem geriebenen Käse bestreuen. Den Zwiebelkuchen im Backofen in 15 Minuten knusprig backen.

TIPP
Ganz klassisch genießt man Zwiebelkuchen im Herbst mit Federweißen.

Rotkohlstrudel mit gebratenen Pilzen

FÜR 4 PERSONEN

Für den Teig

200 g gesiebtes Dinkelvollkornmehl
100 g gesiebtes Reismehl
1 Ei, Salz
30 g zerlassene Butter zum Bestreichen
Mehl für die Arbeitsfläche

Für die Füllung

800 g Rotkohl, Strunk entfernt
1 Zwiebel, geschält, 1 Apfel
5 Wacholderbeeren, zerdrückt
3 Lorbeerblätter
1 Zimtstange
2 EL Klee- oder Akazienhonig
4 EL Olivenöl
200 ml Gemüsefond
1 TL Hefepaste
2 EL Rotweinessig
Salz, Pfeffer
200 g Crème fraîche

Für die Sauce

1 Karotte, geputzt
½ Petersilienwurzel, geputzt
1 Zwiebel, geschält
10 Wacholderbeeren, zerdrückt
2 Lorbeerblätter
1 EL Akazien- oder Kleehonig
1 TL Hefepaste, 2 EL Olivenöl
200 ml Rotwein
200 ml Gemüsefond
1 TL Pfeilwurzelmehl
Salz, Pfeffer
200 g Pilze (Austern, Shiitake- oder Pio-Pino-Pilze)
1 Knoblauchzehe, geschält, vom Keim befreit
3 EL Olivenöl

Für den Teig alle Zutaten mit 125 Milliliter Wasser und einer Prise Salz gut verkneten. Den Teig in Klarsichtfolie wickeln und mindestens 1 Stunde ruhen lassen.

Inzwischen die Füllung zubereiten. Den Rotkohl hobeln. Die Zwiebel würfeln. Den Apfel mit der Schale in Würfel schneiden. Alles mit den Gewürzen in Honig und Olivenöl anschwitzen. Dann mit dem Gemüsefond und Essig aufgießen, die Hefepaste dazugeben und zugedeckt mindestens 45 Minuten köcheln lassen. Die Füllung mit Salz und Pfeffer abschmecken und etwas abkühlen lassen.

Für die Sauce die Karotte und Petersilienwurzel in dünne Scheiben, die Zwiebel in Streifen schneiden. Alles mit den Gewürzen in Honig und Olivenöl glasig anschwitzen. Hefepaste, Rotwein und Gemüsefond dazugeben und 15 Minuten köcheln lassen. Das Pfeilwurzelmehl in wenig kaltem Wasser klümpchenfrei anrühren und die Sauce damit leicht andicken. Mit Salz und Pfeffer abschmecken.

Den Backofen auf 200 °C vorheizen. Den Teig hauchdünn ausrollen (siehe Seite 101) und mit zerlassener Butter bestreichen. Das Rotkohlgemüse daraufgeben, die Crème fraîche in Flöckchen darauf verteilen und alles zu einem festen Strudel aufrollen. Den Strudel auf ein gebuttertes Backblech legen und in 15 Minuten knusprig backen.

Die Pilze putzen, den Knoblauch zerdrücken. Beides im Olivenöl anbraten und mit Salz und Pfeffer würzen.

Zum Servieren den Strudel mit einem scharfen Sägemesser in Stücke schneiden und mit der Sauce und den Pilzen auf Tellern anrichten.

Lauchkuchen mit Trüffelschaum

FÜR 4 PERSONEN

Für den Lauchkuchen
160 g Dinkelvollkornmehl
80 g kalte Butterflocken
1 Eigelb
Salz, Pfeffer
400 g Lauch, geputzt
4 EL Olivenöl
50 g Emmentaler
200 ml Sahne
1 Ei
1 Eigelb
Muskatnuss, frisch gerieben
25 g Parmesan, frisch gerieben
Mehl für die Arbeitsfläche

Für den Trüffelschaum
30 g Wintertrüffel
½ Knoblauchzehe, geschält, Keim entfernt
1 EL Butter
200 ml fettarme Milch

Für den Teig Mehl, Butter, Eigelb und eine kleine Prise Salz rasch von Hand verkneten. Den Teig für eine Springform mit 25 Zentimeter Durchmesser dünn ausrollen und mindestens 20 Minuten sehr kalt stellen. Den Backofen auf 200 °C vorheizen.

Den Lauch in Scheiben schneiden und im Olivenöl kurz glasig anschwitzen. Den Teig im heißen Ofen 5 Minuten vorbacken. Den Emmentaler in hauchdünne Scheiben hobeln.

Den Teigboden mit Emmentaler auslegen. Den Lauch darauf verteilen. Sahne, Ei, Eigelb, etwas Salz, Pfeffer und Muskatnuss miteinander gut verrühren und über den Lauch gießen. Mit Parmesan bestreuen und den Lauchkuchen 20 Minuten backen.

Kurz bevor der Kuchen fertig ist, die Trüffel fein hobeln und den Knoblauch fein hacken. Beides in der Butter kurz anschwitzen, mit Milch aufgießen und einmal aufkochen lassen. Aufschäumen.

Zum Servieren den Lauchkuchen in Stücke schneiden, auf Tellern anrichten und Milchschaum darübergießen.

Kürbis-Kastanien-Strudel

FÜR 4 PERSONEN

Für den Teig
200 g gesiebtes Dinkelvollkornmehl
100 g gesiebtes Reismehl
15 g Butter
1 Ei, Salz

Für die Füllung
800 g Muskatkürbis, geschält, Kerne und Fasern entfernt
1 Zwiebel, geschält
250 g Esskastanien, gegart und geschält
4 EL Olivenöl
Salz, Pfeffer
100 g Parmesan, fein gerieben

Für das Pesto
3 Knoblauchzehen, geschält, Keim entfernt
120 ml Olivenöl
100 g Parmesan, frisch gerieben
30 g Pinienkerne, geröstet
1 Bund Koriander, geschnitten
1 kleine rote Chilischote, Samen entfernt
Saft und abgeriebene Schale von 1 Biozitrone

Außerdem
Mehl für die Arbeitsfläche
30 g zerlassene Butter zum Bestreichen + Butter für das Blech
300 g Rosenkohl, geputzt
1 EL Butter

Für den Teig alle Zutaten mit 125 Milliliter Wasser und einer Prise Salz gut verkneten und in Frischhaltefolie gewickelt mindestens 1 Stunde ruhen lassen.

Für die Füllung den Kürbis in grobe Stücke schneiden, die Zwiebel würfeln und die Esskastanien grob hacken. In einen großen Topf so viel Wasser einfüllen, dass der eingehängte Dämpfeinsatz das Wasser nicht berührt. Das Wasser aufkochen, die Kürbisstücke in den Einsatz legen und im Dampf in mindestens 10 Minuten so weich garen, dass sie sich zerdrücken lassen. Die Zwiebel im Olivenöl glasig anschwitzen, die gehackten Kastanien dazugeben und kurz mitbraten. Vom Herd ziehen, den Kürbis dazugeben und grob zerdrücken. Mit Salz, Pfeffer und Parmesan abschmecken. Etwas abkühlen lassen.
Für das Pesto alle Zutaten im Mixer pürieren. Den Backofen auf 200 °C vorheizen. Den Teig hauchdünn ausrollen (siehe Seite 101) und mit zerlassener Butter bestreichen. Die Kürbis-Kastanien-Masse darauf verteilen und eng einrollen. Den Strudel auf ein gebuttertes Backblech legen, außen ebenfalls mit Butter bestreichen und in 15 Minuten knusprig backen. Den Rosenkohl halbieren und im Dampf in 4 Minuten weich, aber noch bissfest garen. Kurz vor dem Servieren einen Esslöffel Butter über den heißen Kohl geben und etwas Salz darüberstreuen.
Zum Servieren den Strudel in vier Zentimeter große Stücke schneiden, auf Tellern anrichten und mit je einem Nockerl Korianderpesto und Rosenkohl servieren.

TIPP

Sehr dekorativ sieht es auch, wenn man Kürbispäckchen wie auf dem Bild zubereitet. Dafür den hauchdünn ausgerollten und mit zerlassener Butter bestrichenen Teig in 25 x 25 Zentimeter große Stücke schneiden und jeweils etwas Kürbis mit Kastanien darauf verteilen. Die Teigenden zusammenführen und zu einem Päckchen zusammendrücken.
Den Verschluss mit einem langen, stabilen und zuvor blanchierten Schnittlauchhalm zusammenbinden. Die Päckchen auf ein gebuttertes Backblech setzen und in 15 Minuten bei 200 °C knusprig backen.
Die Strudelpäckchen auf vorgewärmten Tellern mit einer Nocke aus Korianderpesto und Rosenkohl servieren.

Schwarzwurzeltörtchen mit Orangenspinat, Rotweinsauce und Kichererbsenbällchen

FÜR 4 PERSONEN

Für die Schwarzwurzeltörtchen

550 g Schwarzwurzeln, geschält, längs halbiert, in Essigwasser gelegt
250 g Winterspinat, geputzt
2 EL Olivenöl
Saft und abgeriebene Schale von 1 Bioorange
Salz, Pfeffer
4 kräftige, lange Schnittlauchhalme

Für die Kichererbsenbällchen

200 g Kichererbsen, 24 Stunden eingeweicht
250 ml Gemüsefond
½ TL edelsüßes Paprikapulver, Salz
1 kleine Chilischote, Samen entfernt
1 Knoblauchzehe, geschält, Keim entfernt
etwas abgeriebene Schale von 1 Biozitrone
4 Rosmarinzweige
100 ml Kokosfett

Für die Sauce

1 Zwiebel, geschält
1 kleine Karotte, gründlich abgebürstet
1 Lorbeerblatt
1 Muskatblüte
2 EL Olivenöl
1 TL Klee- oder Akazienhonig
200 ml Rotwein
Salz, Pfeffer
1 gehäufter TL Pfeilwurzmehl

In einen großen Topf so viel Wasser füllen, dass der eingehängte Dämpfeinsatz das Wasser nicht berührt. Das Wasser aufkochen, die Schwarzwurzeln in den Einsatz legen und im Dampf weich garen, das dauert etwa 5 Minuten. Vier Metallringe, Durchmesser vier bis fünf Zentimeter, auf einen Teller setzen. Die Schwarzwurzeln in der Länge exakt gleich lang zuschneiden und mit der Schnittfläche nach außen am Innenrand der Ringe anpassen.

Den Winterspinat schneiden und im Dampf 1 Minute zusammenfallen lassen. Ausdrücken. Mit Öl, etwas Orangensaft und -schale, Salz und Pfeffer abschmecken. Leicht ausdrücken. Den Spinat in die Ringe füllen und gut andrücken.

Für die Bällchen die Kichererbsen abgießen und im Gemüsefond 15 Minuten kochen. Die Hälfte der Kichererbsen grob hacken, die andere Hälfte im Mixer mit etwas von der Kochflüssigkeit, Paprikapulver, Salz, Chili, Knoblauch und abgeriebener Zitronenschale pürieren. Die gehackten Kichererbsen untermischen und kleine Bällchen formen. Die Bällchen auf die Rosmarinzweige stecken und in heißem Kokosfett knusprig ausbacken. Auf Küchenpapier abtropfen lassen.

Für die Sauce die Zwiebel würfeln und die Karotte in dünne Scheiben schneiden. Beides mit dem Lorbeerblatt und der Muskatblüte in Olivenöl und Honig anschwitzen, mit Rotwein aufgießen und einige Minuten knapp unter dem Siedepunkt garen. Mit Salz und Pfeffer abschmecken, das Pfeilwurzmehl in wenig kaltem Wasser anrühren und die Sauce damit andicken (siehe Seite 124).

Zum Servieren den Ring von den Schwarzwurzeltörtchen vorsichtig entfernen und eventuell mit je einem Schnittlauchhalm umbinden, dass sie schön zusammenbleiben. Mit der Sauce umgießen und die Spießchen darüberlegen.

TIPP

Dieses Rezept ist aufwendig beim Anrichten. Deshalb empfiehlt es sich, die Törtchen vorbereitend aufzubauen und als Ganzes mit dem Metallring im Dampf kurz vor dem Servieren 2 Minuten zu erwärmen. Beim Entfernen der Ringe jeden Ring zur Hälfte anheben, den Schnittlauch anbringen und verknoten und dann den Metallrand ganz abnehmen.

Kartoffel-Sellerie-Lasagne mit Wintertrüffeln

FÜR 4 PERSONEN
800 g Kartoffeln, geschält
1 große Sellerieknolle (800 g), gründlich abgebürstet
350 ml Milch
10 g Butter
Muskatnuss, frisch gerieben
Salz
Butter für das Blech

Außerdem
250 g kleine weiße Rüben, geputzt
250 g kleine Karotten, geputzt
30 g Butter
20 g Klee- oder Akazienhonig
Salz, Pfeffer, 4 EL Olivenöl
½ Bund krause Petersilie, Blätter abgezupft
1 kleine Wintertrüffel, gründlich gewaschen

In einen großen Topf so viel Wasser füllen, dass der eingehängte Dämpfeinsatz das Wasser nicht berührt. Das Wasser aufkochen, die Kartoffeln in den Einsatz legen und im Dampf weich garen. Die noch heißen Kartoffeln durchpressen.

Den Sellerie in zwölf möglichst große, hauchdünne Scheiben aus dem Mittelteil schneiden (Mandoline oder Aufschnittmaschine). Die Scheiben mit einem runden Ausstecher gleich groß ausstechen. Die Sellerieschеiben in den Dämpfeinsatz legen und im Dampf weich garen, das dauert etwa 5 Minuten. Sie sollten nicht zerfallen.

Die Sellerieabschnitte in der Milch in etwa 10 Minuten sehr weich garen und dann beides zusammen im Mixer pürieren; unter das Kartoffelpüree rühren, mit der Butter, Muskatnuss und Salz abschmecken. Das weiche Püree in einen Spritzbeutel mit großer Sterntülle füllen.

Den Backofen auf 200 °C vorheizen. Ein Backblech buttern, vier Sellerieschеiben mit etwas Abstand darauflegen. Auf jede Sellerieschеibe Kartoffelpüree spritzen und dies mit einer weiteren Sellerieschеibe abdecken. Denselben Vorgang noch einmal wiederholen.

Auf die oberste Sellerieschеibe nochmals etwas Püree dekorativ aufspritzen und die Türmchen im Backofen in etwa 10 Minuten goldgelb backen.

In der Zwischenzeit die Rüben und Karotten der Länge nach halbieren und im Dampf in 3 Minuten weich garen. Die Hälfte der Butter und den Honig in einer Pfanne zerlassen, das Gemüse darin schwenken und mit Salz und Pfeffer abschmecken. Das Olivenöl erhitzen und die krause Petersilie darin kurz frittieren. Auf Küchenpapier abtropfen lassen.

Zuletzt die Trüffel hauchdünn hobeln und in der restlichen Butter nur kurz erwärmen, damit sich ihr Aroma entfaltet.

Zum Servieren die Kartoffellasagne auf vorgewärmten Tellern anrichten, die Trüffelscheiben darauflöffeln, mit den Rüben umlegen und nach Belieben mit der Petersilie dekorieren.

Rote-Bete-Flan im Mangoldblatt

FÜR 4 PERSONEN

Für die Flans

300 g Rote Bete, gründlich abgebürstet
250 g Karotten, gründlich abgebürstet
2 Zwiebeln, geschält
1 Ei, 2 Eigelb
125 g Crème fraîche
Salz, Pfeffer
Muskatnuss, frisch gerieben
Butter für die Formen
4 große Mangoldblätter, blanchiert

Für die Vinaigrette

1 Schalotte, geschält
15 g frischer Meerrettich
3 EL Apfelessig, ½ TL Akazienhonig
1 TL Dijonsenf
5 EL Olivenöl, Salz

Die Rote Bete, die Karotten und die Zwiebeln in grobe Stücke schneiden. In einen großen Topf so viel Wasser füllen, dass der eingehängte Dämpfeinsatz das Wasser nicht berührt. Das Wasser aufkochen, das geschnittene Gemüse in den Einsatz legen und im Dampf in 8–10 Minuten so weich garen, dass man es pürieren kann. Die Gemüsestücke mit dem Ei, den Eigelben und der Crème fraîche in einen Mixer geben und glatt pürieren; mit Salz, Pfeffer und Muskatnuss abschmecken.

Den Backofen auf 175 °C vorheizen. Vier feuerfeste Tässchen oder Dariolformen buttern und mit den Mangoldblättern auskleiden. Das Gemüsepüree einfüllen, die Förmchen in eine Ofenwanne mit heißem Wasser stellen und im Ofen 30 Minuten pochieren.
Für die Vinaigrette die Schalotte in Würfel schneiden und den Meerrettich reiben. Schalotte, Meerrettich, Essig, Honig und Senf verrühren, das Öl unterschlagen und mit Salz abschmecken.

Die fertigen Flans aus dem Ofen nehmen und 5 Minuten abkühlen lassen, so kann man sie ganz leicht aus den Formen lösen. Dann auf Teller stürzen und mit der Vinaigrette umgießen.

Kürbis-Quinoa-Potaufeu

FÜR 4 PERSONEN

1 EL Karottenwürfel
1 EL Selleriewürfel
1 Lorbeerblatt
4 EL Olivenöl
250 g Quinoa
500 ml Gemüsefond
1 EL Lauchwürfel
Salz, Pfeffer
1 Bund kleine weiße Rüben, geputzt
1 Bund kleine Rote Bete, geputzt
400 g Hokkaido- oder Muskatkürbis
1 EL Butter
½ Bund glatte Petersilie, Blätter abgezupft
2 EL frisch geriebener Parmesan

Die Karotten- und Selleriewürfel mit dem Lorbeerblatt im Olivenöl anschwitzen, Quinoa dazugeben und den Gemüsefond angießen. Zugedeckt 15 Minuten bei schwacher Hitze ausquellen lassen. Dann den Lauch dazugeben und alles in weiteren 5 Minuten fertig garen. Mit Salz und Pfeffer abschmecken.

Die weißen Rüben und die Rote Bete je nach Größe halbieren oder vierteln. Den Hokkaidokürbis mitsamt der Schale in ebenso große Stücke schneiden oder den Muskatkürbis schälen und in Stücke schneiden. In einen großen Topf so viel Wasser einfüllen, dass der eingehängte Dämpfeinsatz das Wasser nicht berührt. Das Wasser aufkochen, die Rüben und den Kürbis in den Einsatz legen und im Dampf in etwa 8 Minuten so weich garen, dass sie zwar durch, aber noch bissfest sind. Mit der Butter unter den Quinoa heben.

Zum Servieren das Gericht mit Petersilienblättern und geriebenem Parmesan bestreuen.

Kürbiskugeln auf Apfel-Vanille-Creme im Posteleinreigen

FÜR 4 PERSONEN

Für die Kürbiskugeln
550 g Muskatkürbis
300 ml frisch gepresster Bioorangensaft
etwas Schale von 1 Bioorange, dünn abgeschält
6 Zweige Thymian oder Zitronenthymian
150 ml Olivenöl, Salz

Für die Apfel-Vanille-Creme
2 Äpfel, geschält, vom Kerngehäuse befreit
1 Vanilleschote, längs aufgeschlitzt
1 TL Butter, 25 g Klee- oder Akazienhonig
125 ml Weißwein, 1 EL Crème fraîche, Salz

Für den Posteleinsalat
50 g Winterpostelein, geputzt
1 EL Apfelessig
2 EL Sonnenblumenöl
Salz, Pfeffer

Das Fruchtfleisch aus dem Kürbis mit einem Parisienne-Ausstecher kugelförmig auslösen. Den Backofen auf 150 °C vorheizen. Orangensaft und -schale zusammen mit dem Thymian, etwas Salz und dem Olivenöl erhitzen. Den Saft in eine feuerfeste Form gießen, die Kürbiskugeln dazugeben und zugedeckt im Ofen etwa 30 Minuten garen.

Die Äpfel vierteln und mit der Vanilleschote in der Butter anbraten, den Honig und den Wein dazugeben und alles zugedeckt 20 Minuten garen. Die Vanilleschote entfernen. Die sehr weichen Äpfel mit der Crème fraîche im Mixer pürieren und mit einer Prise Salz würzen.

Den Postelein mit dem Essig, dem Sonnenblumenöl und etwas Salz und Pfeffer leicht anmachen.

Zum Servieren die Creme auf Teller geben, die Kugeln darauftürmen und mit Postelein umlegen.

Apfelrotkohl mit Zimt und Rotwein

FÜR 4 PERSONEN
800 g Rotkohl, Strunk entfernt
300 g Äpfel, geschält, Kerngehäuse entfernt
2 Lorbeerblätter, Gewürznelken
2 Zwiebeln, geschält
5 EL Sonnenblumenöl
1 TL Akazienhonig, 1 Zimtstange
1 Kartoffel, geschält, 250 ml Rotwein
2 EL Rotweinessig, Salz, Pfeffer
1 TL kalte Butter

Den Rotkohl in feine Streifen hobeln. Die Äpfel in Würfel schneiden. Die Lorbeerblätter und Nelken in die Zwiebeln stecken.

In einem großen Topf das Sonnenblumenöl und den Honig erhitzen, die Zwiebeln, die Äpfel, die Zimtstange und den Rotkohl darin kurz anschwitzen. Die Kartoffel fein reiben und dazugeben. Mit dem Rotwein aufgießen und zugedeckt bei schwacher Hitze 45 Minuten garen. Hierbei zerfallen die Äpfel und die Kartoffel völlig und der Rotkohl wird sämig und weich. Mit Rotweinessig, Salz, Pfeffer und der kalten Butter abschmecken.

Schwarzwurzeln in Orangensahnesauce

FÜR 4 PERSONEN
500 g Schwarzwurzeln, geschält und längs halbiert, in Essigwasser gelegt
1 Schalotte, geschält
2 EL Olivenöl
Saft und abgeriebene Schale von 1 Bioorange
200 ml Sahne
Salz, Pfeffer
½ TL Pfeilwurzmehl, in wenig kaltem Wasser klümpchenfrei angerührt
½ Bund Schnittlauch, fein geschnitten

Die Schwarzwurzeln in drei Zentimeter lange Stücke schneiden. In einen großen Topf so viel Wasser füllen, dass der eingehängte Dämpfeinsatz das Wasser nicht berührt. Das Wasser aufkochen, die Schwarzwurzeln in den Einsatz legen und im Dampf weich garen, das dauert etwa 5 Minuten.

Für die Sauce die Schalotte in Würfel schneiden und im Olivenöl glasig anschwitzen, mit Orangensaft aufgießen und einige Minuten köcheln lassen. Die Sahne dazugeben und 5 Minuten köcheln lassen. Die Sauce mit Orangenschale, Salz und Pfeffer abschmecken und mit etwas Pfeilwurzmehl leicht andicken. Die Schwarzwurzeln hinzufügen und kurz vor dem Servieren den Schnittlauch unterrühren.

Gebratene Schwarzwurzeln mit Ingwerreis

FÜR 4 PERSONEN
Für den Reis
250 g Vollkorn-Rundkornreis
1 Lorbeerblatt
500 ml Gemüsefond
20 g kandierter Ingwer (aus dem Glas)
1 EL Butter
2 Frühlingszwiebeln, geputzt
Salz, Pfeffer

Für die Schwarzwurzeln
500 g Schwarzwurzeln, geschält, in Essigwasser gelegt
3 EL Olivenöl
Schale von 1 Biozitrone, mit dem Zestenreißer abgezogen
1 TL Klee- oder Akazienhonig
2 EL Crème fraîche

Den Reis mit dem Lorbeerblatt und dem Gemüsefond aufkochen und zugedeckt 20 Minuten köcheln lassen.

Den kandierten Ingwer in kleine Stücke schneiden und in der Butter kurz anbraten. Die Frühlingszwiebeln in Röllchen schneiden. Beides unter den fertig gekochten Reis heben, mit Salz und Pfeffer abschmecken.

Die Schwarzwurzeln abtropfen lassen, in zwei Zentimeter dicke Scheiben schneiden und in dem Olivenöl 3 Minuten anbraten. Die Zitronenzesten und den Honig dazugeben, 2 Minuten mitschmoren. Zuletzt das Gemüse mit der Crème fraîche durchschwenken.

Zum Servieren den Reis in Portionsschälchen füllen und die Schwarzwurzeln darüberlöffeln.

Buchweizenlaiberl

FÜR 4 PERSONEN

Für die Laiberl

180 g Buchweizenkörner
1 EL Karottenwürfel
1 EL Selleriewürfel
1 EL Zucchiniwürfel
1 EL Rote Paprikawürfel
1 EL Lauchwürfel
4 EL Olivenöl
400 ml Gemüsefond
1 Ei
25 g Vollkornsemmelbrösel
Salz, Pfeffer
½ Bund glatte Petersilie, Blätter abgezupft
1 Chilischote, Samen entfernt
1 Knoblauchzehe, geschält, Keim entfernt
2 Stängel Salbei
100 g Winterspinatblätter, Stiele abgeschnitten

Für das Chutney

2 Zwiebeln, geschält
150 g Staudensellerie, geputzt
1 Mango, geschält, Kern entfernt
1 Lorbeerblatt
2 EL Olivenöl
3 EL Klee- oder Akazienhonig
2 EL Weißweinessig, Salz

Für das Chutney die Zwiebeln würfeln, den Sellerie in dünne Scheiben und die Mango in Streifen schneiden. Die Zwiebeln, das Lorbeerblatt und den Sellerie in Olivenöl glasig anschwitzen, den Honig und die Mango dazugeben und 10 Minuten schmoren lassen. Den Essig und etwas Salz hinzufügen, alles weitere 5 Minuten garen und dann vom Herd nehmen.

Den Buchweizen in einer trockenen Pfanne kurz anrösten. Die Gemüsewürfel im Olivenöl anschwitzen, den Buchweizen dazugeben und mit dem Gemüsefond aufgießen. Zugedeckt 20 Minuten köcheln lassen.

Den Topf vom Herd nehmen, Ei und Semmelbrösel unterrühren und die Mischung mit Salz, Pfeffer und Petersilie abschmecken. Mit nassen Händen aus der Masse kleine Laiberl von drei bis vier Zentimeter Durchmesser formen und diese 30 Minuten kalt stellen.
In einer Pfanne Olivenöl mit Chili, Knoblauch und Salbei erhitzen und die Laibchen darin von beiden Seiten knusprig braten.

In einen großen Topf so viel Wasser füllen, dass der eingehängte Dämpfeinsatz das Wasser nicht berührt. Das Wasser aufkochen, den Spinat in den Einsatz legen und im Dampf 1 Minute garen.

Zum Servieren jedes Laiberl in Spinatblätter wickeln und mit dem Chutney auf Tellern anrichten.

Tofu Müllerinart auf Ingwergurken

FÜR 4 PERSONEN

Für den Tofu

600 g Tofu natur
Saft von 2 Biozitronen
1 Eiweiß
Salz, Pfeffer
50 g Dinkelmehl
Bratöl oder Olivenöl zum Ausbacken

Für die Ingwergurken

2 Salatgurken, geschält
30 g Ingwer, geschält
4 EL Olivenöl
1 TL Klee- oder Akazienhonig
Salz, Pfeffer

Den Tofu in vier gleich große Stücke schneiden. Im Zitronensaft mindestens 30 Minuten einlegen.

Die Gurken längs halbieren und die Kerne entfernen. Die Gurken in feine Scheiben schneiden. Den Ingwer in feine Streifen (Juliennes) schneiden und im Olivenöl mit Honig anschwitzen. Die Gurken dazugeben und 5 Minuten schmoren. Mit Salz und Pfeffer abschmecken.

Das Eiweiß schaumig schlagen. Den Tofu abtropfen lassen, mit Salz und Pfeffer würzen und erst in Eiweiß und danach in Mehl wenden. In einer beschichteten Pfanne in wenig Öl auf beiden Seiten goldgelb braten. Auf Küchenpapier abtropfen lassen.

Zum Servieren den Tofu auf den Gurken anrichten.

Gefüllte Paprikaschoten mit Grünkern

FÜR 4 PERSONEN

2 EL Karottenwürfel
2 EL Selleriewürfel
1 Lorbeerblatt
3 EL Olivenöl
200 g Grünkern, geschrotet
500 ml Gemüse- oder Spargelfond
2 EL Lauchwürfel
Salz, Pfeffer
1 Bund glatte Petersilie, Blätter abgezupft
50 g Sonnenblumenkerne, geröstet
4 grüne Paprikaschoten
Butter zum Bepinseln
1 Rezept Tomatenragout (siehe Seite 212)

Die Karotten- und Selleriewürfel mit dem Lorbeerblatt in Olivenöl anschwitzen, den Grünkern unterrühren und mit dem Gemüsefond aufgießen. Aufkochen und 20 Minuten bei ganz schwacher Hitze zugedeckt ausquellen lassen. Zum Schluss den Lauch unter die heiße Grünkernmasse mischen und mit Salz und Pfeffer abschmecken. Die Petersilie fein schneiden und mit den Sonnenblumenkernen unterheben.

Von den Paprikaschoten zwei Zentimeter unterhalb des Stiels einen Deckel abschneiden. Die Kerne und Scheidewände entfernen und die Schoten ausspülen. In einen großen Topf so viel Wasser einfüllen, dass der eingehängte Dämpfeinsatz das Wasser nicht berührt. Das Wasser aufkochen, die Paprikaschoten in den Einsatz legen und im Dampf in 4 Minuten bissfest garen.

Den Backofen auf 200 °C vorheizen. Die Grünkernmasse in die Paprika füllen und deren Deckel daraufsetzen. Die Schoten außen mit Butter bepinseln, in eine feuerfeste Form stellen und 15 Minuten backen.

Zum Servieren die Schoten mit Tomatenragout auf Tellern anrichten.

Rüben-Moussaka im Kräuterreigen

FÜR 4 PERSONEN
600 g weiße Rüben, geschält
150 g Grünkern, grob geschrotet
350 ml Gemüsefond
1 Karotte, gründlich abgebürstet
1 Petersilienwurzel, gründlich abgebürstet
½ Stange Lauch, geputzt
½ Bund glatte Petersilie, Blätter abgezupft
1 EL mittelscharfer Senf, Salz, Pfeffer
100 g Winterspinat, geputzt
200 ml Crème fraîche
120 g Emmentaler, grob geraspelt
2 EL Olivenöl, 2 EL geraspelter Parmesan
2 EL Pinien- oder Zedernkerne
Butter für die Form
1 Bund krause Petersilie, Blätter abgezupft
50 g Winterportulak, geputzt
1 EL Olivenöl, 1 EL Balsamicoessig

Die weißen Rüben in dünne Scheiben schneiden. In einen großen Topf so viel Wasser füllen, dass der eingehängte Dämpfeinsatz das Wasser nicht berührt. Das Wasser aufkochen, die weißen Rüben in den Einsatz legen und im Dampf 4 Minuten vorgaren.

Die Karotte, die Petersilienwurzel und den Lauch in feine Würfel schneiden. Die Petersilie fein schneiden. Den Grünkernschrot mit dem Gemüsefond und den Gemüsewürfeln aufkochen und zugedeckt auf kleinster Flamme 15 Minuten ausquellen lassen. Die Masse mit Senf, Salz, Pfeffer und Petersilie pikant abschmecken.

Den Backofen auf 200 °C vorheizen. Eine feuerfeste Auflaufform buttern. Weiße Rüben, Grünkern, Spinat, Crème fraîche und Emmentaler in Lagen einschichten. Diesen Vorgang einmal wiederholen. Die letzte Schicht mit Crème fraîche abdecken, mit Olivenöl beträufeln, mit Parmesan und Pinien- oder Zedernkernen bestreuen und 15–20 Minuten im Ofen backen.

Zum Servieren Petersilie und Portulak in Olivenöl und Balsamicoessig wenden. Die fertige Moussaka mit einem scharfen Messer in quadratische Stücke schneiden, auf vorgewärmten Tellern platzieren und mit einem Kräuterreigen anrichten.

Paprika in Rahmsauce mit Bandnudeln

FÜR 4 PERSONEN
je 300 g rote und gelbe Paprikaschoten, Stiel, Samen und Scheidewände entfernt
je 1 Zwiebel und Karotte, geschält
1 Knoblauchzehe, geschält, Keim entfernt
1 Chilischote, Samen entfernt
4 EL Olivenöl, 100 ml Gemüsefond
200 ml Sahne
1 TL edelsüßes Paprikapulver, Salz
½ TL Pfeilwurzmehl, in wenig kaltem Wasser klümpchenfrei angerührt
500 g Bandnudeln, 1 TL Olivenöl
½ Bund Schnittlauch, fein geschnitten
20 g Parmesan, frisch gerieben

Die Paprika mit dem Sparschäler schälen (siehe Seite 20). Die Zwiebel und Paprika in Streifen schneiden. Die Karotte mit dem Sparschäler längs in Streifen schneiden. Die Knoblauchzehe und die Chilischote in Scheiben schneiden.

Das so vorbereitete Gemüse im Olivenöl glasig anschwitzen. Mit dem Gemüsefond ablöschen und 3 Minuten köcheln lassen. Dann die Sahne dazugießen und alles 10 Minuten sachte garen. Die Sauce mit Paprikapulver und Salz abschmecken und mit dem Pfeilwurzmehl leicht binden.

In einen großen Topf in reichlich sprudelnd kochendes Wasser das Olivenöl geben und die Bandnudeln darin in 4–6 Minuten bissfest garen. Die Nudeln in ein Sieb abgießen und sofort mit der Sauce und dem Schnittlauch mischen.

Zum Servieren die Nudeln mit der Sauce in tiefen vorgewärmten Pastatellern anrichten und mit Parmesan bestreuen.

Kanapees von Winterrüben

FÜR 4 PERSONEN
je 200 g Karotte, Sellerieknolle, Rote Bete
1 EL Olivenöl

Für die Avocadocreme
1 reife Avocado, geschält, Kern entfernt
1 EL Hefeflocken
Saft von 1 Biozitrone, Salz, Pfeffer
½ Bund Schnittlauch

Für die Ananas-Walnuss-Creme
100 g Ananasfruchtfleisch
2 EL Walnusskerne
2 EL Crème fraîche, Salz, Pfeffer

Für die Meerrettichcreme
50 g frischer Meerrettich, geputzt
2 EL Frischkäse
2 Zweige krause Petersilie, Blätter abgezupft
2 EL Olivenöl

Karotte, Sellerie und Rote Bete gründlich abbürsten, in ein Zentimeter dicke Scheiben schneiden und daraus Blumen, Herzen, Vierecke oder andere Formen ausstechen. In einen großen Topf so viel Wasser füllen, dass der eingehängte Dämpfeinsatz das Wasser nicht berührt. Das Wasser aufkochen, die drei Gemüsesorten getrennt in den Einsatz legen und im Dampf in 3 Minuten bissfest garen. Mit etwas Olivenöl bepinseln, damit sie glänzen.

Für Karotten-Kanapees mit Avocadocreme die Avocado und die Hefeflocken mit dem Zitronensaft im Blitzhacker pürieren. Salzen, pfeffern, in einen Spritzbeutel mit kleiner Sterntülle füllen und auf die abgekühlten Karottenstücke dressieren. Den Schnittlauch in feine Röllchen schneiden und damit garnieren.

Für Sellerie-Kanapees mit Ananas-Walnuss-Creme die Ananas in kleine Würfel schneiden, zwei Drittel der Walnüsse zerdrücken und beides mit der Crème fraîche verrühren. Mit Salz und Pfeffer abschmecken und mit zwei Teelöffeln kleine Nocken abstechen. Auf die gegarten, abgekühlten Selleriestücke setzen, mit Walnussstücken garnieren.
Für Rote-Bete-Kanapees mit Meerrettichcreme den Meerrettich reiben, mit dem Frischkäse verrühren und mit Salz und Pfeffer abschmecken. In einen Spritzbeutel mit mittlerer Sterntülle füllen und auf die gegarten, abgekühlten Rote-Bete-Stücke dressieren. Die Petersilie im Olivenöl kross ausbacken, auf Küchenpapier abtropfen lassen und die Kanapees damit garnieren. Zum Servieren die Kanapees dekorativ auf einer Platte anrichten.

Rote-Bete-Tagliatelle mit Rosenkohl in Zitronensauce

FÜR 4 PERSONEN
1 Schalotte, geschält
2 EL Olivenöl, 250 ml Sahne
Saft und abgeriebene Schale von 1 Biozitrone
Salz, weißer Pfeffer
300 ml Rote-Bete-Saft
400 g Tagliatelle, 1 TL Olivenöl
300 g Rosenkohl, geputzt,1 TL Butter
20 g Mandelblättchen
Salz, Pfeffer, Muskatnuss, frisch gerieben

Die Schalotte würfeln, in dem Olivenöl glasig anschwitzen, mit der Sahne aufgießen und 5 Minuten einkochen lassen. Zitronenschale und -saft dazugeben und mit Salz und Pfeffer würzen. Die Rosenkohröschen vierteln. In einen großen Topf so viel Wasser füllen, dass der eingehängte Dämpfeinsatz das Wasser nicht berührt. Das Wasser aufkochen, den Rosenkohl in den Einsatz legen und im Dampf in 3 Minuten weich, jedoch noch bissfest garen.
Den Rote-Bete-Saft erhitzen. Die Tagliatelle in kochendem Wasser mit Olivenöl 5 Minuten garen. Abtropfen lassen und im heißen Rote-Bete-Saft 3 Minuten ziehen lassen. In ein Sieb abgießen. Zum Servieren die Tagliatelle mit einer großen Gabel portionsweise aufrollen und auf der Zitronensauce anrichten. Den Rosenkohl mit der Butter und den Mandelblättchen in einer Pfanne schwenken, mit Salz, Pfeffer und Muskatnuss abschmecken und darüberstreuen.

Spinatflan mit Linsenvinaigrette

FÜR 4 PERSONEN

Für den Flan

1 kleine Kartoffel, geschält
300 g Winterspinat, geputzt
4 Eigelb, 1 Ei
200 ml Sahne
Salz, Pfeffer
Muskatnuss, frisch gerieben
Butter für die Förmchen

Für die Vinaigrette

60 g Belugalinsen
300 ml Gemüsefond
2 Gewürznelken
1 Lorbeerblatt
2 Tomaten, überbrüht, gehäutet, Samen entfernt
2 Frühlingszwiebeln, geputzt
2 Zweige Thymian, Blättchen abgezupft
4 EL Balsamicoessig
6 EL Olivenöl
Salz, Pfeffer

Die Kartoffel kochen und durch die Kartoffelpresse drücken. In einen großen Topf so viel Wasser füllen, dass der eingehängte Dämpfeinsatz das Wasser nicht berührt. Das Wasser aufkochen, den Spinat in den Einsatz legen und im Dampf in 1 Minute zusammenfallen lassen. Im Mixer mit den Eigelben, dem Ei, der Sahne und der Kartoffel pürieren. Mit Salz, Pfeffer und Muskatnuss abschmecken.

Feuerfeste Förmchen buttern und die Masse einfüllen. Den Backofen auf 170 °C vorheizen. Die Flans mit Alufolie verschließen und im Wasserbad (siehe Seite 52) etwa 45 Minuten garen.

Für die Vinaigrette die Linsen mit dem Gemüsefond, den Nelken und dem Lorbeerblatt aufkochen und 15 Minuten leicht köcheln lassen. Falls nicht alle Flüssigkeit aufgenommen wurde, die Linsen in ein Sieb abgießen. Nelken und Loorbeerblatt entfernen.

Die Tomaten würfeln, die Frühlingszwiebeln in feine Ringe schneiden. Die noch warmen Linsen mit den Tomatenwürfeln, Frühlingszwiebeln, Thymian, Essig, Olivenöl, Salz und Pfeffer mischen.

Zum Servieren die Flans vorsichtig aus den Formen lösen und auf Teller stürzen. Mit Belugalinsen-Vinaigrette umgießen.

Winterliche Knödeltrilogie

FÜR 4 PERSONEN

Für den Basisknödelteig
350 ml Milch
3 Vollkornbrötchen vom Vortag
1 Zwiebel, geschält
2 EL Olivenöl
2 Eier
Salz, Pfeffer

Für die Käsesemmelknödel auf Wirsing
100 g Appenzeller, grob gerieben
1 Schalotte, geschält
2 EL Olivenöl
200 ml Sahne
400 g Wirsing, Strunk entfernt
Salz, Pfeffer
Muskatnuss, frisch gerieben

Für die Räuchertofuknödel mit Rettich
100 g Räuchertofu
1 großer schwarzer Rettich, geputzt
1 EL Apfelessig
2 EL Sonnenblumenöl
Salz, Pfeffer

Für die Spinatködel auf Schwarzwurzelragout
100 g Winterspinat, geputzt
300 g Schwarzwurzeln, geschält, in 2x2 cm große Stücke geschnitten und in Essigwasser gelegt
2 EL Olivenöl
200 ml Sahne
Saft und abgeriebene Schale von
1 Bioorange, Salz, Pfeffer

½ Bund Schnittlauch, in feine Röllchen geschnitten

Die Brötchen in Würfel schneiden. Die Milch erhitzen und über die Brötchenwürfel gießen. Die Zwiebel würfeln und in dem Olivenöl glasig anschwitzen, zu den Brotwürfeln geben, die Eier untermischen. Mit Salz und Pfeffer abschmecken.

Die Knödelmasse dritteln. Den Appenzeller grob reiben, den Tofu klein würfeln und den Spinat fein schneiden. In einen großen Topf so viel Wasser füllen, dass der eingehängte Dämpfeinsatz das Wasser nicht berührt. Das Wasser aufkochen.

Für die Käseknödel den Appenzeller, für die Räuchertofuknödel den Tofu und für die Spinatknödel den Spinat in den Einsatz legen. Jede Zutat im Dampf 1 Minute garen und unter die jeweiligen Teigdrittel mischen.
Mit nassen Händen aus den Teigen kleine Knödel formen (Durchmesser etwa drei Zentimeter) und diese im Dampf 8 Minuten garen.

Für den Rahmwirsing die Schalotte würfeln und im Olivenöl glasig anschwitzen, die Sahne dazugießen und einige Minuten einkochen lassen. Den Wirsing in zwei Zentimeter große Würfel schneiden und im Dampf 2 Minuten garen, dann zur Sahne geben und mit Salz, Pfeffer und Muskatnuss abschmecken.

Den Rettich mit der schwarzen Schale fein raspeln und mit Essig und Sonnenblumenöl anmachen. Mit Salz und Pfeffer abschmecken.

Die Schwarzwurzeln aus dem Essigwasser nehmen, trocken tupfen und im Olivenöl anbraten, die Sahne dazugeben und 5 Minuten köcheln lassen. Mit Orangenschale, etwas Orangensaft, Salz und Pfeffer abschmecken.

Jede Knödelsorte mit der dazugehörigen Zutat in kleinen Schalen anrichten und nach Belieben mit Schnittlauch bestreut servieren.

Gefüllter Chicorée mit Wildreistimbale und Petersilienschaum

FÜR 4 PERSONEN

Für die Timbale
1 Schalotte, geschält
1 Lorbeerblatt
1 EL Olivenöl
150 g Wildreis
300 ml Gemüsefond
Salz, Pfeffer

Für den Chicorée
400 g Chicorée
1 Schalotte, geschält
250 g braune Champignons, geputzt
2 EL Olivenöl
60 g Crème fraîche
2 EL Butter
1 TL Klee- oder Akazienhonig

Für den Petersilienschaum
200 ml fettarme Milch, Salz
½ Bund glatte Petersilie, Blätter abgezupft

Für die Timbale die Schalotte in Würfel schneiden und mit dem Lorbeerblatt im Olivenöl glasig anschwitzen, den Reis dazugeben und mit Gemüsefond aufgießen. Aufkochen und zugedeckt 20 Minuten köcheln lassen. Mit Salz und Pfeffer abschmecken.

Die großen, äußeren Chicoréeblätter abtrennen, insgesamt 20 Stück. In einen großen Topf so viel Wasser füllen, dass der eingehängte Dämpfeinsatz das Wasser nicht berührt. Das Wasser aufkochen, die Chicoréeblätter in den Einsatz legen und im Dampf in 1 Minute weich garen. Die Chicoréeherzen halbieren und beiseitelegen.

Die Schalotte würfeln und die Pilze blättrig schneiden. Die Schalotte in dem Olivenöl anschwitzen, die Champignons dazugeben und 5 Minuten mitschmoren. Die Crème fraîche untermischen und mit Salz und Pfeffer abschmecken.

Den Backofen auf 200 °C vorheizen. Einen Esslöffel Butter zerlassen und ein Backblech leicht mit Butter einpinseln. Je fünf gedämpfte Chicoréeblätter überlappend aneinanderlegen. Die Pilzfüllung daraufgeben und die Blätter vorsichtig zu einem »ganzen Chicorée« zusammenfügen. Mit der restlichen zerlassenen Butter bepinseln und 8 Minuten backen.

Kurz vor dem Servieren die halbierten Chicoréeherzen in einem Esslöffel Butter und dem Honig karamellisieren (siehe Seite 49).

Für den Petersilienschaum die Milch erhitzen, die Petersilie schneiden. Das Kraut in die Milch geben und diese im Mixer aufschäumen. Durch ein Sieb streichen, mit Salz abschmecken und direkt vor dem Servieren nochmals aufschäumen. Den Schaum mit einem Löffel abschöpfen.

Zum Servieren den Reis auf vier Teller verteilen, die karamellisierten Chicoréeherzen daraufsetzen und mit dem gefüllten Chicorée und dem Petersilienschaum anrichten.

TIPP

Einen mittelgroßen Schöpflöffel, eine Tasse oder ein Dariolförmchen mit heißem Wasser ausspülen, den Reis portionsweise einfüllen, andrücken und mit Schwung auf vorgewärmte Teller stürzen. So bleibt der Reis in der gewünschten Form.

Lauchcannelloni mit Räuchertofu auf Thymian-Kartoffel-Rösti

FÜR 4 PERSONEN

Für die Lauchcannelloni

2 Stangen Lauch
1 EL Karottenwürfel
1 EL Selleriewürfel
1 EL Zucchiniwürfel
1 EL rote Paprikawürfel
1 EL Lauchwürfel
1 EL Ingwerwürfel
3 EL Olivenöl
50 g Vollkornsemmelbrösel
100 g Räuchertofu, gewürfelt
150 g weißer Seidentofu, zerdrückt
2 Eigelb
Salz, Pfeffer

Für die Rösti

300 g Kartoffeln, geschält
½ Bund Zitronenthymian, Blätter abgezupft
Salz, Pfeffer
4 EL Olivenöl

Außerdem

1 EL Sauerrahm
1 EL frisch geriebener Parmesan

Vom Lauch die äußersten Blätter vorsichtig so abziehen, dass sie runde Röhren bleiben. Gut waschen und die dunkegrünen Teile entfernen.

Für die Füllung alle Gemüsewürfel im Olivenöl anschwitzen, die Semmelbrösel dazugeben und kurz mitrösten. Vom Herd ziehen und die restlichen Zutaten untermischen. In einen Spritzbeutel mit großer Lochtülle füllen und vorsichtig die Lauchröhren damit füllen (siehe Seite 91). Diese Cannelloni in hitzebeständige Frischhaltefolie hüllen. In einen großen Topf so viel Wasser füllen, dass der eingehängte Dämpfeinsatz das Wasser nicht berührt. Das Wasser aufkochen, die Lauchröhren in den Einsatz legen und im Dampf 12 Minuten garen.

Für die Rösti die Kartoffeln raspeln, mit dem Thymian mischen, salzen und pfeffern. Handtellergroße Rösti formen und in einer beschichteten Pfanne im Olivenöl knusprig ausbacken. Auf Küchenpapier abtropfen lassen.

Die gedämpften Cannelloni leicht abkühlen lassen, mit einem scharfen Messer in die gewünschte Länge schneiden. Sauerrahm und Parmesan verrühren, auf die Cannelloni streichen und mit dem Gasbrenner kurz abflammen.

Zum Servieren die Cannelloni mit den Rösti anrichten.

TIPP

Dazu passt ein kleiner Trevisano-Salat mit Kresse und Balsamicodressing.

Alkoholfreie Mandarinenbowle

FÜR 4 PERSONEN

1 kg Biomandarinen
40 g Klee- oder Akazienhonig
1 Stück Sternanis
½ Vanilleschote, längs aufgeschlitzt und das Mark ausgekratzt
1 l Wasser mit Kohlensäure
Eiswürfel

Eine Mandarine mit der Schale in Scheiben schneiden. In eine ausreichend große Bowlenschüssel geben.

Die verbleibenden Mandarinen entsaften. Den Honig mit dem Sternanis, der Vanilleschote und dem -mark aufkochen und 5 Minuten bei schwacher Hitze ziehen lassen. Den Mandarinensaft hineinrühren und 10 Minuten abkühlen lassen. Die Flüssigkeit in die Bowlenschüssel füllen und mindestens 1 Stunde mazerieren lassen.

Zum Servieren Sprudelwasser und Eiswürfel in die Bowle geben.

Ananas-Sellerie-Saft mit Zitrone

FÜR 4 PERSONEN

800 g Staudensellerie, geputzt
1 kg Ananas, geschält
1 Biozitrone, mitsamt der weißen Innenhaut geschält

Die einzelnen Selleriestangen von der Staude brechen. Das Ananas- und Zitronenfruchtfleisch in grobe Stücke schneiden.

Staudensellerie, Ananas und Zitrone gemeinsam entsaften, in vier Gläser füllen und sofort servieren.

TIPP

Frisch gepresster Saft sollte nicht auf Vorrat hergestellt werden, weil sich sonst wichtige Vitamine verflüchtigen.

Karotten-Orangen-Ingwer-Saft mit Leinöl

FÜR 4 PERSONEN

800 g Karotten, gründlich abgebürstet
20 g Ingwer, gründlich abgebürstet
1 kg Bioorangen, mitsamt der weißen Innenhaut geschält
15 ml Leinöl

Die Karotten und den Ingwer in grobe Stücke schneiden. Die Orangen halbieren. Karotten, Ingwer und Orangen gemeinsam entsaften. Das Leinöl unterrühren.

Zum Servieren den frisch gepressten Saft in Gläser füllen.

TIPP

Frisch gepresster Saft sollte nicht auf Vorrat hergestellt werden, weil sich sonst wichtige Vitamine verflüchtigen.

Heißer Apfeltee mit Pflaumen

FÜR 4 PERSONEN
500 g Äpfel, Kerngehäuse, Blüten- und Stielansätze entfernt
30 g Ingwer
1 Biozitrone
30 g Trockenpflaumen
30 g Klee- oder Akazienhonig

Die Äpfel und den Ingwer mit der Schale in grobe Stücke schneiden. Die Zitrone in Scheiben schneiden. Apfel- und Ingwerstücke, Zitronenscheiben, Trockenpflaumen und drei Liter Wasser in einen Topf füllen und zum Kochen bringen. Dann bei schwacher Hitze ohne Deckel 1 Stunde ziehen lassen.

Den Tee mit Honig abschmecken, die Honigmenge hängt dabei sehr von der Süße der verwendeten Früchte ab. Es kann sein, dass man mehr oder auch weniger Honig benötigt.

Zum Servieren den Apfeltee durch ein Sieb abseihen, heiß genießen.

TIPP
Der Apfeltee schmeckt auch gut kalt auf Eiswürfeln. Anstelle von Ingwer können Sie eine Zimtstange oder Vanilleschote verwenden.

Orangensüßwein

FÜR 4 PERSONEN
600 g Bioorangen
1 l trockener Weißwein
1 Vanilleschote, längs aufgeschlitzt, das Mark ausgekratzt
80 g Klee- oder Akazienhonig

Die Orangen mit der Schale in Scheiben schneiden. Den Weißwein in ein ausreichend großes Gefäß füllen. Die Vanilleschote mit dem -mark, den Honig und die Orangenscheiben hineingeben und das Gefäß abdecken. Den Wein kalt stellen und mindestens 12 Stunden mazerieren lassen. Durch ein Sieb abgießen und gekühlt als Aperitif servieren.

TIPP
Die Honigmenge hängt von der Süße der Orangen und des Weins ab. Je nachdem benötigt man eventuell etwas mehr oder weniger davon. Der Wein kann bis zu 3 Tage mazerieren.

Birnen-Fenchel-Saft mit Zitrone

FÜR 4 PERSONEN
800 g Birnen, Stiel, Blütenansätze und Kerngehäuse entfernt
400 g Gemüsefenchel, geputzt,
1 Biozitrone
2 g rote Pfefferkörner

Die Birnen und den Fenchel in grobe Stücke schneiden. Die Zitrone mitsamt der weißen Innenhaut schälen und ebenfalls in Stücke schneiden. Birnen, Fenchel und Zitrone gemeinsam entsaften. In Gläser füllen. Den roten Pfeffer im Mörser zerdrücken.

Zum Servieren jedes Glas mit Pfeffer und eventuell vorhandenem Fenchelgrün garnieren.

Gewürzorangen

ERGIBT ETWA 700 MILLILITER
9 Bioorangen
1 kleines Stück Ingwer, geschält
1 EL Pimentkörner
1 Zimtstange
1 Vanilleschote, längs aufgeschlitzt
1 Sternanis
3 EL Klee- oder Akazienhonig
1 TL Salz

Fünf Orangen mitsamt der weißen Innenhaut schälen und in Scheiben schneiden. Von vier Orangen die Schale abreiben und den Saft auspressen. Den Ingwer reiben.

Den Orangensaft mit der -schale, dem Ingwer, den Gewürzen, dem Honig, 250 Milliliter Wasser und dem Salz aufkochen und 5 Minuten köcheln lassen. Vom Herd nehmen. Die Orangenscheiben in die Flüssigkeit legen und über Nacht zugedeckt ziehen lassen. Am nächsten Tag einmal aufkochen lassen.
Ein ausreichend großes Weck- oder Schraubglas sterilisieren: Glas und Verschluss in kochendes Wasser tauchen, abtropfen lassen. Die Orangenscheiben mit dem heißen Sud in das Glas füllen und das Glas fest verschließen. Sobald das Glas geöffnet ist, die Orangen zügig verbrauchen.

Würzsalze

Für die Gemüsewürze
1 Karotte, gründlich abgebürstet
1 Petersilienwurzel, gründlich abgebürstet
2 Knoblauchzehen, geschält, Keim entfernt
2 Schalotten, geschält
½ Bund glatte Petersilie, Blätter abgezupft
500 g Salz, ½ Muskatnuss, frisch gerieben
5 Pimentkörner

Für das Selleriesalz
300 g Knollensellerie, gründlich abgebürstet
4 Stängel Selleriegrün, Blätter abgezupft
500 g Salz

Für das Olivensalz
1 Chilischote, Samen entfernt
1 Knoblauchzehe, geschält, Keim entfernt
50 g schwarze Oliven, entsteint, 500 g Salz
abgeriebene Schale von 1 Biozitrone
½ Bund Thymian, Blätter abgezupft

Die Karotte und Petersilienwurzel raspeln, die Knoblauchzehe zerdrücken, die Schalotten klein würfeln und die Petersilie schneiden. Den Backofen auf 60 °C vorheizen. Alle Zutaten für die Gemüsewürze gut mischen, auf Backpapier luftig ausbreiten und im Ofen etwa 1 Stunde trocknen; abkühlen lassen, im Blitzhacker pulverisieren und in ein verschließbares Glas füllen.

Für das Selleriesalz den Sellerie raspeln und die Sellerieblätter schneiden. Den Backofen auf 60 °C vorheizen. Sellerieknolle und -blätter mit dem Salz mischen, auf Backpapier luftig ausbreiten und im Ofen etwa 1 Stunde trocknen. Die Mischung abkühlen lassen, im Blitzhacker pulverisieren und in ein verschließbares Glas füllen.

Für das Olivensalz die Chilischote fein schneiden, den Knoblauch zerdrücken und die Oliven hacken. Den Backofen auf 60 °C vorheizen. Alle Zutaten für das Salz gut mischen, auf Backpapier luftig ausbreiten und im Ofen etwa 1 Stunde trocknen. Die Mischung abkühlen lassen, im Blitzhacker pulverisieren und in ein verschließbares Glas füllen.

TIPP
Salze sind einige Monate haltbar. Dennoch verlieren sie mit der Zeit etwas an Aroma und man sollte den Vorrat nach 5–6 Monaten aufgebraucht haben.

Punschessenz

ERGIBT ETWA 1,5 LITER

1 Vanilleschote, längs aufgeschlitzt, das Mark ausgekratzt
2 Zimtstangen
5 Gewürznelken
Saft von 10 Bioorangen
500 g Klee- oder Akazienhonig
1 Bioorange
750 ml brauner Rum

Die Vanilleschote und das -mark, die Zimtstangen, die Nelken, den Orangensaft und den Honig zusammen aufkochen und über Nacht abgedeckt mazerieren lassen.

Am nächsten Tag die Schale von einer Orange dünn abschälen und mit dem Rum zu dem Saft geben. Die Punschessenz in ein (oder mehrere) fest verschließbares Glas füllen und mindestens 3 Wochen ruhen lassen, damit die Aromen sich voll entfalten können.

TIPP

Punschessenz kann man bis zu 6 Monate aufheben. Zwei bis drei Esslöffel Essenz mit gekühltem Champagner oder Prosecco aufgegossen sind ein sehr feiner Winteraperitif.

Mangopickles

ERGIBT ETWA 2 LITER

4 feste Mangos, geschält, Kern entfernt
4 Knoblauchzehen, geschält
2 EL Koriandersamen
1 Sternanis
2 Chilischoten, Samen entfernt
1 EL Salz
250 g Klee- oder Akazienhonig
250 ml Weißweinessig

Das Fruchtfleisch der Mangos in große Würfel schneiden. Die Knoblauchzehen halbieren und den Keim entfernen. Alle Zutaten mit einem Liter Wasser mischen und 5 Minuten kochen lassen.

Die Gläser sterilisieren: Gläser und Verschluss in kochendes Wasser tauchen, abtropfen lassen. Die Mangopickles in die sterilisierten Gläser füllen und diese fest verschließen.

TIPP

Mangopickles sind eine tolle Beilage zu Käse oder Laibchen.

Tomatenketchup

ERGIBT ETWA 1 LITER

1 kg reife Tomaten, 2 Zwiebeln, geschält
2 Knoblauchzehen, geschält, Keim entfernt
1 Zimtstange, 5 Pimentkörner
1 kleines Stück Ingwer, geschält
1 Chilischote, Samen entfernt
1 EL Koriandersamen, 2 Akazienhonig
4 EL Rotweinessig, 100 ml Gemüsefond, Salz

Die Tomaten halbieren und die Stielansätze entfernen. Die Zwiebeln in Würfel schneiden. Tomaten und Zwiebeln mit allen anderen Zutaten bis auf das Salz in einem großen Topf zugedeckt 40 Minuten schmoren lassen. Mit dem Stabmixer pürieren und durch ein feines Sieb streichen. Das Püree zurück in den Topf gießen und auf die gewünschte Konsistenz einkochen lassen, mit Salz abschmecken.
Schöne Weck- oder Schraubgläser sterilisieren: Glas und Verschluss in kochendes Wasser tauchen, abtropfen lassen. Das heiße Ketchup einfüllen und das Glas fest verschließen. Sobald das Glas geöffnet ist, das Ketchup zügig verbrauchen.

Joghurtvollkornbrot mit Leinsamen

ERGIBT 1 BROT
600 g Dinkelvollkornmehl
500 g Joghurt (Raumtemperatur)
42 g frische Hefe (1 Würfel)
1 EL Kleehonig
1 EL Gerstenmalz
1 TL Salz
50 g Leinsamen
50 g Hirse, geschrotet
Butter und Mehl für die Kastenform

Alle Zutaten gut miteinander verkneten. Den Teig in eine gebutterte und bemehlte Kastenform (1,5 Liter Inhalt) füllen und bei Raumtemperatur 30 Minuten zugedeckt gehen lassen. Den Backofen auf 200 °C vorheizen und das Brot 50 Minuten backen.

TIPP
Sehr gut passt das Brot zu der Mousse von Wurzelgemüse (siehe Seite 296).

Rosmarinbaguette

ERGIBT 1 BAGUETTE
300 g Dinkelvollkornmehl
50 g Kamutmehl
20 g frische Hefe (½ Würfel)
1 TL Akazienhonig
200 ml lauwarmes Wasser
1 Zwiebel, geschält
4 Zweige Rosmarin, Blättchen abgezupft
3 EL Olivenöl
je ½ TL Salz und Pfeffer
Mehl für die Arbeitsfläche

Beide Mehlsorten in eine Schüssel geben. Die Hefe und den Honig im Wasser auflösen, unter das Mehl kneten und bei Zimmertemperatur 15 Minuten gehen lassen. Inzwischen die Zwiebel würfeln, die Rosmarinblätter fein schneiden und beides im Olivenöl glasig anschwitzen, mit dem Salz und Pfeffer kräftig würzen. Unter den Teig kneten und daraus ein Baguette formen.

Den Ofen auf 250 °C vorheizen. Ein Backblech mit Backpapier auskleiden. Das Baguette auf das Blech legen und die Oberfläche des ungebackenen Laibs mehrmals schräg einritzen. Weitere 10 Minuten gehen lassen und dann das Brot in 10–15 Minuten knusprig hellbraun backen.

TIPP
Das Baguette schmeckt köstlich ganz für sich. Ein besonderer Leckerbissen zum Aperitif oder als Vorspeise wird daraus, wenn man es in Scheiben schneidet, ganz leicht knusprig toastet und dann mit warmen marinierten Bohnenkernen (siehe Seite 142) belegt.

Buttermilch-Nuss-Brot

ERGIBT 1 BROT
500 ml Buttermilch
42 g sonst Dopplung frische Hefe (1 Würfel)
1 EL Zuckerrohrmelasse
450 g Dinkelvollkornmehl
100 g Amaranth
100 g Sonnenblumenkerne
100 g Haselnüsse
1 TL Salz
Butter und Mehl für die Form

Die Buttermilch erwärmen und die Hefe mit der Melasse darin auflösen. Mehl und Amaranth unterkneten. Das ergibt einen sehr weichen Teig. Die Sonnenblumenkerne und Nüsse in einer Pfanne ohne Fett rösten, bis sie duften. Die heißen Samen und Nüsse und das Salz unter den Teig mischen.

Eine Kastenform von 20 x12 Zentimeter mit Butter bepinseln und mit Mehl bestauben. Den weichen Teig einfüllen und 30 Minuten gehen lassen. Den Backofen auf 150 °C vorheizen. Das Brot im Ofen 2 Stunden backen. Bei diesem langsamen Backen mälzt das Brot, wird süß, dunkel und relativ lange haltbar. Das Brot aus der Form stürzen und ausdampfen lassen.

Konfierte Tomaten

4 Tomaten
1 Bioorange
1 Knoblauchzehe, geschält, Keim entfernt
4 Zweige Thymian, Blätter abgezupft
1 EL Olivenöl
½ TL Kleehonig

Die Tomaten häuten, vierteln und die Samen entfernen. Etwa einen Teelöffel Orangenschale mit dem Zestenreißer abziehen. Den Knoblauch zerdrücken. Olivenöl, Honig, Knoblauch, Thymian und Orangenschale verrühren. Die Tomaten auf ein mit Backpapier ausgelegtes Backblech geben und die Mischung darauf verteilen. Bei 80 °C im Ofen etwa 2 Stunden konfieren.

Weiße Tomatenessenz

FÜR 4 PERSONEN

Für die Essenz

1 kg reife Tomaten, Stielansätze entfernt
500 ml Gemüsefond
1 Chilischote, Samen entfernt
1 Knoblauchzehe, geschält und Keim entfernt
etwas dünn abgeschälte Schale von
1 Biozitrone
1 Lorbeerblatt
2 Zweige Basilikum
1 Msp. Klee- oder Akazienhonig, Salz

Außerdem

4 Kirschtomaten am Zweig
1 EL Olivenöl
1 Knoblauchzehe, geschält und Keim entfernt
Salz
4 große Basilikumblätter

Die Tomaten vierteln. Den Fond in einem großen Topf erhitzen. Tomaten, Chili, Knoblauch, Zitronenschale, Lorbeerblatt, Basilikumzweige und Honig darin aufkochen und 45 Minuten unter dem Siedepunkt ziehen lassen. Chili, Zitronenschale und Lorbeerblatt entfernen.

Den Tomatensud mit dem Mixstab einmal durchpürieren. Durch ein feines Sieb passieren. Ein großes Spitzsieb über einem großen Topf befestigen, mit einem Passiertuch auslegen und die Suppe hineingießen. Langsam abtropfen lassen (siehe Seite 114).

Die klare Flüssigkeit schmeckt intensiv nach Tomaten und muss noch mit Salz abgerundet werden.

Die Kirschtomaten mit der Schere so vom Zweig trennen, dass noch etwas Grün dranbleibt. In einer kleinen Pfanne das Olivenöl erhitzen, die Knoblauchzehe halbieren und hineinlegen.

Die Tomaten dazugeben und 2 Minuten braten. Leicht salzen. Im selben Öl die Basilikumblätter auf jeder Seite in 4 Sekunden knusprig braten. Mit Küchenpapier abtupfen.

Zum Servieren die Essenz in Tassen schöpfen. Die Tomaten, mit einem Basilikumblatt gekrönt, auf einen Löffel setzen und dazu reichen.

TIPP

Die Essenz ist aufwendig herzustellen. Deshalb lohnt es sich, eine größere Menge auf Vorrat zuzubereiten und den Rest portionsweise einzufrieren. So hat man sie schnell zur Hand und benötigt kaum Zeit für dieses Gericht.

Das im Sieb verbleibende Tomatenpüree kann für Ratatouille (siehe Seite 216) oder Tomatenbruschetta (siehe Seite 188) verwendet werden.

Gemüsefond

ERGIBT ETWA 5 LITER

1 Zwiebel, ungeschält, halbiert
½ Weißkohl, vom Strunk befreit
3 Karotten, gründlich abgebürstet
1/2 Knolle Sellerie, möglichst mit Grün und Wurzeln, gründlich abgebürstet
1 Zucchini
1 rote Paprikaschote, Samen und Scheidewände entfernt
1 gelbe Paprikaschote, Samen und Scheidewände entfernt
1 EL Lauchstreifen
1 Lorbeerblatt
1 TL Koriandersamen
1 TL Wacholderbeeren
1 TL schwarze Pfefferkörner

Einen ausreichend großen Topf erhitzen. Die halbierte Zwiebel mit der Schnittfläche nach unten auf den heißen Topfboden legen und leicht bräunen lassen. Fünf Liter kaltes Wasser daraufgießen. Sämtliches Gemüse in grobe Stücke schneiden und dazugeben. Die Gewürze hinzufügen.

Das Wasser bis kurz unter den Siedepunkt erhitzen und das Gemüse bei niedriger Temperatur mindestens 2 Stunden ziehen lassen. Wichtig dabei ist, dass das Wasser auf keinen Fall richtig kocht. Es darf nur ganz leicht sieden.

Die goldgelbe Flüssigkeit durch ein Sieb abgießen. Sie kann entweder sofort weiterverwendet oder in sterile Flaschen abgefüllt und im Kühlschrank einige Tage gelagert werden. Ebenfalls möglich ist es, den Fond in kleineren Portionen einzufrieren.

Warenkunde

FRÜCHTE

ANANAS
Die tropische Frucht mit dem gelben Fruchtfleisch und mild säuerlichen Geschmack ist sehr mineralstoff- und vitaminreich. Sie enthält Fruchtzucker, Ballaststoffe, Kalium, Kalzium, Phosphor, Eisen, Jod und Zink sowie Vitamin C und wichtige B-Vitamine. Das Enzym Bromelin bringt unsere Eiweißverdauung auf Touren.

Die Schale der Ananas entfernt man am besten mit einem scharfen Sägemesser, bei Babyananas ist der Strunk so zart, dass man ihn meistens mitverzehren kann. Ananas sind vielfältig einsetzbar, nicht nur in Desserts und Säften, sondern auch in herzhaften Gerichten und Relishes.

Einkaufstipp
Ananas sollten keine Druckstellen aufweisen und die Blattkrone sollte frisch aussehen.

Lagerung
Im Kühlschrank bis zu 6 Tage.

Saison
Ananas sind Importware und so beliebt, dass man sie das ganze Jahr über in guter Qualität bekommt. Am besten schmecken die sogenannten Flugananas, da sie reif geerntet werden und uns dann sofort erreichen.

APFEL
Die Sortenvielfalt des heimischen Kernobstes ist enorm. Es gibt sehr frühe Arten wie die hellgrünen, leicht säuerlichen und extrem saftigen Klaräpfel, die nicht lagerfähig sind, bis hin zu sehr lagerfähigen Sorten, die den ganzen Winter überdauern und uns mit ihren Vitaminen (C) und pektinhaltigen Ballaststoffen (gut für die Darmreinigung) versorgen.

Man wählt den Apfel je nach Gusto und Verwendungszweck: festkochende Sorten oder mehligere, liebliche oder säuerliche. Am besten verzehrt man, soweit möglich, die Schale mit, denn unter ihr stecken wertvolle Inhaltsstoffe.

Äpfel bieten in der Küche vielfältige Möglichkeiten: Sie können im Ganzen gebacken, pochiert, geschmort, roh gerieben oder entsaftet werden. Sie geben herzhaften Gerichten einen Hauch von Säure (Relishes, Saucen), eignen sich für Füllungen (Apfelstrudel) und als Belag (Kuchen). Getrocknete Apfelringe sind ein beliebter Snack für unterwegs.

Einkaufstipp
Ungewachste Äpfel und solche aus Bioanbau bevorzugen. Äpfel sollen glatt und prall, ohne Druckstellen und Verletzungen sein.

Lagerung
Lageräpfel mehrere Monate im kühlen Keller. Kurzfristige Aufbewahrung im Kühlschrank. Äpfel verströmen ein natürliches Gas (Ethylen), das anderes Obst und Gemüse schneller reifen oder auch verderben lässt. Deshalb Äpfel möglichst separat lagern.

Hauptsaison für heimische Ware
Von September bis November.

APRIKOSE
Die wunderbare orangefarbene Frucht mit der samtigen Haut ist besonders reich an Carotin, Vitaminen der B-Gruppe, Kalium und Eisen und enthält auch Vitamin C. Dieser Cocktail wirkt dem Alterungsprozess entgegen – was ist köstlicher, als dafür reife Aprikosen zu essen?

Aprikosen schmecken roh, entweder pur oder in Fruchtsalat, ergeben aber auch köstliche Pürees und Konfitüren, dienen als Füllung in Aprikosenknödeln oder Strudel und schmecken auch als Eis oder Sauce. Getrocknete Aprikosen eignen sich für Saucen, Reisgerichte oder Füllungen.

Einkaufstipp
Frische Aprikosen sollten weich sein, jedoch keine Druckstellen aufweisen. Es gibt hellgelbe und rotbackige Sorten, mehlige und saftige. Am besten vor Ort probieren und dann wählen.

Lagerung
Im Kühlschrank. Man kann auch zur Haupterntezeit die besten Aprikosen kaufen, halbieren, entsteinen und einfrieren. So hat man für Kuchen oder Desserts noch lange Freude an ihnen.

Saison
Von Juli bis August.

BEEREN
Sie zählen zu den sommerlichen Freuden, die viel Farbe und Geschmack in den Speiseplan bringen und zur Stärkung des Immunsystems und als Katalysatoren für unseren Stoffwechsel wertvolle Dienste leisten. Beeren sind in der Regel reich an Flavonoiden, Vitamin C, Betacarotin, wichtigen B-Vitaminen und Enzymen, Kalium, Kalzium, Eisen und Kupfer. Am besten genießt man Beeren frisch und roh, um ihre wertvollen Inhaltsstoffe voll auszuschöpfen. Jedoch eignen sie sich auch als Belag für Kuchen und Torten, Eis, Getränke, Kompott, Konfitüren und Saucen.

Erdbeeren, der Deutschen liebste Beeren, harmonieren gut mit Pfefferminze, Waldmeister und Pfeffer. Es gibt sie in unzähligen Sorten und verschiedenen Größen und nicht immer sind die größten auch die aromatischsten. Himbeeren, Rote Johannisbeeren und Vanille sind eine perfekte aromatische Ergänzung und der säuerlich-bittere Geschmack der ausgesprochen Vitamin-C-reichen Schwarzen Johannisbeeren wird mit Lavendel noch ein bisschen interessanter. Schwarze Johannisbeeren entwickeln vor allem beim Verarbeiten ein herrliches Aroma, das in Saft und Gelee hervorragend zur Geltung kommt.

Einkaufstipp
Frische Beeren sollten trocken und reif sein, die Stiele, falls vorhanden, nicht welk aussehen.

Lagerung
Frische Beeren 2–3 Tage im Kühlschrank. Durch Einfrieren kann man die Saison verlängern.

Saison
Für Erdbeeren Mai bis Juli, Brombeeren September und Oktober, Johannisbeeren Juli und August, Blaubeeren Juli bis September, Himbeeren Juli bis Oktober.

BIRNE

Wie die Äpfel zählen Birnen zum heimischen Kernobst, und auch hier gibt es vielfältige Sorten. Sie sind süßer als Äpfel, enthalten mehr Fruchtzucker und weniger Säure. Reichlich Kohlenhydrate und Vitamin C, B-Vitamine, Betacarotin, Kalium, Kalzium, Magnesium, Eisen, Zink, Phosphor, Jod und Kupfer machen die Birne zu einem wertvollen, milden, säureausgleichenden Nahrungsmittel. Auch Birnen sollten möglichst mit der Schale verzehrt werden, da sich darunter viele wertvolle Inhaltsstoffe befinden. Birnen schmecken roh, pochiert, gebacken, gefüllt, eingemacht, als Eis, Sauce oder Kuchenbelag.

Einkaufstipp
Frische Birnen sollten keine Druckstellen oder Verfärbungen aufweisen, prall und knackig sein.

Lagerung
Birnen lassen sich wesentlich kürzer aufbewahren als Äpfel, jedoch brauchen sie ähnliche Bedingungen: im kühlen Keller 2–3 Wochen, im Kühlschrank kurzfristig lagerfähig.

Hauptsaison für heimische Ware
Von September bis Oktober.

MANGO

Mangos gibt es in den tropischen Ländern, in denen sie wachsen, in ähnlicher Sortenvielfalt wie bei uns Äpfel. Die saftige, aromatische Frucht enthält reichlich Ballaststoffe, Kohlenhydrate, Kalium, Phosphor, Selen, Carotin, Vitamin B, C und E. Ihre Inhaltsstoffe regen die Verdauung an und wirken dem Alterungsprozess entgegen.

Mangos müssen geschält werden, der ovale Stein wird herausgeschnitten. Je nach Sorte ist das Fruchtfleisch zart und weich oder leicht fasrig. Mangos sind roh eine Delikatesse – pur oder in Desserts und Eis –, aber auch gekocht in Relishes oder Saucen schmecken sie hervorragend.

Einkaufstipp
Die Farbe der Schale kann höchst unterschiedlich sein und gibt keine verlässliche Auskunft über den Reifegrad einer Mango. Eine Mango, die auf Fingerdruck leicht nachgibt, ist reif.

Lagerung
Reife Früchte halten sich im Kühlschrank bis zu 5 Tage.

Saison
Mangos sind Importware und das ganze Jahr über in guter Qualität zu bekommen.

PFIRSICH

Die gelb- und weißfleischigen Pfirsiche sind jedes Jahr eine kurze Saison lang begehrte Früchte mit wunderbar frischem und intensiv fruchtigem Aroma. Gelegentlich findet man mittlerweile auch wieder **Weinbergpfirsiche.** Diese sehr alte Pfirsichsorte, die in der Tat in der Nähe von Wein am besten gedeiht, hat tiefrotes Fruchtfleisch und gilt unter Kennern als besonders aromatisch.

Den harten Stein der Pfirsiche muss man bei der Zubereitung entfernen, die samtige Haut nicht. Pfirsiche kann man roh (mariniert, püriert), gekocht oder pochiert, eingelegt, für Konfitüre, als Belag für Torten und in Desserts verwenden.

In Verbindung mit den säuerlichen Aromen aus Himbeere und Roter Johannisbeere kommt der Pfirsich besonders gut zur Geltung (Pfirsich Melba).

Pfirsiche enthalten reichlich Flavonoide, viel Betacarotin, Kalium, B-Vitamine, Eisen, Zink und Kupfer. Sie wirken ausleitend, entgiftend und regen den Stoffwechsel an.

Einkaufstipp
Pfirsiche sollten keine Druckstellen oder Verfärbungen aufweisen, ein reifer Pfirsich gibt auf Fingerdruck leicht nach.

Lagerung
Am besten sofort verzehren, frische Pfirsiche im Kühlschrank nur wenige Tage.

Saison
Von Juli bis August.

POMERANZE

Die bittere Orange ist eine kulinarische Rarität und als Frucht roh nicht genießbar. Jedoch wird aus ihrer Schale das für diverse Backwaren so unentbehrliche Orangeat hergestellt. Und sie ist die Hauptzutat in der köstlichen englischen Bitterorangenmarmelade.

Einkaufstipp
Auf eine glatte pralle Schale und einen frischen, intensiven Duft achten. Bioqualität ist definitiv zu bevorzugen. Da sie eine sehr kurze Saison haben, eventuell beim Händler vorbestellen.

Lagerung
10 Tage im Kühlschrank. Empfehlenswert ist es, die Bitterorangen fein geschnitten einzufrieren, so kann man jederzeit auf den wertvollen Vorrat zurückgreifen.

Saison
Januar und Februar.

ZWETSCHE

Sie verführt uns im späten Sommer und Herbst. Je später die Sorte, desto süßer ist die Zwetsche, die sich zum Beispiel hervorragend für den klassischen Zwetschendatschi oder den eingekochten österreichischen Powidl, eine Art karamellisiertes Zwetschenmus, eignet.

Die Steinfrüchte enthalten Ballaststoffe, Betacarotin, Vitamin C und B-Vitamine, Eisen, Kupfer, Zink, Chrom, Selen, Mangan und Flavonoide. Sie regen die Entgiftung, Verdauung und das Immunsystem an und schützen vor freien Radikalen.

Einkaufstipp
Frische reife Zwetschen sind trocken, prall und nicht zu hart.

Lagerung
Einige Tage im Kühlschrank. Oder die besten Zwetschen kaufen, halbieren, entsteinen und einfrieren.

Hauptsaison für heimische Ware
Von August bis November.

GEMÜSE

BLATTGEMÜSE

Zu Blattgemüse zählen verschiedene Gemüsearten, deren Stiele und Blätter zum Verzehr geeignet sind. Es ist sehr kalorienarm und gilt durch seine wertvollen Inhaltsstoffe als überaus gesundes Lebensmittel. Die Erntezeit beginnt im frühen Sommer und geht bis spät in den Herbst.

GRÜNKOHL

Der gesundheitliche Wert dieses kräftig schmeckenden Blattgemüses ist bemerkenswert. Grünkohl ist ein hervorragender Kalziumlieferant und eine hochwertige Quelle für pflanzliches Eiweiß.

Er ist ballaststoffreich, sodass er den Darm anregt, er hilft, den Cholesterinspiegel zu senken, und beugt Osteoporose vor. Durch seinen hohen Gehalt an den Vitaminen C, E und Carotin schützt er vor freien Radikalen. Zudem enthält er Vitamine der B-Gruppe.

Den Strunk und die harten Blattstiele entfernt man vor dem Kochen. Die krausen Blattrosetten können entweder im Dampf gegart oder blanchiert werden.
Sie schmecken hervorragend lediglich mit zerlassener Butter oder Olivenöl und mit etwas Salz, Pfeffer und Muskatnuss gewürzt. Grünkohl ist ein typisches Wintergemüse und passt gut zu Kartoffelgerichten, karamellisierten Zwiebeln und kräftigen Aromen.

Einkaufstipp
Frischer Grünkohl sollte keine gelben Blätter aufweisen, prall und knackig sein und an den Spitzen und Stielenden frisch aussehen.

Lagerung
Man lagert ihn bei 2 bis -2 °C; so hält er sich bis zu 3 Monate nach der Ernte.

Hauptsaison für heimische Ware
Spätherbst nach den ersten Frösten, die die relativ harte Zellstruktur der stabilen Blätter aufbrechen, also ab November bis Februar.

KOHLRABIBLÄTTER

Kohlrabi gedeiht in den mitteleuropäischen Breitengraden hervorragend und ist ein sehr feines und beliebtes Stängelgemüse.

Kohlrabi ist reich an Senfölglykosiden, die für seinen kohlartigen Geschmack verantwortlich sind. Er enthält besonders Kohlenhydrate (Zucker), Kalium, Kalzium, Phosphor, Magnesium, Carotin und Vitamin C. Die meisten dieser wertvollen Inhaltsstoffe befinden sich in den Blättern des Kohlrabis. Noch zart und jung sind sie eine wahre Delikatesse. Sie lassen sich füllen, als Spinat verarbeiten, für eine Kohlrabisuppe pürieren und die zartesten Blätter schmecken auch roh als Salat.

Einkaufstipp
Kohlrabi möglichst mit frischem, knackigem Blatt kaufen.

Lagerung
Kohlrabiblatt höchstens 5 Tage bei 2–5 °C und 90 % Luftfeuchtigkeit im Gemüsefach des Kühlschranks.

Hauptsaison für heimische Ware
Von April bis Oktober.

MANGOLD

Er gilt als Liebhabergemüse und ist verwandt mit der Roten Bete, was man an seinen Blättern, die es nicht nur mit weißen oder gelben, sondern auch mit roten Adern gibt, erkennen kann. Mangold war um 1800 in unseren Breitengraden

bekannter als Spinat, geriet dann allerdings etwas in Vergessenheit. Das schmackhafte Gemüse mit den bissfesten Stängeln ist ausgesprochen vielseitig einsetzbar. Die stabilen, großen Blätter lassen sich wie Spinat zubereiten, man kann sie füllen oder andere Lebensmittel darin einwickeln. Die roten, gelben und weißen Stängel können wie Spargel zubereitet werden. Besonders dickere Stiele muss man eventuell abziehen, um zähe Fasern zu entfernen. Mangold wird an den Schnittstellen schnell unansehnlich braun. Deshalb ist es empfehlenswert, ihn zügig zu verarbeiten.
Mangold ist sehr eiweißreich und enthält unter anderem Phosphor, Kalium, Kalzium, Eisen, Magnesium, Jod, Vitamin B_1, B_2 und C und etwas Oxalsäure.

Einkaufstipp
Blätter und Stiele sollten saftig, knackig und unverletzt sein und an den Schnittstellen am Stielende frisch aussehen.

Lagerung
Bei 0–5 °C und 90 % Luftfeuchtigkeit im Gemüsefach des Kühlschranks 3 Tage.

Hauptsaison für heimische Ware
Von Mai bis Oktober.

ROTE-BETE-KRAUT

Hier sprechen wir sowohl von den ganz jungen, zarten Blättern an den frischen Rote-Bete-Knollen als auch von einer eigenen Blattzüchtung dieser dem Mangold verwandten Pflanzenart. Die dekorativen rötlich geäderten Blätter kann man gut selber ziehen – im Garten oder im Topf. Zur Ernte schneidet man sie ab und sie wachsen den ganzen Sommer über immer wieder nach.

Der Geschmack der Blätter ist zart nussig, erdig und erinnert ein wenig an Rote Bete. Sie sind roh oder gekocht ein Genuss. Man verarbeitet sie in der Küche ähnlich wie Spinat. Zarte Blätter schmecken auch als Salat. Sie enthalten viel Carotin, Vitamin C, Rutin, das vor freien Radikalen schützt, für die Zellteilung wichtige Folsäure, Biacin, Eisen, Kupfer und Mangan sowie den Farbstoff Betanin.

■ Einkaufstipp
Rote-Bete-Kraut ist selten im Laden erhältlich, aber man kann die dekorativen rötlich geäderten Blätter gut selber ziehen.

■ Lagerung
Bei 0–5 °C und 90 % Luftfeuchtigkeit im Frischhaltebeutel im Gemüsefach des Kühlschranks.

■ Hauptsaison für heimische Ware
Frühjahr bis Herbst.

SENFKOHL

Blattsenf oder Senfspinat, ein außerordentlich gut schmeckendes, aromatisches Blattgemüse, hat seinen Ursprung in China, Japan, Taiwan und Korea. Eine Ähnlichkeit mit Chinakohl und Pak Choi ist zu erkennen, jedoch sind die Blätter wesentlich aromatischer und bilden keine eigentlichen Köpfe. Der Geschmack geht in Richtung senf- oder kresseartig scharf und an Kohl erinnernd, je zarter die Blätter, desto milder sind sie. Deshalb sind junge Blätter vor allem köstlich roh unter Salate gemischt oder auf Kanapees, während größere Blätter wie Spinat verarbeitet werden können. Senfkohl passt gut in asiatische Rezepte, ist Vitamin C- und eiweißreich, enthält Linolsäure und Lecithin und regt den Stoffwechsel und die Verdauung an.

■ Einkaufstipp
Knackig grüne Blätter wählen, die an den Spitzen und Stielenden frisch aussehen und keine Druckstellen aufweisen.

■ Lagerung
Leider hält sich Senfkohl nach der Ernte nicht lange. Frische Blätter am besten bei 0–5 °C und 90 % Luftfeuchtigkeit im Gemüsefach des Kühlschranks aufbewahren.

■ Hauptsaison für heimische Ware
Von März bis Oktober.

SPINAT

Spinat gibt es als Wildform und in vielen verschiedenen Züchtungen, inklusive alter, fast vergessener Sorten wie dem schmucken, mit roten fruchtähnlichen Verdickungen besetzten Erdbeerspinat. Jedoch firmiert Spinat auf den Märkten und in den Läden je nach Jahreszeit meist nur als zarter Frühlings- oder Sommerspinat, den es als lose Blätter, im Mini- bis Großformat zu kaufen gibt, oder als Winterspinat mit seinen kräftigen, nussartig schmeckenden Rosetten.

Seine Verwendung in der Küche ist vielfältig. Durch die äußerst kurze Garzeit ist er sehr schnell zubereitet. Möchte man den puren Geschmack der Spinatblätter, genießt man sie am besten nur sehr kurz im Dampf gegart und dann in Olivenöl und Zitronensaft geschwenkt. Oder man verzehrt ihn klassisch als Rahmspinat mit Knoblauch und Muskatnuss, püriert als Cremespinat, mediterran als Füllung mit Schafskäse, orientalisch mit Rosinen und Pinienkernen oder mit einer Royale als Belag von Quiches. Die kleinen zarten Spinatblätter schmecken als Salat roh ausgesprochen köstlich. Gut dazu passen Nüsse und Nussöle. Große Spinatblätter kann man auch blanchieren und füllen.

Spinat ist ein sehr wertvolles Blattgemüse, das unsere Zellen vor freien Radikalen schützt. Er ist sehr mineralstoffreich, hat hochwertiges Eiweiß, Kohlenhydrate, Carotin, die Vitamine B_1, B_2 und C und enthält die für die Zellteilung wichtige Folsäure. Spinat fördert die Gallensekretion, Blutbildung und Verdauung und unterstützt den Knochenaufbau.

■ Einkaufstipp
Winterspinat soll fest und knackig sein, die Wurzelanschnitte frisch und die Blätter saftig. Sommerspinat ist zart, die Blätter locker und trocken. Sie sollten keine gelblichen, welken oder Knickstellen aufweisen. Oft ist Spinat sehr sandig und muss mehrmals gründlich gewaschen werden.

■ Lagerung
Frischer Spinat in Frischhaltetüten, bei 0–2 °C und 90 % Luftfeuchtigkeit im Gemüsefach des Kühlschranks.

■ Hauptsaison für heimische Ware
Für den festeren Winterspinat von Oktober bis Februar, für den zarten Frühjahrs- und Sommerspinat von März bis September.

STIELMUS

Stielmus gehört zur Familie der Speiserüben und somit zum Wurzelgemüse. Verzehrt wird aber nicht die Wurzel, sondern das Grün. Früher eher als Unkraut gering geschätzt, erlebt es inzwischen eine kulinarische Renaissance. Die Blattrosetten bereichern im Winter bis zum frühen Sommer den Speiseplan. Das delikate Gemüse wird wie Spinat oder Chinakohl verarbeitet. Sein senf- und leicht kohlartiger Geschmack, für den das antibakteriell wirkende Senföl verantwortlich ist, tritt deutlich hervor, wenn Sie Stielmus roh wie Salat verarbeiten; werden die Blätter blanchiert oder im Dampf gegart, ist er nur noch zu erahnen. Traditionell findet man Stielmus in deftigen Eintöpfen, was seinen Charakter jedoch viel zu wenig betont.

Ernährungsphysiologisch gesehen ist Stielmus sehr wertvoll: Es ist reich an Kohlenhydraten (Zucker), Eiweiß, Kalzium, Kalium, Phosphor, Eisen, Natrium, Carotin, Vitamin B_1, B_2, B_6, Vitamin C und dem antibakteriell wirkenden Senföl.

Einkaufstipp
Die Blätter sollten an den Spitzen und Stielenden frisch aussehen, keine welken oder gelben Stellen aufweisen.

Lagerung
Nur kurz lagerfähig bei 0–5 °C und 90 % Luftfeuchtigkeit im Gemüsefach des Kühlschranks.

Hauptsaison für heimische Ware
Von Februar bis Juni.

FRUCHTGEMÜSE

Hierzu rechnet man Gemüsesorten, die essbare Früchte hervorbringen. Sie stammen meist von einjährigen Pflanzen und werden in Landwirtschaft oder Gartenbau angebaut. Am empfehlenswertesten sind Sorten aus biologischem Anbau, da diese nicht mit Pestiziden belastet sind.

AUBERGINE

Es gibt sie in den unterschiedlichsten Formen, von rund über tropfenförmig oval bis zu länglich dünn. Ebenso ist die Farbe der aus Indien und China stammenden Gemüsefrucht mit dem französischen Namen nicht ausschließlich dunkelviolett bis schwarz, wie sie meistens auf dem Markt angeboten wird, sondern kann auch weiß, gelb, grün oder gestreift sein. Auberginen gehören zur großen Familie der Nachtschattengewächse. Ihr weißes, mildes, schwammartiges Fruchtfleisch, das zahlreiche kleine, essbare Samen enthält, ist

kulinarisch vielseitig wie ein Chamäleon. Beim Backen, Braten, Grillen oder Dünsten entwickeln Auberginen ihr typisches Aroma, das fantasievoll gewürzt und mit anderem Gemüse kombiniert werden kann.

Auberginen sind sehr kalorienarm. Sie enthalten Kalzium, Eisen, Vitamin B und C sowie Leber und Galle unterstützende Bitterstoffe. Deshalb ist es empfehlenswert, die noch ungekochte Aubergine nicht zu salzen, wie manchmal empfohlen, denn dadurch verschwinden die wertvollen Bitterstoffe. Die Schale der Auberginen kann für manche Rezepte, wenn nur das Fruchtfleisch verwendet wird, abgeschält werden. Generell jedoch ist die Schale durchaus ein Genuss. Außerdem stecken in ihr die Ballaststoffe. Häufig werden Auberginen in Olivenöl gebraten, wovon sie jedoch eine erhebliche Menge wie ein Schwamm aufsaugen. Deshalb empfehlen sich auch andere Zubereitungsmethoden wie zum Beispiel das Backen der ganzen, in der Schale mehrmals eingestochenen Aubergine. Das so gegarte Fruchtfleisch ist aromatisch und zart. Oder Sie dämpfen die Früchte und beträufeln sie kurz vor dem Servieren mit Olivenöl. So schmecken besonders junge Auberginen ausgesprochen gut.

Einkaufstipp
Die Schale der Aubergine soll glänzen und keine Dellen aufweisen. Der grüne Stielansatz soll frisch und knackig aussehen.

Lagerung
Bei 6 °C und 90 % Luftfeuchtigkeit im Gemüsefach des Kühlschranks.

Hauptsaison für heimische Ware
Von Juli bis September.

AVOCADO

Die grüne Frucht liefert wie keine andere in vergleichbarer Menge gesundes Fett in Form von ungesättigten Fettsäuren (Avocadoöl) und fettlösliche Vitamine. Ihr grünes Fruchtfleisch ist reich an Folsäure, Vitamin E, Vitamin B_6, Pantothensäure, Niacin und Biotin, Kalium und Eisen. Es gibt Sorten mit glatter grüner Schale und auch solche mit beinahe schwarzem stark genopptem, rauem Äußeren. Das Fruchtfleisch einer perfekten Avocado ist hellgrün und butterweich. Wenn es mit Sauerstoff in Berührung kommt, wird es schnell braun. Deshalb sollte man die Avocado nach dem Aufschneiden mit Zitronensaft beträufeln.

Klassische Gerichte sind Guacamole – zerdrücktes Fruchtfleisch mit Tomatenwürfeln, Koriander oder Petersilie und eventuell Chili – oder Avocadosalat, in der halbierten ausgekratzten Avocadoschale serviert. Die öligen Früchte bieten jedoch auch vielfältige Möglichkeiten für die kreative Küche – püriert süß als Dessert oder würzig als Füllung, Brotaufstrich oder Dip, gewürfelt im Fruchtsalat oder in pikanten Salaten. Avocados genießt man am besten roh.

Einkaufstipp
Meist werden im Handel harte unreife Avocados angeboten. Den Reifegrad kann man durch leichten Fingerdruck prüfen. Harte Früchte reifen, in Zeitungspapier gewickelt, bei Raumtemperatur nach.

Lagerung
Frische reife Früchte bei 5–8 °C und 90 % Luftfeuchtigkeit im Gemüsefach des Kühlschranks bis zu 5 Tage.

Saison
Nur Importware, das ganze Jahr über.

HILISCHOTE

iese unterschiedlich scharfen kleinen Gewürzaprikaschoten sind je nach Schärfegrad eine erausforderung für unsere Geschmacksknosen. Es gibt eine schier unübersichtliche Zahl n Sorten und Herkunft. Ihr Schärfegrad reicht blicherweise von 1 (mild) bis 10 ++ (extrem charf). Eine andere Einteilungsformel ist der coville-Grad von 1–1.000.000. Der Anteil an em stimulierenden, scharfen Capsaicin ist bei hilischoten im Vergleich zu den milden großen aprikas um bis zu tausendmal höher. Chili wirkt tark antibakteriell und antioxidativ. Die grünen ind die unreifen Schoten, die roten die voll usgereiften.

Bei der Verarbeitung von Chilischoten in der Küche die Samen und Scheidewände entfernen, sie sind besonders scharf. Nach dem Schneiden der Schoten unbedingt die Hände gründlich waschen, sonst transportieren Sie deren Schärfe umbedacht in Nase, Mund oder Augen.

Frische Chilischoten schmecken in Salaten, Eintöpfen, Saucen, Relishes und Suppen. In manchen Ländern werden sie ganz einfach roh als Beilage gereicht. Legt man sie in Öl oder Essig ein, verleihen sie diesen etwas Pep. Chilischoten lassen sich konservieren, indem man sie trocknet. Cayennepfeffer zum Beispiel wird aus getrockneten, gemahlenen Chilischoten hergestellt. Wenn jedoch die Früchte erst einmal gemahlen sind, verfliegt die Schärfe relativ bald. Deshalb sollte man immer nur kleine Mengen kaufen und das Gewürz nicht lange lagern.

Einkaufstipp

Die Schoten sollten prall und knackig sein, an der Schnittstelle am Stiel frisch aussehen und keine braunen Stellen aufweisen. Getrocknete Schoten müssen eine intensive Farbe aufweisen, sonst sind sie alt.

Lagerung

Frische Chilischoten bei 7–9 °C und 90 % Luftfeuchtigkeit im Gemüsefach des Kühlschranks etwa 7 Tage. Getrocknete Schoten luftig und trocken aufbewahren.

Hauptsaison für heimische Ware

Von Juli bis Oktober. Importware ganzjährig.

PAPRIKASCHOTE

Die Paprikapflanze ist ein Nachtschattengewächs, das Früchte in vielfältigen Formen hervorbringt. So gibt es etwa die kleinen, gedrungenen Tomatenpaprika, die langen Spitzpaprika, die kleinen schärferen Gewürzpaprika und nicht zu vergessen die uns am bekanntesten glockigen, sehr fleischigen Gemüsepaprika. Allen gemeinsam ist ein spezielles Vitamin, das nach den Paprika Vitamin P genannt wurde. Es reguliert die Durchlässigkeit

der kapillaren Blutgefäße. Zudem sind Paprikaschoten reich an den Vitaminen C und E, B_1, B_2, Niacin – rote Paprika enthalten zudem reichlich Carotin – und dem antibakteriellen, stimulierenden und wärmenden Alkaloid Capsaicin, das vor allem in den weißen Scheidewänden und Samen steckt. Selen und Zink sitzen hauptsächlich direkt unter der Schale.

Besonders rote und gelbe Paprikaschoten sind eine exzellente Quelle für Vitamin C. Sie gelten als vollreif, weil sie an der Pflanze ausreifen konnten. Grüne Schoten sind unreif geerntet, die violetten oder schwarzen Paprika sind Spezialzüchtungen, deren Farbe beim Garen verblasst.

Eine besondere Sorte stellen die Pimientos oder Pimentos dar, sehr kleine spanische Paprika, die meist mild, manchmal aber auch scharf schmecken und ganz verwendet werden. Es gibt rote und grüne. Pimentos de Padrón nennt man sowohl ein regionales spanisches Gericht sowie auch eine spezielle Sorte der kleinen Paprikaschoten.

Optimal entfalten Paprika ihre positive Wirkung auf Magen, Darm und Immunsystem, wenn man sie roh verzehrt. Eine klassische Zubereitung von den festen Tomatenpaprika ist das süßsaure Einlegen – eine tolle Beilage zu Käse. Spitz- und Gemüsepaprika eignen sich gut zum Grillen oder Füllen. Die ganz kleinen Pimientos verzehrt man im Ganzen – gebraten, eingelegt oder gefüllt.

Einkaufstipp

Paprikaschoten sollten prall und knackig sein, an der Schnittstelle am Stielende frisch aussehen und keine braunen Stellen aufweisen.

■ **Lagerung**
Bei 7–9 °C und 90 % Luftfeuchtigkeit im Gemüsefach des Kühlschranks etwa 7 Tage.

■ **Hauptsaison für heimische Ware**
Für Freilandpaprika von Juli bis Oktober.

TOMATE

Botanisch gesehen zählen Tomaten wie auch Kartoffeln, Auberginen und Paprikaschoten zu den Nachtschattengewächsen. Sie weisen eine reiche Sortenvielfalt auf: etwa kleine Züchtungen wie Kirsch- oder Cocktailtomaten, rund, oval oder in Tropfenform, ihr Aroma ist oft viel intensiver. Bei den großen Sorten geht die Vielfalt von den länglichen Flaschentomaten über dicke kernarme Fleischtomaten oder kürbisartig gekerbte aromatische Früchte bis hin zu ganz interessanten, seltenen Formen, zum Beispiel die sogenannte »Reisetomate«, bei der jedes der zottig abstehenden Segmente mit Schale umhüllt ist und einfach von Hand, ohne Saft zu verspritzen, abgepflückt werden kann, perfekt für die Reise eben. Diese Sorten findet man jedoch kaum auf dem Markt. Eine besondere Popularität hat eine große Züchtung erreicht: die Ochsenherztomate, eine Verwandte der Fleischtomate. Sie ist mild und süß, sehr fleischig, hat eine zarte Haut und ihre Größe kann die einer Pomelo erreichen. Sie gilt unter Kennern als echte Delikatesse.

Die Farbpalette der Tomaten reicht von Grün (sowohl unreif als auch spezielle Züchtungen) über Gelb, Tiefrot bis hin zu Schokoladenbraun und gestreift (Zebratomate). Eine grüne Tomate sollte man wegen des hohen Solaningehalts nicht roh verzehren. Beim Kochen der Früchte geht jedoch ein Teil davon ins Kochwasser über. So entstanden wohl Einmachrezepte für grüne Tomaten wie Relishes, die kulinarisch hoch geschätzt werden.

Tomaten sind randvoll mit antioxidativen Vitaminen wie A, C und E und enthalten zudem B-Vitamine, Kalium, Magnesium, Eisen, Kalzium, Phosphor und Kupfer. Speziell in der Schale ist der Vitamin-C-Gehalt etwa dreimal höher als im Fruchtfleisch, weshalb man, wann immer möglich, auf das Häuten von Tomaten bei der Zubereitung verzichten sollte. Für die leuchtend rote Farbe der Früchte zeichnet das Carotinoid Lycopin verantwortlich, das als Schutz gegen freie Radikale fungiert.

■ **Einkaufstipp**
Tomaten sollten keine Druckstellen oder Verfärbungen aufweisen, prall und knackig sein und möglichst noch den grünen Stiel am Fruchtansatz haben.

■ **Lagerung**
Bei 0–5 °C und 90 % Luftfeuchtigkeit im Gemüsefach des Kühlschranks 1 Woche.

■ **Hauptsaison für heimische Ware**
Von Juni bis Oktober.

KOHLGEMÜSE

Der Kohl ist eine sehr alte Kulturpflanze. Am bekanntesten sind die sogenannten Kopfkohlarten wie Rotkohl, Weißkohl und Wirsing, die einen runden festen Kopf bilden, und der lang gezogene Spitzkohl. Doch auch andere wie der kleine, feste Köpfchen (Knospen) bildende Rosenkohl, der Rosetten formende Blumenkohl oder Blattkohlarten wie Schwarz- und Grünkohl sind im Angebot. Kohl ist ein äußerst wertvolles jedoch auch unterschätztes Gemüse.

Je nach Sorte weist er eine ganze Reihe an Wirkstoffen auf wie Kalium, Kalzium, Magnesium, Eisen, Kupfer, Folsäure, Phosphor, Schwefel, Mangan, die Vitamine B_1, B_2, C und Carotin. Außerdem enthält er sekundäre Pflanzenstoffe, die vor Krebserkrankungen schützen und gut für das Herz sein sollen.

BLUMENKOHL

Blumenkohl muss nicht immer nur in klassischem Weiß daherkommen, es gibt ihn auch in frischem Grün wie den pagodenartig ausgebildeten Romanesco oder in samtigem Dunkelviolett.

Er ist wie der Brokkoli ein Gemüse, dessen Knospen essbar sind. Frische grüne Umblätter und zarte Strünke können ebenfalls verzehrt werden, wobei man diese, anders als beim Brokkoli, meistens wenig kulinarisch beachtet.

Dieser bekömmliche Tausendsassa schmeckt als Rohkost, in Pickles und Aufläufen, frittiert, gratiniert, gedämpft und als Wokgemüse. Kleine ganze Blumenkohlköpfe lassen sich wunderbar im Dampf garen und servieren. Größere Exemplare zerpflückt man in mundgerechte Rosetten oder Viertelstücke.

■ Einkaufstipp
uf feste Köpfe mit frischen Umblättern, unverrbten Knospen und frischer Schnittstelle am trunk achten.

■ Lagerung
ei 2–6 °C und 90 % Luftfeuchtigkeit im Gemüefach des Kühlschranks bis zu 2 Wochen.

■ Hauptsaison für heimische Ware
on Mai bis Oktober.

ROKKOLI

iese elegante, feine tiefgrüne oder grün-violette ohlart, ein naher Verwandter des Blumenkohls, nthält reichlich Chlorophyll, Selen, Kalzium, isen, Carotin und Vitamin C. Vom Brokkoli isst nan die geschlossenen Blütenknospen, die Stiele nd die zarten Blätter, sie werden oft in ganz erschiedenen Gerichten verwendet. So kann nan die geschälten Stiele wie Spargel anrichten, ie Knospenrosetten in mundgerechten Stücken erarbeiten und die Blätter wie Spinat behandeln. Die zarten gelben Blüten des Brokkolis sehen dekorativ auf Salaten und Vorspeisen aus. Sein nussiger Geschmack und der zarte Biss machen hn zu einem kulinarischen Genuss.

■ Einkaufstipp
Auf feste grüne Köpfe mit geschlossenen Knospen, eine frische Schnittstelle an der Unterseite und einen knackigen Stiel achten.

■ Lagerung
Bei 2–6 °C und 90 % Luftfeuchtigkeit im Gemüsefach des Kühlschranks bis zu 6 Tage.

■ Hauptsaison für heimische Ware
Von Mai bis Oktober.

CHINAKOHL

Er ist blassgrün bis weiß, bildet lange feste Köpfe und hat in China, Japan und Taiwan etwa den Stellenwert wie Weißkohl bei uns. Seine wesentlichen Inhaltsstoffe sind Eiweiß mit vielen wertvollen Aminosäuren, Senföle, Kalium, Kalzium, Phosphor, Natrium, Eisen und viel Vitamin C. Der leicht verdauliche Chinakohl ist mild, knackig und dezent kohlartig. Das vielseitige Gemüse schmeckt als Salat, in Wraps oder Pickles. Die Blätter werden beim Kochen leicht glasig, durchsichtig und sehr saftig.

■ Einkaufstipp
Auf pralle, knackige Blätter und eine frische, weiße Schnittstelle an der Unterseite achten.

■ Lagerung
Bei 2–6 °C und 90 % Luftfeuchtigkeit im Gemüsefach des Kühlschranks bis zu 2 Wochen.

■ Saison
Das ganze Jahr.

KOHLRABI

Das sehr feine und beliebte Stängelgemüse gedeiht in den mitteleuropäischen Breitengraden hervorragend. Es gibt blaue und weiße Kohlrabi, deren Knollen, die verdickten Stängel, man schält und im Dampf oder in Milch gart. Mit ihrem milden kohlartigen Geschmack eignen sie sich auch roh für Salate. Kohlrabi harmonieren gut mit Schnittlauch, Kerbel, Brennnesseln, Kartoffeln, Karotten und Erbsen.

Kohlrabi ist reich an Senfölglykosiden, die für seinen kohlartigen Geschmack verantwortlich sind. Er enthält besonders Kohlenhydrate (Zucker), Kalium, Kalzium, Phosphor, Magnesium, Eisen, Natrium, Carotin und Vitamin C. Die meisten dieser wertvollen Inhaltsstoffe befinden sich allerdings in den Blättern.

■ Einkaufstipp
Kohlrabi möglichst mit frischem, knackigem Blatt kaufen. Die Schnittstelle an der Knolle sollte frisch aussehen. Trotzdem kann es passieren, dass der frisch aussehende Kohlrabi innen holzig oder porös ist. Da hilft nur ein Schnitt durch die Mitte. In der Regel sind junge, kleine Kohlrabi zart.

■ Lagerung
Frische Kohlrabi halten sich bei 2–5 °C und 90 % Luftfeuchtigkeit im Gemüsefach des Kühlschranks bis zu 4 Wochen.

■ Hauptsaison für heimische Ware
Von April bis Oktober.

KOPFKOHL

Der Kopfkohl stammt ursprünglich vom Gemüsekohl ab. Er kann roh als Salat oder gekocht als Gemüse zubereitet werden und ist ein wahrer Klassiker in der deutschen Küche.

Rotkohl (Rotkraut, Blaukraut) verdankt seine intensive Farbe dem sekundären Pflanzenstoff Anthocyan. Die Farbe des fertigen Gerichts

variiert mit der Kochweise und den Zutaten: Gart man den Rotkohl mit basischen Zutaten wie zum Beispiel Äpfeln, dann tendiert das Gemüse ins Bläuliche. Kocht man ihn mit Essig, also Säureüberschuss, wird er eher rötlich. Eine Delikatesse ist Rotkohl als Rohkost: fein gehobelt mit Äpfeln, Meerrettich und Sauerrahm.

Weißkohl gibt es als runden hellgrünen Kopf oder in Form des lang gezogenen Spitzkohls.

Beide schmecken exzellent als Rohkost. Zum Beispiel mit einer warmen Marinade aus Zwiebeln, Kümmel, Olivenöl und Essig. Oder milchsauer eingemacht als Sauerkraut, das roh und gekocht gleichermaßen verzehrt wird. Besonders bekömmlich ist Kohl, wenn er im Dampf gegart und erst danach mit Butter oder Öl verfeinert wird. Große Blätter kann man füllen. Generell ist Kohl in ausgesprochen vielen klassischen Gerichten eine unverzichtbare Zutat.

Wirsing ist der gekräuselte Verwandte von Rot-, Weiß- und Spitzkohl. Er hat ebenso feste, runde Köpfe, außen tiefgrün, innen hellgelb und schmeckt ein wenig nussiger als die anderen Kohlarten, manchmal auch ein wenig milder. Ein wunderbares Gericht ist das beliebte Wirsingpüree.

Einkaufstipp
Feste Kohlköpfe mit frischem, knackigem Umblatt kaufen. Die Schnittstelle am Strunk sollte nicht ausgetrocknet sein.

Lagerung
Bei 0–1 °C und 90 % Luftfeuchtigkeit im Gemüsefach des Kühlschranks. Oder Einlagern in Flusssand. Kohl hält sich bei guter Lagerung bis zu 6 Monate.

Hauptsaison für heimische Ware
Für Spitzkohl von April bis Dezember.
Für Weißkohl und Wirsing nahezu das ganze Jahr, es gibt Frühjahrs-, Herbst- und Wintersorten.
Für Rotkohl ist die beste Saison von Juni bis Februar.

ROSENKOHL

Die aus zahlreichen eng übereinanderliegenden Blättchen bestehenden runden, grünen Röschen werden im späten Herbst und Winter angeboten und sind mit einem relativ hohen Zuckergehalt die lieblichste aller Kohlarten. Sie harmonieren hervorragend mit geschmorten Kastanien, karamellisierten Birnen und Wacholder- oder Meerrettichsauce. Damit sie gleichmäßig garen, schneidet man die Strünke der kleinen Röschen kreuzförmig ein. Man kann sie auch roh als Salat verarbeiten, indem man die Blättchen einzeln ablöst und mit einer warmen Vinaigrette anmacht.

Einkaufstipp
Auf feste grüne Rosetten und Umblätter sowie eine frische Schnittstelle an der Unterseite achten.

Lagerung
Bei 0–4 °C und 90 % Luftfeuchtigkeit im Gemüsefach des Kühlschranks bis zu 4 Wochen.

Hauptsaison für heimische Ware
Von September bis Dezember.

KÜRBISGEWÄCHSE

So vielfältig ihr Äußeres, so unterschiedlich sind sie auch hinsichtlich ihres Geschmacks und ihre Zubereitungsmöglichkeiten. Neben Kürbissen zählen auch Zucchini, Melonen und Gurken zur Pflanzenfamilie.

CHAYOTE

Chayote haben ihren Ursprung in Mittel- und Südamerika. Man erkennt sie an ihrer birnenähnlichen Form und der hellgrünen, außen leicht stachelig und kürbisartig eingekerbten Schale. Ihr relativ helles, fast weißes Fruchtfleisch schmeckt mild, ähnlich dem von Gurke und Zucchini. Zubereiten kann man Chayote wi Gurken und Zucchini. Sie gelten bei uns noch immer als Exoten, die eher selten auf dem Mark zu finden sind.

Das Fruchtfleisch enthält sehr viel Vitamin C und unter anderen auch Carotin, Eiweiß, Kohlenhydrate, Kalium, Kalzium und Eisen.

Einkaufstipp
Die Früchte sollten keine Druckstellen oder Verfärbungen aufweisen.

Lagerung
Chayoten sind relativ lange lagerfähig, bei 8–10 °C und 90 % Luftfeuchtigkeit bis zu 6 Wochen.

Saison
Von November bis April.

GURKE

Die Gurke ist eine kälteempfindliche, anspruchsvolle Pflanze aus der Familie der Kürbisgewächse. Die Frucht selbst ist eigentlich eine große Beere. Sie ist sehr wasserhaltig, reich an Kalium, Magnesium, den Vitaminen B, C und Betacarotin sowie Bitterstoffen, die allerdings vorwiegend in der Schale sitzen. Gurken sind beliebt als kalorienarmes, entschlackendes Gemüse und reich an verdauungsanregenden Pektinen.
Zudem wirken sie feuchtigkeitsspendend auf die Haut und ihre Bitterstoffe stimulieren Leber und Galle.

s gibt die eher länglichen, schlanken Salatgurken, die Gärtnergurken und die kleinen gedrungenen Einlegegurken, die man als Essig-, Senf- oder Gewürzgurken verwendet. Ganz junge Gurken oder Minisorten haben winzige, kleine, feine Samen und eine zarte Haut, beides sollte möglichst mitgegessen werden. Bei großen Exemplaren schabt man die manchmal schon harten Samen mit einem Löffel heraus und entfernt die eventuell ledrige Haut. Diese Früchte kann man gut zu Gemüse oder Senfgurken verarbeiten.

Für rohe Gurken gibt es viele klassische Rezepte aus den verschiedensten Ländern. Kühlende Gurkenraita mit Ingwer, Chili und Minze aus der indischen Küche, bulgarische rohe Gurkensuppe mit Joghurt und Walnüssen, griechisches Zaziki mit viel Knoblauch oder der klassische deutsche fein gehobelte Gurkensalat mit frischem Dill sind nur einige davon. Gurken kann man auch als Suppe pürieren oder füllen und überbacken.

Einkaufstipp
Frische Gurken sollten prall und knackig sein, an den Stielenden frisch aussehen.

Lagerung
Bei 2–6 °C und 90 % Luftfeuchtigkeit im Gemüsefach des Kühlschranks bis zu 8 Tage.

Hauptsaison für heimische Ware
Von Juni bis Oktober.

KÜRBIS

Am bekanntesten ist der sogenannte **Riesenkürbis**, der zu einem veritablen Schwergewicht heranwachsen kann und bis zu 90 Kilogramm auf die Waage bringt. Das helle Fruchtfleisch ist wässrig, zart und sehr mild. Diese Kürbissorte verwendet man meistens zum Einlegen mit aromatischen Zutaten wie Zimt, Nelken, Knoblauch, Chili und Essig. Jedoch eignet er sich auch für Relishes, Suppen, Aufläufe, Füllungen und Salate.

Die beliebtesten Sorten unter den Kürbissen sind der tieforangefarbene **Hokkaidokürbis** (im Bild), dessen Schale beim Kochen so weich wird, dass man sie mitessen kann, und dessen mehliges

Fruchtfleisch sehr stärkehaltig ist, und zwei Moschuskürbisarten – der längliche **Butternuss** und der stark gekerbte **Muskatkürbis**. Das Fleisch dieser beiden ist besonders aromatisch und köstlich in Kürbisrisotto, als Füllung für Ravioli, in Wokgemüsegerichten und Eintöpfen, in Form von gebackenem Ofenkürbis und vielem mehr.

Der hellgelbe **Spaghettikürbis** ist eine besondere, interessante Kürbisart. Beim Kochen des ganzen Kürbisses bildet das Fruchtfleisch relativ stabile Fäden, die, herausgeschabt und mit Sauce serviert, Spaghetti nicht unähnlich sehen.

Der **Patisson** (Squash) stellt eine besondere Form von flachen runden Kürbissen dar, deren Farbe von elfenbein über gelb bis hin zu hellgrün reicht und die in ganz jungem Stadium mit der Schale verzehrt werden können. Größere Patissons sind ideal zum Füllen.

Rondini erinnern an kleine, runde Zucchini, haben aber eine ganz glatte, harte Schale und sind dunkelgrün. Ein wesentlicher Unterschied zwischen Rondini und Zucchini besteht darin, dass Zucchini roh mit Schale gegessen werden können, Rondini aber erst gegart werden müssen.

Kürbis ist ein perfekter Lieferant von Betacarotin (je intensiver orangefarben, desto mehr davon). Er enthält besonders die Vitamine E, B_6, Niacin, Folsäure und Pantothensäure sowie Kalium, Phosphor, Eisen und Zink. Kürbis wirkt entwässernd und verdauungsanregend. Seine nussartig schmeckenden Kerne enthalten mehrfach ungesättigte Fettsäuren. Das tiefgrüne, aromatische Kürbiskernöl wird aus den gerösteten Kernen eines speziellen Gartenkürbisses gewonnen.

Einkaufstipp
Die Kürbisschale sollte keine gravierenden Verletzungen aufweisen. Knotige Verdickungen oder eine rauhe Schale sind unerheblich und sagen nichts über die Qualität des Fruchtfleisches aus.

Lagerung
En ganzer Kürbis ist eine sogenannte Vollkonserve, die lange lagerfähig ist: Bei 0–6 °C und relativer Luftfeuchtigkeit bzw. eingemietet in Flusssand bis zu 12 Wochen. Angeschnittener Kürbis hält sich in Frischhaltefolie bei 0–6 °C im Kühlschrank etwa 7 Tage.

Hauptsaison für heimische Ware
Von August bis Dezember.

ZUCCHINI

Zucchini sind eigentlich Zwergkürbisse. Es gibt sie mit gelber oder grüner Schale, länglich (klassische Zucchini) oder kugelig rund, eine neuere Zuchtform. Sie sind ausgesprochen leicht verdaulich und schmecken mild und leicht nussartig. Als Gemüse sind sie vielfältig einsetzbar, roh als Salat, gebraten, gegrillt, geschmort, mit herzhaften Aromen wie Knoblauch, Rosmarin oder Thymian, mariniert als Antipasti, püriert in Suppen oder herzhaft gefüllt. Sie sind die klassische Zutat im Gemüseeintopf Ratatouille.

Ganz junge Zucchini werden mit der Blüte verkauft, die man füllen oder in Teig tauchen und ausbacken kann – ein wahres saisonales kulinarisches Highlight. Die wichtigsten Inhaltsstoffe der Zucchini sind Kohlenhydrate, Kalzium, Phosphor, Eisen, Carotin und Vitamin C.

Einkaufstipp
Zucchini sollten prall und knackig sein, keine Druckstellen aufweisen und am Abschnitt frisch aussehen.

Lagerung
Bei 0–5 °C und 90 % Luftfeuchtigkeit im Gemüsefach des Kühlschranks bis zu 8 Tage.

Hauptsaison für heimische Ware
Von Juni bis Oktober.

MEERESGEMÜSE

Algen oder Meeresgemüse sind seit Langem in der asiatischen Küche zu Hause. In der westlichen Welt tauchen sie in jüngerer Zeit vermehrt auf, vor allem seit asiatische Rezepte immer beliebter werden. Trotzdem sind sie frisch in guter Qualität eher schwer zu bekommen, getrocknete Algen gibt es jedoch in relativ guter Auswahl. Ihr grasiger, leicht salziger Geschmack nach Meer ist für viele fremdartig. Er harmoniert am besten mit asiatischen Gerichten. Längeres Einweichen verringert den typischen fischartigen Geschmack. Algen enthalten reichlich Chlorophyll, Eiweiß, Kohlenhydrate und Jod, eine großzügige Anzahl an Mineralstoffen wie Kalium, Kalzium, Magnesium, Eisen und Phosphor und wichtige Vitamine, darunter Niacin, Folsäure, Betacarotin, Vitamin C, B_1, B_2, B_6, und B_{12}.

Algen in Form von Agar-Agar sind als vegetarisches Geliermittel eine Alternative zu Gelatine.

Die wohl wichtigste Algenart für die japanische Küche sind **Nori** (links unten). Die dunkelgrünen, intensiv duftenden, quadratischen Blätter, hergestellt durch Trocknen, Rösten und Pressen der Rotalgen, schmecken intensiv aromatisch und werden zum Aufrollen für Sushis und pulverisiert als Würzzutat verwendet.

Gleich nach Nori in der Rangliste der japanischen Küchenzutaten kommt **Wakame** (oben Mitte und rechts), eine Braunalgenart. Sie ist sehr fest und muss relativ lange kochen, bevor man sie verwendet. Der Geschmack dieser Speisealge ist sehr würzig und intensiv.

Kombu (links Mitte), die stabile, breitblättrige braune Alge mit dem lieblichen Geschmack wird auch Seekohl genannt. Sie hat den höchsten Mineralstoff- und Vitamingehalt unter den Algen und ist die klassische Zutat im japanischen Würzsud Dashi. Kombu gibt es auch getrocknet und pulverisiert als Würzzutat.

Die spaghettiförmige, fast schwarze Algenart **Hijiki** (oben links) ist fleischig im Biss und enthält besonders viel Eisen und Ballaststoffe. Sie wird gekocht verwendet und gibt asiatisch gewürzten Pastagerichten einen interessanten Farbakzent. **Dulse**, rüschenartige Grünalgen, auch Meeressalat oder Meerlattich genannt, schmecken salatartig frisch und leicht salzig. Sie können roh als Salat oder ganz kurz geschmort verwendet werden.

Einkaufstipp

Frische Algen muss man in Spezialgeschäften oder beim Fischhändler bestellen. Eine große Auswahl an getrockneten Algen gibt es jedoch meist in gut sortierten Asia- und Bioläden.

Lagerung

Frische Algen haben den Nachteil, dass sie nur wenige Tage im Kühlschrank halten. Getrocknete Algen sind, trocken aufbewahrt, etwa 1 Jahr haltbar.

STÄNGELGEMÜSE

ei diesen Pflanzenarten, die auch als Stielge-üse oder Blattstielgemüse bezeichnet werden, erden vor allem der Stiel oder die Sprossen egessen. Ihr berühmtester Vertreter ist der pargel, der als wahre Delikatesse gilt.

ARTISCHOCKE

enau genommen ist sie ein Blütengemüse, das n bis zu zwei Meter hohen Stängeln wächst. ieses beliebte Edelgemüse, dessen Name aus

dem Arabischen stammt, *Al Charschuf*, ist nämlich der Blütenstand einer essbaren Distel, die bereits seit Jahrhunderten angebaut wird. Man genießt entweder die ganze gekochte Artischocke, indem man die Blätter von außen nach innen abzupft und das Fleisch am unteren Ende mit den Zähnen abstreift, bis man zum Herz der Artischocke, dem Artischockenboden, vordringt, oder der Boden, der sich hinter den oft stacheligen Schuppenblättern und unter dem sogenannten Heu, also der eigentlichen Blüte, befindet, wird schon im rohen Zustand herausgetrennt und separat gekocht oder gebraten.

Die Artischocke ist reich an Kohlenhydraten, darunter Inulin, das besonders für Diabetiker gut geeignet ist, da sein Verzehr sich nicht auf den Blutzuckerspiegel auswirkt. Für ihre leicht bittere Note ist der Stoff Cynarin verantwortlich, der die Gallenbildung der Leber anregt und diese bei ihrer entgiftenden Arbeit unterstützt. Artischockensaft wirkt entwässernd und wohltuend auf das Nervensystem. Die Artischocke gilt seit jeher als Aphrodisiakum.

Einkaufstipp
Es gibt viele Artischockensorten: kleine, die man ganz essen kann, große, die besonders geeignet sind zum Auslösen der Böden, rund- oder spitzblättrige und grüne bis dunkelviolette. Bei allen gilt: Die Blätter und der Stiel der Artischocke sollten frisch und saftig sein, der Blütenkopf fest.

Lagerung
Bei 0–5 °C und 90 % Luftfeuchtigkeit im Gemüsefach des Kühlschranks.

Saison
Von Mai bis August; sie stammt vorwiegend aus den Mittelmeerländern.

CARDY

Weniger populär ist das Artischockengewächs, bei dem man anders als bei der verwandten Artischocke nicht die Blüte, sondern die langen fleischigen Blattstiele verarbeitet. Kardonen, wie sie auch genannt werden, sind nur vereinzelt auf dem Markt zu finden. Ihr Geschmack ist dem der Artischocke sehr ähnlich, in der Verarbeitung sind sie jedoch wesentlich weniger aufwendig. Die Stiele werden geschält und von etwaigen Fäden befreit, die man wie bei den Bohnen abziehen kann. Cardy enthält dieselben Wirkstoffe wie Artischocken.

Die delikaten Stängel genießt man, schonend gegart und mariniert, als Salat, roh gebraten, geschmort in Ratatouilles und anderen Eintöpfen oder als Belag auf Tartes und Quiches.

Einkaufstipp
Feste, knackige Stiele ohne welke Stellen und mit frischen Blättern wählen.

Lagerung
Bei 5–6 °C und 90 % Luftfeuchtigkeit im Gemüsefach des Kühlschranks bis zu 5 Tage.

Saison
Von September bis Dezember.

GEMÜSEFENCHEL

Fenchel stammt ursprünglich aus Vorderasien und dem Mittelmeergebiet. Dort findet man ihn auch wild wachsend. Verwendet werden beim Fenchel die Wurzeln, die zur Knolle verdickten Stielenden, die Blätter und die Samen. In der

Küche kommt hauptsächlich der kultivierte Knollen- oder Gemüsefenchel, dessen fleischige, gerippte Blätter intensiv nach Anis schmecken, und die aromatischen Samen, die häufig Brot oder indische Currys würzen, zum Einsatz. Seinen süßlichen Anisgeschmack verdankt er dem Oleum Foeniculi genannten ätherischen Fenchelöl.

Fenchel ist mit seinem Gehalt an Carotin, den Vitaminen B_1, B_2 und C, den Mineralstoffen Kalzium, Kalium und Eisen ein wertvolles Lebensmittel. Seit dem Altertum ist das weißgrüne Stielgemüse eine geschätzte Heil- und Gewürzpflanze. Fenchel wirkt verdauungsfördernd, entgiftend, blutfettsenkend und stärkt das Immunsystem. Stillenden Müttern hilft Fenchel bei der Milchbildung. In der Heilkunde verwendet man die Fenchelsamen und getrockneten Wurzeln als Tee; er wirkt beruhigend und entkrampfend und hilft bei Husten.

Fenchel kann roh wunderbar zu Salaten oder als Carpaccio verarbeitet werden, aber er schmeckt auch köstlich gegrillt, karamellisiert, im Dampf oder in Weißwein gegart sowie in Olivenöl gebraten. Er harmoniert gut mit fruchtigen Komponenten wie Orangen und verträgt Schärfe genauso wie viel Knoblauch oder die fruchtige Säure von Tomaten. Er passt auch hervorragend zu ähnlichen Aromen wie denen des Sternanis oder Pernods.

■ **Einkaufstipp**
Darauf achten, dass die Knolle weiß ist und die fransigen Blätter an den Stielenden frisch und grün sind.

■ **Lagerung**
Bei 0–5 °C und 90 % Luftfeuchtigkeit im Gemüsefach des Kühlschranks.

■ **Hauptsaison für heimische Ware**
Von Juni bis September.

RHABARBER

Rhabarber ist eine uralte Medizinpflanze, deren Rhizome vor etwa 3000 Jahren bereits in China zu Heilzwecken genutzt wurden. Erst viel später entdeckte man die fleischigen grünen bis rötlichen Blattstiele als Gemüse. Ihr säuerlich

frischer Geschmack kommt vom reichen Gehalt an Zitronen-, Apfel- und Oxalsäure. Des Weiteren enthalten Rhabarberstangen viel Vitamin C. Der Oxalsäuregehalt in den Stielen ist relativ gering, in den Blättern jedoch sehr hoch, weshalb man die Blätter immer abtrennt und nicht verwendet. Aber auch die Stangen sollten wegen ihrer Oxalsäure maßvoll genossen werden. Rhabarber wirkt antibakteriell und verdauungsanregend, blutreinigend und entschlackend.

Die feste Haut von den Stangen zieht man vor der Zubereitung ab, dabei werden auch eventuelle Fasern entfernt. Auch wenn Rhabarber ein Gemüse ist, wird er bei uns häufig wie Obst zubereitet und für Kompotte, Konfitüren, Kuchen und Desserts verwendet. Man kann Rhabarber zudem roh mit Honig und Zitronensaft marinieren, er ist ein erfrischender Begleiter zu Erdbeeren und zeigt seine Wandlungsfähigkeit in so manchen herzhaften Gerichten. Beim Garen ist Aufmerksamkeit gefordert, denn er zerkocht sehr schnell.

■ **Einkaufstipp**
Rhabarberstangen sollten fest und knackig sein und brechen, wenn man sie biegen möchte.

■ **Lagerung**
Bei 0–5 °C und 90 % Luftfeuchtigkeit im Gemüsefach des Kühlschranks bis zu 1 Woche.

■ **Hauptsaison für heimische Ware**
Von Mai bis Juli.

SPARGEL

Um kaum ein anderes Gewächs wird so ein Kult gemacht wie um den Spargel, eine uralte Kulturpflanze mit legendärem Ruf als Feinschmeckergemüse. Er ist eine echte saisonale Delikatesse mit einer Menge Vitalstoffen und kaum Kalorien. Er ist ballaststoffreich, enthält reichlich Mineralstoffe und Vitamine und Asparagin, eine Aminosäure, die die Nieren anregt und hauptsächlich im weißen Spargel vorkommt. Eine einzige rohe Spargelstange am Tag reicht aus, um die Entgiftung anzukurbeln – perfekt für eine schmackhafte Frühjahrs-Entschlackungskur. Allerdings enthält Spargel auch Purine, die im Körper zu Harnsäure abgebaut werden. Deshalb sollte er bei Menschen, die zu Gicht und Harnsteinen neigen, nicht zu häufig auf dem Speiseplan stehen.

Weißer oder Bleichspargel ist erst seit Ende des 19. Jahrhunderts bekannt, er wächst in angehäufelten Erdwällen unterirdisch, abgeschirmt vom Sonnenlicht. Vorher kannte man nur den oberirdisch wachsenden grünen Spargel, dessen chlorophyllhaltige, durch und durch grüne Stangen kräftiger und würziger schmecken. Optisch interessant ist violetter Spargel (die violette Farbe am oberen Drittel entsteht durch Sonneneinstrahlung, wenn die Spitzen die schützenden Erdhügel durchbrochen haben).

Weiße Spargelstangen werden bis auf die Spitzen ganz geschält, die Schale des grünen Spargels entfernt man erst nach dem oberen Drittel und Mini-Grünspargel oder Thai-Spargel muss gar nicht geschält werden. Nach dem Schälen werden die holzigen Spargelenden abgebrochen. Aus den Schalen gewinnt man einen aromatischen Fond, der Grundlage für Suppen, Saucen und Essenzen ist.

Die zarten Stangen gart man am schonendsten im Dampf, um die wertvollen Inhaltsstoffe weitgehend zu erhalten. Sehr aromatisch wird Spargel, wenn er roh gebraten wird, er verträgt sich sogar

mit Vanille oder Ingwer, die ihm eine interessante Note verleihen. Für Pürees muss Spargel durchpassiert werden, um die Fasern zu entfernen.

Einkaufstipp
Frische Spargelstangen sind ohne Verfärbungen, knackig, saftig und brechen, wenn man sie biegen möchte. Die Abschnitte sind nicht holzig oder trocken, die Spitzen frisch, fest und ohne weiche Stellen.

Lagerung
Bei 0–5 °C, eingeschlagen in feuchte Tücher, im Gemüsefach des Kühlschranks 3–5 Tage.

Hauptsaison für heimische Ware
Ende April bis Juni.

STANGENSELLERIE

Vielfach wird den Selleriestangen in hellen Fonds wegen ihres milden, frischeren Aromas gegenüber der Sellerieknolle der Vorzug gegeben. Ihre Inhaltsstoffe ähneln stark denen der Sellerieknolle (siehe Seite 371). Hinzu kommt mehr oder weniger Chlorophyll, je nachdem, wie stark die grüne Farbe der Stangen ausgeprägt ist.

Stangensellerie wird roh verzehrt als Salat, Crudités oder Frischsaft. Seine zarten Blätter geben einen wunderbaren würzigen Salat oder können beliebigen Blattsalaten, Suppen oder Gemüsegerichten beigemischt werden. Sellerie ist eine Basiszutat im Suppengemüse, schmeckt hervorragend gedämpft und mariniert, gebacken, geschmort oder gebraten. Stangensellerie kann kräftige Begleitung vertragen: Besonders gut harmoniert er mit Käse und Nüssen, überraschend verändert er sich mit der Schärfe von Wasabi und dem Aroma des gerösteten Sesamöls.

Einkaufstipp
Auf frische, knackige Stangen, gesunde Blätter ohne welke Stellen oder Verfärbungen achten. Je grüner der Sellerie, desto höher der Gehalt an Chlorophyll, jedoch auch an Fasern.

Lagerung
Bei 0–5 °C und 90 % Luftfeuchtigkeit im Gemüsefach des Kühlschranks bis zu 14 Tage.

Hauptsaison für heimische Ware
Von Mai bis November.

WURZEL- UND KNOLLENGEMÜSE

Sie wachsen verborgen unter der Erde und sind in der Küche fast unverzichtbar. Ob als Teile des Suppengrüns, gedämpft, gebraten oder teils roh als Salat, die Wurzeln und Knollen zählen mit zu den beliebtesten Zutaten, sind vielfältig einsetzbar und fast überall problemlos erhältlich.

INGWER

Wegen seines frischen, zitrusartigen und doch scharfen Geschmacks ist Ingwer eine immer präsenter werdende Würzzutat in allen Küchen. Kleine Mengen Ingwer verleihen bekannten Gerichten wie Tomatensauce oder Spargelgemüse interessante Akzente, ohne sich vorzudrängen. Großzügiger wird Ingwer in asiatischen Gerichten verwendet, da ist seine Präsenz unverkennbar.

Frischer Ingwer enthält Zingibain, ein eiweißspaltendes, verdauungsförderndes Enzym. Außerdem sind die Rhizome ausgesprochen reich an ätherischen Ölen und Schwefel, die den Stoffwechsel anregen, das Nervensystem beruhigen und die Immunabwehr aktivieren.

Ingwer wird mit der Schale verwendet, wenn er nur Geschmacksgeber ist, zum Beispiel in Ingwertee. Die Schale wird entfernt, wenn man ihn gerieben oder fein geschnitten in einem Gericht verwendet. Süßsauer eingemachter Ingwer ist eine klassische Beilage zu Sushi, durch Zugabe von Essig färbt sich das gelbe Fruchtfleisch lachsrosa.

Einkaufstipp
Frische Wurzeln sollten fest und glatt sein, keine angeschimmelten oder vertrockneten Stellen aufweisen.

Lagerung
Bei 2–5 °C und 90 % Luftfeuchtigkeit im Gemüsefach des Kühlschranks bis zu 3 Wochen.

Saison
Ganzjährig, da Ingwer aus feuchtwarmen tropischen Gegenden importiert wird. In unseren Breitengraden bildet die Pflanze keine für die Küche bedeutenden nennenswerten Rhizome.

KAROTTE

Mit dem wohl beliebtesten aller Wurzelgemüse machen die meisten von uns bereits im Babyalter Bekanntschaft – als Püree. Die Karotte ist der Carotinlieferant schlechthin und sehr sortenreich, denn es gibt sie nicht nur orangefarben, sondern auch blassgelb und tiefrot und neben den bekannten länglichen tauchen auch kugelige, runde Formen auf. Ihr Geschmack ist lieblich süß und trotzdem ein wenig erdig. Die meisten Inhaltsstoffe befinden sich dicht unter der Schale, deshalb ist es empfehlenswert, die gründlich abgebürstete Wurzel, wann immer möglich, ungeschält zu verwenden. Karotten sind nicht nur eine klassische Zutat für Suppengemüse und Fonds, aufgrund ihrer Vielseitigkeit bereichern sie zahlreiche Rezepte vom Salat bis zum Kuchen.

Das Gemüse ist außerordentlich reich an Betacarotin und Kalium, Folsäure, Ballaststoffen und Kohlenhydraten und enthält zudem Vitamin C und E, B_1, B_2, B_6, Niacin und Pantothensäure. Das macht sie zu einem wahren Kraftpaket für die Gesundheit: gut für die Augen, entwässernd, die Verdauung und Abwehrkräfte anregend und antioxidativ auf unsere Zellen wirkend.

Einkaufstipp
Feste, knackige Wurzeln lassen sich gut brechen und sind nicht biegsam, haben eine glatte, pralle Haut. Junge Karotten werden mit dem Grün verkauft, dieses sollte frisch aussehen und keine welken Stellen aufweisen.

Lagerung
Frische Karotten bei 0–5 °C und 90 % Luftfeuchtigkeit im Gemüsefach des Kühlschranks bis zu 2 Wochen. Einmieten in Sand (ohne das Grün) bis zu 3 Monate.

Hauptsaison für heimische Ware
Von Mai bis Oktober.

KARTOFFEL

Kaum vorzustellen, dass Kartoffeln, heute eine der wichtigsten Säulen unserer Nahrung, vor einigen hundert Jahren bestenfalls als Zierpflanze wegen ihrer dekorativen Blätter und Blüten angesehen wurden. Die gehaltvollen, nahrhaften und basenbildenden Knollen an den Wurzeln dieser Pflanze wurden erst allmählich geschätzt, als Friedrich Wilhelm I. von Preußen ihren Anbau verordnete. Heute kennen und lieben wir zahlreiche Sorten, unterscheiden je nach Jahreszeit Früh- oder lagerfähige Kartoffeln und wählen je nach Verwendungszweck mehligkochende (Püreekartoffeln), vorwiegend festkochende oder festkochende Sorten (Salatkartoffeln, Speckkartoffeln). Ihr Geschmack ist ebenfalls variantenreich und geht von sehr mild über lieblich süß bis kastanienartig nussig. In der Küche sind Kartoffeln so vielseitig, dass man unzählige Rezepte, von salzig bis süß, mit ihnen zubereiten kann.

Direkt unter der Schale stecken die meisten Vitamine und Mineralstoffe. Deshalb ist die Pellkartoffel, mit der Schale gedämpft und serviert, so wertvoll. Neue Kartoffeln und die sogenannten kleinen Hörnchenkartoffeln mit ihrer zarten Schale eignen sich besonders gut dafür. Um die Nährstoffe in der Kartoffel zu erhalten, geschälte Kartoffeln nicht wässern, so wenig zerkleinern wie möglich und schonend garen.

Kartoffeln sind ballaststoffreich, enthalten viel Stärke und nahezu kein Fett. Das macht sie zu einem idealen Genuss für jene, die auf ihr Gewicht achten. Kartoffeln liefern viel Vitamin C und zudem noch B-Vitamine, Magnesium, Natrium, Kalzium, Phosphor, und Zink. Sie wirken entwässernd und blutreinigend.
Der Urahn unserer heutigen Kartoffelsorten, die **violette Kartoffel**, stammt aus den Anden. Unter der dunkelvioletten bis schwarzen Farbe verbirgt sich rotviolettes Fruchtfleisch. Diese Kartoffeln behalten weitgehend ihre Farbe, vor allem als Püree oder Salat, wenn sie mit der Schale gegart wurden. Lange waren sie sehr selten zu finden, mittlerweile hat man sie wiederentdeckt und

sieht sie öfter auf den Märkten. Anthocyan, das blaue Farbpigment in diesen Kartoffeln, wirkt stark antioxidativ, bindet aggressive Sauerstoff- und Stickstoffmoleküle und schützt so unser Körpergewebe vor Schädigungen. Das macht diese dekorativen Kartoffeln nicht nur zu einer attraktiven Zutat, sondern auch zu einem wertvollen Nahrungsmittel.

Einkaufstipp
Kartoffeln sollten fest sein, ihre Schale prall und ohne erkennbare Triebe.

Lagerung
Kühl und dunkel bei 4–6 °C und 90 % Luftfeuchtigkeit im Gemüsefach des Kühlschranks. Frühkartoffeln sind nur kurz lagerfähig, bis zu 2 Wochen; spätere Sorten bei luftiger, kühler, dunkler Aufbewahrung oder Einmieten in Sand bis zu 3 Monate.

Hauptsaison für heimische Ware
Von Juni bis Oktober.

MAIRÜBCHEN/HERBSTRÜBE

Die weiße Rübe, eine sehr alte Kulturpflanze, war bei uns im Mittelalter eines der wichtigsten Nahrungsmittel, wurde jedoch allmählich von

der Kartoffel verdrängt. Mittlerweile sind die Rüben jedoch wieder kulinarisch geschätzt und Bestandteil vieler Zubereitungen. Man unterscheidet die jungen, früh geernteten Mairübchen und die größeren Herbstrüben. Beide sind eng miteinander verwandt, haben ein weißes Fruchtfleisch und eine meist weiße bis violette Schale.

Die Mairübchen werden oft mit dem Blattwerk zubereitet, das auch separat wie Spinat gegart werden kann (siehe Stielmus). Sie werden vor der Zubereitung nicht geschält, bei den größeren Herbstrüben empfiehlt sich jedoch das Entfernen der etwas zähen Schale.

Beide Rübensorten sind reich an Kohlenhydraten (Zucker), Kalium, Natrium, Vitamin B_1, B_2, B_6 und Folsäure. Sie sind ein wunderbares Gemüse für kalorienbewusste Genießer. Roh erinnert ihr Geschmack mit einem Hauch von Schärfe an Rettich, in gekochtem Zustand sind sie mild und süß.

Einkaufstipp
Mairübchen mit Blatt: Die Blätter sollten an den Spitzen und Stielenden frisch aussehen, keine welken oder gelben Stellen aufweisen, Mai- und auch Herbstrüben sollten ohne Druckstellen oder Verfärbungen sein.

Lagerung
Mairübchen mit Grün bei 1–5 °C und 90 % Luftfeuchtigkeit im Gemüsefach des Kühlschranks bis zu 1 Woche, ohne Grün bis zu 2 Wochen. Herbstrüben können auch eingemietet werden in Sand und bleiben so bis zu 2 Monate frisch.

Hauptsaison für heimische Ware
Von Mai (Mairübchen) bis Oktober (Herbstrübe).

MEERRETTICH

Frischer Meerrettich ist eine Delikatesse, wenn er auch beißend scharf ist. Er schmeckt wunderbar, vermischt mit Sauerrahm oder Sahne, zu erdigem Wurzelgemüse wie Rote Bete oder ganz schlicht auf einem Bauernbrot mit Butter.

Frischen Meerrettich kann man nicht auf Vorrat raspeln: Er raucht an der Luft nach kürzester Zeit aus und verfärbt sich grau. Deshalb sollte er entweder immer absolut frisch gerieben oder sofort mit einer anderen Zutat vermischt werden wie zum Beispiel geschlagene Sahne oder Sauerrahm.

Meerrettich enthält besonders Kohlenhydrate, Kalium, Kalzium, Phosphor und Eisen sowie die Vitamine C, B_1, B_2 und B_6. Durch seine hohe Konzentration an scharfen Senfölglycosiden ist Meerrettich ein natürliches Antibiotikum. Er wirkt antiseptisch, reinigend, entgiftend und durchblutungsfördernd sowie vorbeugend gegen Gicht und Rheuma.

Einkaufstipp
Auf feste, knackige Wurzeln achten.

Lagerung
Bei 0–5 °C und 90 % Luftfeuchtigkeit im Gemüsefach des Kühlschranks oder einmieten in Sand bis zu 8 Monate.

Hauptsaison für heimische Ware
Von August bis November.

PASTINAKE

Bis zum 18. Jahrhundert war die Pastinake ein wichtiges Grundnahrungsmittel, dann wurde sie von Karotten und Kartoffeln etwas ins Abseits gedrängt und heute bereichert sie wieder unser Gemüserepertoire – zum Glück. Denn die Wurzel hat ein ganz eigenes, fast parfümartiges Aroma, verwandt mit dem von Sellerie und Petersilienwurzel, aber mit individueller Note. Und das macht den Charme der Pastinaken aus. Sie haben eine glatte, gekerbte, stabile Schale, sind fleischig und sehr nahrhaft. Besonders ihr Gehalt an wertvollen Kohlenhydraten, Kalzium, Kalium, Magnesium und Phosphor, Eisen, Vitamin E und ätherischen Ölen ist hervorzuheben. Sie wirken, ähnlich dem Sellerie und der Petersilienwurzel, entwässernd und entgiftend.

Pastinaken können in beinahe allen Rezepten Sellerie und Petersilienwurzeln ersetzen. Auch sind sie perfekte Hauptdarsteller, zum Beispiel in Form von Pastinakenpüree, -suppe oder paniert als Schnitzel. Wie bei vielen Wurzeln empfiehlt sich auch hier, möglichst die Wurzel mit der Schale zu verwenden.

Einkaufstipp
Feste, knackige, saftige Wurzeln ohne Verletzungen oder Risse bevorzugen.

Lagerung
Bei 0–5 °C und 90 % Luftfeuchtigkeit im Gemüsefach des Kühlschranks bis zu 3 Wochen. Einmieten in Sand bis zu 3 Monate.

Hauptsaison für heimische Ware
Von September bis Dezember.

PETERSILIENWURZEL

Im Unterschied zur Blattpetersilie bildet die Wurzelpetersilie deutlich dickere, fein aromatische Wurzeln aus, die, ähnlich dem Sellerie und der Pastinake, Bestandteil von Suppengemüse sind. Die delikaten Wurzeln sind außen beigegrau und stark gerillt. Innen sind sie fast weiß und duften lieblich nach Petersilie. Bedeutende Inhaltsstoffe sind Kohlenhydrate, Eiweiß, Kalzium, Eisen, Vitamin C, B_1, B_2, B_6, Niacin, Folsäure und ätherische Öle. Sie wirken appetitanregend, entwässernd, entgiftend und schleimlösend. Petersilienwurzeln sind wunderbar als Rohkost zu verarbeiten, harmonieren mit Nussölen und Äpfeln genauso wie mit Zitrusaromen oder Kartoffeln. Wie bei vielen anderen Wurzeln auch empfiehlt es sich, sie ungeschält zu verwenden. Dazu wird sie mit einer Bürste unter fließendem Wasser gründlich gereinigt.

Einkaufstipp
Feste, knackige Wurzeln ohne Verfärbungen und mit frischen Blättern, falls vorhanden, wählen.

Lagerung
Bei 0–5 °C und 90 % Luftfeuchtigkeit im Gemüsefach des Kühlschranks bis zu 2 Wochen. Einmieten in Sand bis zu 2 Monate.

Hauptsaison für heimische Ware
Von Oktober bis November.

RETTICH UND RADIESCHEN

Der Rettich, ursprünglich in Vorderasien zu Hause, hat sich bei uns schon längst unentbehrlich gemacht. Es gibt unter anderen den klassischen weißen Bierrettich, mit relativ großer, gedrungener Knolle, den etwas milderen langen weißen Rettich, mittellange rotschalige Sorten und die kleinen Radieschen. Letztere werden in Rot, Weiß oder zweifarbig rot-weiß und in runden oder

länglichen Formen (Eiszapfen) angeboten. Ähnlich wie die Zwiebel ist Rettich mit seiner senfartigen Schärfe (Senföle) ein Antibiotikum und wirksame Medizinpflanze für Leber, Galle und die oberen Atemwege. Er ist ein kalorienarmes Gemüse, das Kalium, Phosphor, Natrium, Eisen, Vitamin C, B_1, B_2 und Niacin in nennenswerten Mengen liefert und den Lymphfluss, die Gallenproduktion der Leber sowie die Verdauung anregt. So verwundert es nicht, dass roher Rettich in Bayern unverzichtbarer Bestandteil einer deftigen Brotzeit ist. Um die wertvollen Inhaltsstoffe voll auszuschöpfen, sollte Rettich roh genossen werden. Die Schale wird mitverzehrt. Man kann ihn jedoch auch schmoren, dämpfen oder pochieren.

Einkaufstipp
Feste, knackige Knollen ohne Verletzungen oder Risse wählen. Sofern vorhanden, sollten die

Blätter frisch und grün, die Wurzelfortsätze noch saftig und nicht trocken sein.

Lagerung
Radieschen bei 0–5 °C und 90 % Luftfeuchtigkeit im Gemüsefach des Kühlschranks bis zu 8 Tage. Das Grün ist nur wenige Tage haltbar und sollte

abgetrennt werden, sobald es welk wird. Rettich: 3 Wochen, Einmieten in Sand bis zu 3 Monate (schwarzer Rettich).

Hauptsaison für heimische Ware
Für Radieschen und Eiszapfen von März bis September.
Für weißen und roten Rettich von Mai bis September.
Für schwarzen Rettich von August bis November.

ROTE BETE

Ihre Verwandtschaft mit dem Mangold erkennt man an den Blättern, und diese können genauso wie Mangold und Spinat zubereitet werden. Rote-Bete-Wurzeln schmecken roh oder gekocht. Auch hier gilt, sie möglichst nicht zu schälen, um keine wertvollen Inhaltsstoffe zu verlieren. Roh geht ihr Geschmack in Richtung erdig herb, gekocht bekommen sie ein mehr liebliches Aroma. Man gart die Wurzeln am besten im Dampf, damit sie nicht ausbluten und ihre Farbe behalten. Das gilt besonders für geschnittene Rote Bete. Ganze Wurzeln müssen sehr lange garen, je nach Größe über 1 Stunde, bis sie butterzart sind.

Ihr roter Farbstoff Betanin, ein Glykosid, bekam seinen Namen von ihnen. Rote Bete sind sehr reich an Kalium, Magnesium, Eisen, Vitamin C, Folsäure, Pantothensäure und Betacarotin. Sie fördern im Körper die Blutbildung und -reinigung und werden als Frischsaft gegen Tumorbildung eingesetzt. Es gibt jedoch nicht nur dunkelrote Rote Bete. Besondere, alte Sorten werden wieder populär wie die rot-weiß gestreiften, weißen und gelben. Sie sind besonders dekorativ als roher Salat oder gegart und mariniert.

Einkaufstipp

Auf feste, knackige, frische Wurzeln und, wenn vorhanden, unversehrte, möglichst junge Blätter (zur Zubereitung von Spinatgemüse) achten.

Lagerung

Bei 2–5 °C und 90 % Luftfeuchtigkeit im Gemüsefach des Kühlschranks bis zu 3 Wochen. Einmieten in Sand bis zu 4 Monate (ohne die Blätter).

Hauptsaison für heimische Ware

Von Mai bis Oktober.

SCHWARZWURZEL

Das edle Wintergemüse wird oft mit dem Spargel verglichen. Unter der schwarzen Schale der langen, schmalen Wurzeln, die mühsam abgeschält werden müssen, befindet sich eine Gemüsedelikatesse mit hohem Nährwert. Sie enthält wertvolle Glykoside wie zum Beispiel Inulin, weswegen die Schwarzwurzel für Diabetiker gut geeignet ist, Kalium, Kalzium, Phosphor, Eisen, Carotin, Vitamin B_1, E und C.

Geschälte Schwarzwurzeln werden schnell braun. Um das zu verhindern, sollte man die Wurzeln nach dem Schälen in Essigwasser oder Wasser mit etwas Mehl legen. Ihr Geschmack ist unvergleichlich fein, leicht nussartig und mild. Schwarzwurzeln kann man roh als Salat zubereiten oder gegart mit Milch, Sahnesaucen oder

einer Vinaigrette. Sie vertragen sich auch gut mit der leichten Säure von Orangen oder Zitronen.

Einkaufstipp

Feste, stabile Wurzeln wählen, die brechen, wenn man sie biegen möchte.

Lagerung

Bei 0–4 °C und 90 % Luftfeuchtigkeit im Gemüsefach des Kühlschranks 8 Tage. Schwarzwurzeln eignen sich hervorragend zum Einmieten in Sand bis zu 3 Monate.

Hauptsaison für heimische Ware

Von Oktober bis April.

SELLERIE

Sellerie ist nicht nur Basisgemüse für Fonds und Suppenwürze. Er ist auch eine Heilpflanze mit einer Anzahl den Stoffwechsel stimulierenden

Inhaltsstoffen, denen man auch eine stimmungsaufhellende und nervenberuhigende Wirkung zuschreibt. Die aromatischen Knollen sind ballaststoffreich, enthalten ätherische Öle und besonders Kalzium, Vitamin B_6, Carotin, Niacin und Pantothensäure. Sellerie wirkt verdauungsfördernd, entzündungshemmend und reinigend auf Nieren und Blase. Die meisten Inhaltsstoffe befinden sich dicht unter der Schale, deshalb sollte man die gründlich abgebürstete Knolle, wann immer möglich, ungeschält verwenden.

Als Aromazutat in der Küche ist Sellerie, mit Salz vermischt, getrocknet und pulverisiert (Selleriesalz), unvergleichlich und er ist eine der drei unverzichtbaren Beigaben im klassischen Suppengemüse. Er schmeckt hervorragend mit Zitronensaft mariniert, püriert und unter

Kartoffelpüree gemischt oder in Verbindung mit Gemüsefenchel.

Einkaufstipp
Auf feste, knackige Knollen ohne Verfärbungen, bei jungem Sellerie auf frische Wurzeln und Blätter achten. Ältere Sellerieknollen schmecken leicht scharf und können innen holzig sein oder hohle Stellen aufweisen, junge sind in der Regel sehr zart und schmecken mild.

Lagerung
Bei 0–5 °C und 90 % Luftfeuchtigkeit im Gemüsefach des Kühlschranks bis zu 2 Wochen. Einmieten in Sand (ohne die Blätter) bis zu 3 Monate.

Hauptsaison für heimische Ware
Von Juli bis Oktober.

SÜSSKARTOFFEL

Man nennt sie auch Batate, sie ist in Mittel- und Südamerika beheimatet und wird in fast allen wärmeren Ländern mit tropischem und subtropischem Klima angebaut. Süßkartoffeln, deren Knollen bis zu drei Kilogramm wiegen können, sind nicht direkt mit den Kartoffeln verwandt, haben aber vergleichbare Inhaltsstoffe und können sehr ähnlich zubereitet werden. Ihr Gehalt an Vitamin C und Carotin ist beachtlich. Es gibt weißfleischige, orangefarbene und rote Sorten.

Einkaufstipp
Feste, pralle Knollen mit unverletzter Schale auswählen.

Lagerung
Bei 5–8 °C und 90 % Luftfeuchtigkeit im Gemüsefach des Kühlschranks bis zu 2 Wochen. Einmieten in Sand bei ähnlicher Temperatur bis zu 2 Monate.

Saison
Für Importware von Oktober bis Juni.

TOPINAMBUR

Topinambur oder Erdartischocke ist ein sogenanntes »neueres« Gemüse, das erst seit dem letzten Jahrhundert in unseren Breitengraden systematisch angebaut wird. Noch immer findet man die im Geschmack Artischocken ähnelnden, leicht schuppigen beigebraunen bis violetten Knollen viel zu selten auf den Märkten. Sie wachsen, ähnlich der Kartoffel, unterirdisch und bilden aus einer Knolle viele kleine runde bis längliche Nebenknollen, die im Herbst geerntet werden und relativ lange lagerfähig sind.

Erwähnenswert ist ihr Gehalt an wertvollem Eiweiß, an den Vitaminen B_1, B_2, E und Niacin sowie an den Mineralstoffen Kalium, Eisen und Phosphor. Die Knollen enthalten Inulin, ein stärkeähnliches Kohlenhydrat, das Topinambur

speziell für Diabetiker zu einem empfehlenswerten Gemüse macht. Sie unterstützt die Tätigkeit von Nieren, Leber und Galle.

Die Knollen können roh und gekocht zubereitet werden. Ein besonderer, feiner, nussartiger Geschmack entwickelt sich, wenn Topinambur in hauchdünnen Scheiben im Ofen zu Chips getrocknet werden.

Einkaufstipp
Feste, knackige Knollen wählen, die Farben können je nach Sorte von hellbeige bis dunkelviolett changieren.

Lagerung
Bei 0–5 °C und 90 % Luftfeuchtigkeit im Gemüsefach des Kühlschranks bis zu 4 Wochen. Einmieten in Sand bis zu 5 Monate.

Hauptsaison für heimische Ware
Von September bis November.

ZWIEBELGEMÜSE

Ihr Aussehen ist sehr unterschiedlich, denn sie wachsen zum Teil als Knollen unter der Erde, aber auch als Blätter aus dem Boden. Doch allen gemeinsam ist ein beißend scharfer Geschmack. Zwiebelgemüse sind sehr alte Kulturpflanzen, die schon seit vielen Jahrhunderten angebaut werden und auch wegen ihrer Heilkräfte geschätzt sind.

BÄRLAUCH

Zu Beginn des Frühjahrs recken sich an den ersten schneefreien Stellen in Waldlichtungen die intensiv grünen, glatten, lanzettartigen Blätter des Bärlauchs, der ganze Flächen mit seinem intensiv nach Knoblauch duftenden Grün bedeckt. Bärlauch ist ein saisonales Highlight und geschätztes Wildgemüse, dessen Blätter und Blüten Einzug in die meisten Küchen gehalten haben. Er enthält verschiedene Schwefelverbindungen, Vitamin C und schützende Flavonoide und wirkt wohltuend und stimulierend auf Magen und Darm, hält die Blutgefäße geschmeidig und entgiftet.

Zu beachten ist die leichte Verwechslungsgefahr mit Maiglöckchenblättern oder dem Blatt der Herbstzeitlose. Beide sind hochgiftig, sehen ähnlich aus, wachsen zur selben Zeit, duften jedoch

nicht nach Knoblauch. Das aber ist während des Pflückens oft schwer zu unterscheiden, da die Hände bereits nach Bärlauch riechen. Deshalb muss man wirklich jedes Blatt genau anschauen.

Bärlauch verarbeitet man am besten roh und ganz frisch, um seine zarte Persönlichkeit voll zur Geltung zu bringen – fein gezupft in Salate, geschnitten in Kräuterquark, Dressings oder püriert. Auch Bärlauchpesto schmeckt am besten frisch, obwohl man es theoretisch länger aufheben kann. Sein Aroma verändert sich schnell. Größere Blätter eignen sich gut zum Umwickeln oder Füllen. Gekocht verliert der Bärlauch nicht nur wertvolle Inhaltsstoffe, auch sein intensiver Geschmack flacht etwas ab. Empfehlenswert ist es deshalb, rohen Bärlauch kurz vor dem Servieren zu heißen, gekochten Speisen zu geben.

Einkaufstipp
Bärlauch gibt es frisch auf dem Markt in Bunden. Die Blätter sollten frisch und straff sein, der Anschnitt saftig.

Lagerung
Frische Blätter bei 0–3 °C und 90 % Luftfeuchtigkeit im Gemüsefach des Kühlschranks 3 Tage.

Hauptsaison für heimische Ware
Von Ende Februar bis April.

KNOBLAUCH

Knoblauch ist eine unserer ältesten Kulturpflanzen, die nahezu überall dort wächst, wo ein sonniges und trockenes Klima herrscht. Im Handel findet man die Knollen, aus vielen kleinen oder einer ganz großen Einzelzehe (spezielle Sorte) bestehend, frisch oder getrocknet. Wer jedoch Knoblauch selbst im Garten zieht, hat auch die Chance, die zarten grünen Blatttriebe zu verwenden, sogar ohne die Pflanze ganz zu ernten. Das zarte Grün ist, ähnlich dem des Schnittknoblauchs und Bärlauchs, etwas dezenter im Aroma als die Knollen selbst.

Knoblauchzehen finden in der Küche vielseitige Verwendung: Als Hauch von Aroma, wenn man zum Beispiel eine Salatschüssel oder einen Teller damit ausreibt. Etwas intensiver und schärfer,

wenn man fein zwischen Salzkörnern zerdrückten rohen Knoblauch einem fertigen Gericht beifügt. Milder wird sein Geschmack beim Garen. Man kann ihn im Ganzen grillen oder backen, die Zehen schmoren oder einkochen. Ganze oder halbierte Knoblauchzehen oder Knollen, mit Gemüse oder Kartoffeln gebraten, verleihen diesen ihr Aroma. Je nach Kombination entfaltet sich Knoblauch unterschiedlich: Er harmoniert mit Weißwein und Olivenöl genauso wie mit Milch, Zitrone, Chili, Basilikum oder Vanille.

Der Knoblauchgeruch hält sehr lange an. Es gibt zahlreiche Empfehlungen, was man dagegen tun kann, dass er den Genießer längere Zeit begleitet: Manche entfernen den kleinen grünen Keim in der Knoblauchzehe, manche meinen, es ist die Haut, die jede Zehe umhüllt. Andere wiederum empfehlen Milch oder starken Kaffee zum Ausgleich oder behaupten, Ingwer, Nelken oder Petersilie wirkten geruchshemmend, wenn man sie zerkaue. Sicher ist jedoch der Ruf des Knoblauchs als vielseitige Heilpflanze. Er wirkt entzündungshemmend, entwässernd, antibakteriell und desinfizierend, stimulierend auf Magen und Darm, gegen zu hohen Cholesterinspiegel und Bluthochdruck, macht die Blutgefäße geschmeidig und gilt als Antioxidans.

Einkaufstipp
Frische Knoblauchknollen haben saftige Stiele und Außenhäute, sind fest und knackig. Getrocknete Knollen sollten fest sein, keine Schimmelstellen oder Verfärbungen aufweisen.

Lagerung
Frische Knollen bei 0–5 °C und 90 % Luftfeuchtigkeit im Gemüsefach des Kühlschranks bis zu 2 Wochen. Getrocknete Knollen lassen sich, bei 14–18 Grad luftig und trocken gelagert, bis zu 4 Monate aufbewahren.

Hauptsaison für heimische Ware
Von Juni bis November.

LAUCH

Porree oder Lauch ist neben den Frühlingszwiebeln das mildeste und ein sehr delikates Zwiebelgewächs, das nicht nur in Suppen, sondern auch als eigenständiges Gemüse wunderbar schmeckt.

Die Stangen sind eine sehr gute Vitamin-C-Quelle, sie enthalten Folsäure, reichlich Ballaststoffe und mehr Eiweiß als Zwiebeln. Das und seine Schwefelverbindungen machen Lauch zu einem Entgiftungs- und Entschlackungsgemüse erster Güte. Speziell die Wurzelhaare, die oft weggeschnitten werden, sind ein besonderes Kraft- und Verjüngungsmittel. Junge Lauchwurzeln, säuberlich gereinigt, mit dem Rest der Stange zu Suppe verarbeitet, sind ein erprobtes Kräftigungsmittel. Überhaupt kann man vom Lauch beinahe alles essen, auch den grünen oberen Teil, der gerne weggeschnitten wird. Er ist etwas härter als der Rest der Pflanze, jedoch liefert er nicht nur mehr intensives Laucharoma, sondern auch reichlich Chlorophyll. Deshalb ist es empfehlenswert, diesen Teil zumindest für Suppen oder Saucen zu pürieren und die Fasern herauszupassieren.

Die Stangen müssen gründlich gereinigt werden. Sie sammeln gerne zwischen ihren Blättern Erde, die erst beim Aufschneiden sichtbar wird. Lauch gart sehr schnell und ist in wenigen Minuten verzehrfertig, wenn man ihn dämpft oder schmort. Große Lauchblätter eignen sich zum Füllen oder Umwickeln von Terrinen. Ansonsten ist das Zwiebelgewächs ein hervorragender Begleiter oder Solist in Suppen, feinen Quiches, Aufläufen, Pastagerichten und Eintöpfen.

Einkaufstipp
Lauch sollte keine Verletzungen oder Verfärbungen aufweisen, prall und knackig sein und eine frische Wurzel haben. Oft ist die Wurzel bereits entfernt, und man kann nur noch an den Stielenden erkennen, wie frisch die Stange ist.

Lagerung
Frischer Lauch bei 0–5 °C und 90 % Luftfeuchtigkeit im Gemüsefach des Kühlschranks 1 Woche oder einmieten in Sand mehrere Wochen.

Hauptsaison für heimische Ware
Von Juni bis November.

SCHNITTLAUCH UND SCHNITTKNOBLAUCH

Die klassische Gewürzpflanze überhaupt ist der wohlbekannte Schnittlauch, ein Zwiebelgewächs, das wie der Schnittknoblauch ursprünglich aus der Mongolei, China, Japan, Indien und Nepal stammt. Seine grasartigen Blätter wachsen auch wild. Der stabile plattblättrige Schnittknoblauch, auch chinesischer Schnittlauch genannt, unterscheidet sich nicht nur in der Blattform vom zarteren röhrenartigen Schnittlauch, er schmeckt auch stärker nach Knoblauch. Die milde Schärfe von beiden passt wunderbar in Kräutermischungen, Kräuterbutter, Salate, Saucen und Füllungen. In China und Japan gilt der Schnittknoblauch als wirksames Mittel gegen Tumore. Wie der Schnittlauch wirkt er stimulierend, entwässernd, verdauungsfördernd und antibakteriell. Beide enthalten in größeren Mengen: Eiweiß, Kalzium, Kalium, Phosphor, Natrium, Eisen, Vitamin B_1, B_2, C, Niacin und aromatische Lauch- und Senföle.

Einkaufstipp
Auf saftige grüne lange Blätter, die am Schnitt frisch aussehen, achten. Schnittlauch ist auch in

Töpfen erhältlich. Er wächst im Topf nach dem Abschneiden nach.

Lagerung
Abgeschnitten bei 0–5 °C und 90 % Luftfeuchtigkeit im Gemüsefach des Kühlschranks 3 Tage. Pflanzen in Töpfen bei Zimmertemperatur und Licht je nach Pflege mehrere Monate.

Hauptsaison für heimische Ware
Von März bis Oktober, als Zimmerpflanze ganzjährig.

ZWIEBEL

Die Zwiebel, Lauchgewächs und sehr alte Kulturpflanze, ist eine unverzichtbare Küchenzutat und Heilpflanze zugleich. Man findet sie in nahezu jedem pikanten Rezept – oft spielt sie eine untergeordnete Rolle und ist im fertigen Gericht eher unsichtbar. Ihre schwefelhaltigen ätherischen Öle sind verantwortlich für die typische beißende Schärfe in der Knolle. Sulfide wirken stark antioxidativ. Zudem ist ihr Gehalt an Vitamin B_6, Fluor, Jod und Selen hervorzuheben. Als Hausmittel ist die Zwiebel hochgelobt, eine halbierte Zwiebel auf einen Insektenstich gelegt, ndert die Schmerzen, und Zwiebelsaft wirkt egen Husten. Rohe Zwiebeln stimulieren Magen nd Darm, regen die Schleimhäute der oberen temwege an und wirken antibakteriell.

n der Küchenpraxis versucht man der beißenen Schärfe der Zwiebel, die besonders beim Zwiebelschneiden unangenehm zutage tritt, mit erschiedenen Tricks entgegenzuwirken: Die gechälten Zwiebeln vorher unter eiskaltem Wasser bbrausen, unter oder in der Nähe der Abzugshaube schneiden, das Fenster weit öffnen und für Durchzug sorgen. Kontaktlinsenträger sind da entschieden im Vorteil, denn die Linse schützt das Auge vor der Tränenattacke.

Es gibt höchst unterschiedliche Zwiebelsorten: Milde, süße, aber auch extrem scharfe. Man kann Zwiebeln wunderbar als Gemüse zubereiten, schmoren, karamellisieren, in der Schale backen, grillen, füllen, einlegen, pürieren, zum Binden verwenden oder roh als Gewürz einsetzen. Ihre frische, schwefelige Schärfe ist einzigartig.

Die **Küchen- oder Speisezwiebel,** die klassische Zwiebel, ist rund mit kupferfarbener Schale und weißem Innenleben und mildem bis mittelscharfem Geschmack. Ihre Größe reicht von vier Zentimeter Durchmesser bis 18 Zentimeter. Die größte Form nennt man auch **Riesenzwiebel,** sie ist eine Unterart der normalen Speisezwiebel und eignet sich besonders gut zum Füllen. Ihr Geschmack ist lieblich und mild. Speisezwiebeln sind in Eintöpfen, Suppen, deftigen Saucen ideal.

Die **weiße Zwiebel** ähnelt der normalen Speisezwiebel, ist aber rund oder länglich, mit weißer Schale und weißem Innenleben. Perfekt für alle hellen Gerichte. Die **rote Zwiebel** ist von ähnlicher Größe wie die normale Speisezwiebel, rund oder länglich, mit violettroter Schale und ebensolchem Innenleben. Sie zeichnet sich durch einen milden und doch würzigen Geschmack aus. Köstlich in Ratatouilles und allen Gerichten, die eine ähnliche Farbstruktur aufweisen. Vorsicht bei der Verwendung in weißen Saucen oder hellen Suppen, denn sie verfärbt das Gericht.

Die **Schalotte,** deutlich kleiner als normale Speisezwiebeln, eher länglich bis bananenförmig, mit rotbrauner Schale und weißem Inneren ist die feinste und mildeste Zwiebel, die zunehmend die Herzen der Feinschmecker erobert. Sie ist der Klassiker für feine Saucen und als Gemüse und kann in fast allen Rezepten die normalen Speisezwiebeln oder weißen Zwiebeln ersetzen.

Der Unterschied zwischen **Lauch- und Frühlingszwiebeln** ist klein: Beide werden mit den knackigen, frischen grünen Röhrenblättern angeboten, die man mitverwenden kann. Zum Beispiel wie Schnittlauch, in feine Röllchen geschnitten, oder anstelle von Lauch. Lauchzwiebeln sind an der Wurzel fast gleich schmal wie am Stiel, haben also eine kaum verdickte Knolle. Sie sind eine frühe Sorte Zwiebeln, die dem Lauch in der Form ähnlich sehen, jedoch nicht dessen flache Blätter aufweisen. Frühlingszwiebeln dagegen bilden über der Wurzel richtige Zwiebelknollen und sind bereits im Frühjahr erhältlich, daher der Name. Mittlerweile gibt es sie fast das ganze Jahr über.

Die **Luftzwiebel** bildet nicht nur in der Erde Zwiebeln, sondern auch an den Blütenständen am Ende des Grüns. Diese oberirdischen Zwiebeln kann man verzehren oder in die Erde stecken als Pflanzgut.

Perlzwiebeln nennt man die kleinsten, kugelrunden bis leicht ovalen Zwiebeln mit besonders feinem, mildem Geschmack. Die weißen werden oft auch als Silberzwiebeln bezeichnet. Sie sind etwa so groß wie Murmeln, mühsam zu schälen und die Klassiker für Mixed Pickles oder eingemachte Cocktailzwiebeln. Die manchmal etwas größeren, oval-flachen rotbraunen Exemplare machen sich gut auf Gemüsespießchen oder in Antipasti.

Einkaufstipp
Frische Zwiebeln sollten prall und knackig sein und das Grün, falls vorhanden, nicht welk.

Lagerung
Frische Zwiebeln bei 0–5 °C und 90 % Luftfeuchtigkeit im Gemüsefach des Kühlschranks bis zu 2 Wochen. Getrocknete Zwiebeln sind, luftig und trocken bei 10–18 Grad aufbewahrt, bis zu 4 Monate lagerfähig. Einmieten in Sand bei 0–5 °C ebenfalls bis zu 4 Monate.

Hauptsaison für heimische Ware
Für frische Zwiebeln von April bis Oktober.

GETREIDE, PSEUDOGETREIDE UND REIS

Getreide ist zu einem unverzichtbaren Bestandteil unserer Ernährung geworden. Wir verarbeiten es zu Brot und Gebäck oder verzehren es in Form von Zerealien oder Müsli. Besonders in der vegetarischen Küche werden die verschiedenen Getreidesorten in ihrer Vielfalt kreativ eingesetzt.

Einkaufstipp Getreide, Pseudogetreide und Reis
Die Körner von Getreide, Pseudogetreide und Reis müssen trocken und locker sein, unversehrt und frei von Verunreinigungen.

Lagerung Getreide, Pseudogetreide und Reis
Ideal ist die trockene Aufbewahrung in luftdicht geschlossenen Gläsern bei 10–18 °C. So verhindert man, dass Schädlinge wie Getreidemotten oder Käfer in die Vorräte eindringen können. Bewegen Sie die Gläser in regelmäßigen Abständen, damit sich keine Feuchtigkeitsnester bilden. Ganze Getreidekörner sind mindestens ein Jahr lang haltbar. Vollkornmehl und -grieß hingegen sollten, wenn überhaupt, nur sehr kurz gelagert werden. Denn das gemahlene Getreidekorn ist nicht mehr geschützt vor dem Angriff des Sauerstoffs, der zerstörend auf wichtige Inhaltsstoffe wirkt. Aus diesem Grund ist die Anschaffung einer kleinen Getreidemühle zu empfehlen. So kann man die exakt benötigte Menge Vollkornmehl immer frisch herstellen und unmittelbar verarbeiten.

AMARANTH

Die winzigen Körner wurden von den Azteken als heilig verehrt und waren dort unverzichtbare Nahrungsgrundlage. Sie sind die glutenfreien Samen eines Fuchsschwanzgewächses und enthalten einen wahren Schatz an wertvollen Inhaltsstoffen wie Stärke, reichlich Eiweiß, darunter die essenziellen Aminosäuren Lysin und Methionin, ungesättigte Fettsäuren, Magnesium, Eisen, Zink sowie das in Pflanzen seltene Vitamin B_{12}. Sie sind hervorragende Energiespender, wirken stärkend auf die Nerven, den Magen, die Knochen und den Muskelaufbau.

Amaranth schmeckt lieblich, ähnlich dem Mais, und ein klein wenig nussartig, er kann in der Küche vielfältig eingesetzt werden: Als Mehl ist er in Mischungen für glutenfreie Brote verwendbar, geschrotet in Müslis und gekeimt schmeckt er hervorragend in Salaten. Er passt gekocht wunderbar in Suppen und Gemüseeintöpfe, und man kann Amaranth sogar zu einer Art Mini-Popkorn verarbeiten.

BUCHWEIZEN

Die kantigen, an Bucheckern erinnernden, relativ weichen Körner mit dem ganz eigenen Geschmack sind die Samen eines Knöterichgewächses. Ihr außergewöhnliches Aroma macht sie interessant für herzhafte Füllungen, Bratlinge und Knödel. Buchweizen schmeckt nussig und aromatisch, wenn er leicht geröstet wird, bevor man ihn kocht. Ganze Körner quellen beim Kochen sehr schnell auf und sind in kurzer Zeit zart und körnig. Das Mehl eignet sich für luftige Kuchen- und Pfannkuchenteige.

Buchweizen enthält wertvolles Eiweiß, Eisen, Kalium, Phosphor und wichtige B-Vitamine. Er wirkt basenbildend und beruhigend auf Galle, Leber, Magen und Bauchspeicheldrüse.

COUSCOUS

Couscous ist ein grobkörniger Hartweizengrieß. Er bildet die Kohlenhydratbasis des gleichnamigen traditionellen Gerichts aus der nordafrikanischen Küche.
Der heute industriell hergestellte Couscous ist vorgegarter Instant-Couscous. Damit die feinen Körnchen nicht verklumpen, gibt es ähnlich viele Tipps und Tricks wie bei der Herstellung eines perfekten Risottos.

Am lockersten wird Couscous, wenn er angefeuchtet in einem Tuch auf einem Siebeinsatz über Dampf oder in einer Couscoussière – einem ähnlich gestalteten Kochgerät – gegart wird. Das geht ganz einfach und schon nach 10 Minuten ist der Couscous fertig aufgequollen. Danach kann er salzig mit Gewürzen, Saucen und Gemüse oder mit süßen Zutaten abgeschmeckt werden.

DINKEL

Das Urgetreide Dinkel ist botanisch gesehen eng mit dem Weichweizen verwandt. Nachdem es fast in Vergessenheit geriet, erscheint das anspruchslose Korn heute immer öfter auf den Feldern. Teige aus dem fast ausschließlich im Bioanbau erzeugten Getreide werden außerordentlich luftig und locker.

Dinkel enthält Ballaststoffe und Kohlenhydrate, hochwertiges pflanzliches Eiweiß, ungesättigte Fettsäuren, eine relativ hohe Konzentration wichtiger B-Vitamine und Vitamin E, Eisen, Magnesium, Zink, Silizium und Phytoöstrogene. Häufig vertragen Menschen mit einer Weizenallergie Dinkel, obwohl auch er Gluten enthält, und können Weizen und Dinkel eins zu eins gegeneinander austauschen.

GERSTE

Gerste ist ein uraltes Getreide und wurde bereits in den alten Hochkulturen als Stärkungsmittel geschätzt. Sie ist ein wahres Wunder an gesundheitsspendenden Inhaltsstoffen, und sollte viel mehr in den täglichen Speiseplan eingebaut werden: Sie enthält ein ausgewogenes Verhältnis an tärke und Ballaststoffen, die dem Körper helfen u entgiften, sowie einen hohen Anteil an Kieselsäure zur Stärkung von Bindegewebe, Nägeln und Haaren. Außerdem Vitamin B_1, Vitamin B_2, Vitamin E und Vitamin B_5, Magnesium, Eisen, Zink und eine große Menge bioaktiver Pflanzenstoffe, die den Cholesterinspiegel senken, den Magen wieder einrichten und die Zellen schützen. Gerste ist küchenfertig entspelzt erhältlich.

In der Küche ist Gerste hauptsächlich als feinkörnige Grütze für Desserts und Suppen präsent oder als Rollgerste bzw. Graupen für herzhafte Eintöpfe und Risotto ähnliche Zubereitungen.

Zum Aufquellen von Graupen kann man ruhig reichlich Flüssigkeit verwenden, die Körner werden dann besonders zart und sämig. Sie schmecken besonders gut mit dem klassischen Suppengemüse Sellerie oder Petersilienwurzel, Karotte und Lauch.

GRÜNKERN

Dinkel, in der Milchreife geerntet und getrocknet – früher über Holzkohlefeuern, heute in Heißluftanlagen – verkauft man als Grünkern. Er schmeckt würzig und hat ein rauchartiges Aroma, was man erreicht, indem man beim Trocknen den Dinkel zusätzlich mit Harthölzern befeuert. Er

eignet sich nicht zur Herstellung von Backwaren, ist aber ein hocharomatisches Kochgetreide. Geschrotet oder im Ganzen verwendet, bietet er die Grundlage zu deftigen, schmackhaften Gerichten wie Suppen, Knödeln, Bratlingen oder Aufläufen. Seine biologische Wertigkeit ähnelt der des Dinkels.

HAFER

Er ist ein Energiespender allererster Güte. Der robuste Frostkeimer hilft, den Blutzuckerspiegel zu regulieren. Er hat den höchsten Gehalt an ungesättigten Fettsäuren unter den Getreiden und reichlich B-Vitamine, Ballaststoffe, Kalzium, Magnesium, Eisen sowie zellschützende Phytoöstrogene.

Entspelzter Hafer (Nackthafer) ist die beste Qualität für die Küche. Wer gerne Haferflocken mag, sollte sich die Anschaffung einer Flockenquetsche überlegen, mit der man kleine Portionen mit allen wertvollen Inhaltsstoffen des Korns frisch herstellen kann, denn das Fett des Hafers sollte nicht lange dem Angriff des Sauerstoffs ausgesetzt sein. Außer im Müsli oder im klassischen Porridge sind Haferflocken ausgesprochen interessant zum Binden von leichten Gemüse- und Kräutersuppen, zur Herstellung von knusprigen Bratlingen oder als Panade. Hafer schmeckt nussartig, hat Biss und entwickelt beim Kochen eine sämige Konsistenz.

HIRSE

Die Hirse ist ein Grassamen, der eine perfekte Balance von Kieselsäure, Magnesium, Eisen, wichtigen B-Vitaminen bietet und zudem noch glutenfrei ist. Diese Kombination macht sie zu

einem basenreichen Nahrungsmittel, das die Ausscheidung von Harnsäure und Giftstoffen unterstützt, Haut, Haare und Nägel stärkt und wärmend auf den Organismus wirkt. Auf unserem Speiseplan war Hirse jahrhundertelang ein fester Bestandteil; später wurden Kartoffeln und Weizen favorisiert und die Hirse geriet in Vergessenheit.
Goldgelbe Hirse, auch Goldhirse genannt, ist geschälte Hirse und die beste Qualität für alle Hirsegerichte. Sie schmeckt mild und lieblich, quillt sehr schnell auf beim Kochen und ist in kürzester Zeit verzehrfertig. Sie kann süß und salzig zubereitet werden. Hirsemehl eignet sich gut zum Binden für Saucen, Suppen und zum Herstellen luftiger Kuchen- und Pfannkuchenteige.

Braunhirse, eine Wildform der oben genannten Rispenhirse, ist erst seit neuerer Zeit auf dem Markt. Sie ist noch reicher an der bindegewebsstärkenden Kieselsäure, kann jedoch nicht durch

Goldhirse in Gerichten ersetzt werden, da sie nicht körnig locker aufquillt, sondern zu einem klebrigen Brei zerkocht. Gibt man sie jedoch roh in Müslis (geschrotet) und Fruchtsalate oder als Mixzutat in Smoothies, verleiht sie diesen einen extra gesunden Kick. Braunhirse kann auch gekeimt werden (siehe Seite 80-81).

Einkaufstipp
Durch ihren relativ hohen Fettanteil kann Hirse schnell ranzig werden und dann leicht bitter schmecken. Deshalb immer nur in kleinen Mengen kaufen und möglichst bald verbrauchen.

KAMUT

Eine wiederentdeckte, uralte Hartweizenart und ein wahres Kraftpaket an wertvollen Inhaltsstoffen, die die des Weizens noch übertreffen. Kamut soll bereits im alten Ägypten kultiviert worden sein und ist heute hauptsächlich im Bioanbau präsent. Er eignet sich perfekt für Pasta und Grießgerichte und auch für alle Back- und Teigwaren, die mit Weizen oder Dinkel hergestellt werden. Obwohl er Gluten enthält, wird Kamut von Menschen mit Weizenallergie häufig vertragen.

MAIS
Das südamerikanische Korn hat von allen Getreidearten die größten Körner, ist glutenfrei und besitzt einen hohen Fettgehalt, viele Kohlenhydrate in Form von Stärke, Mineralstoffe und die Vitamine E und Carotin. Das im Sommer noch am Kolben angebotene nicht getrocknete Maiskorn, der Zuckermais, ist eine andere Sorte. Die frischen Zuckermaiskörner sind ein exzellentes, liebliches Gemüse und klassische Zutat für viele südamerikanische Gerichte.

Als Polenta ist das getrocknete, mittelfein geschrotete Maiskorn im Angebot. Seit einiger Zeit gibt es neben der gelben Polenta auch Polenta aus rotem Mais. Aus Polenta bereitet man den klassischen Brei gleichen Namens, für den es ähnlich viele Zubereitungstipps gibt wie für die Herstellung eines perfekten Risottos. Im Prinzip gilt: Es kommt auf den Verwendungszweck an. Polenta kann zähflüssig serviert werden, etwas fester als Füllung, Auflauf oder noch ein wenig stabiler als Schnittchen. Noch feiner vermahlener Maisgrieß verleiht Gnocchi- und Pastateigen Griffigkeit und dient zum Binden von Suppen und Saucen.

QUINOA
Eine der ältesten Kulturpflanzen aus dem Inkareich sind diese Samen eines Gänsefußgewächses. Die glutenfreien, hellgelben bis beigefarbenen Körner sind etwas größer als der Amaranth, ähneln diesem aber in ihren Inhaltsstoffen und sind wie dieser vor allem roh eine erstklassige Kraftquelle.

Quinoa lässt sich ausgesprochen gut und schnell keimen (siehe Seite 80). Gekocht werden die mild schmeckenden Körner beinahe durchsichtig und haben einen angenehmen Biss. Sie können in Suppen, Gemüsegerichten oder wie ein Risotto zubereitet werden.

REIS
In der asiatischen Ernährung stellt Reis das wichtigste Grundnahrungsmittel dar, vergleichbar dem Stellenwert des Brots in Mitteleuropa. Die tropische Sumpfpflanze ist ausgesprochen ertrag- und sortenreich. Vor allem ungeschälter Vollkornreis ist ein basenreiches Lebensmittel mit essenziellen Aminosäuren, reichlich wichtigen B-Vitaminen, Kalium, Natrium, Eisen, Zink, Magnesium und Ballaststoffen. Er wirkt entwässernd, entschlackend und blutdrucksenkend. Reis ist eine gute Alternative für Menschen mit einer Glutenallergie.

Vollkornreis ist nicht nur ballast- und mineralstoffreicher, er schmeckt deutlich nussiger und aromatischer als der polierte, sogenannte weiße Reis. Das gilt generell für alle Sorten. Je nach Verwendungszweck wählt man aus dem roßen Angebot: Langkorn- oder Basmatireis als rundlage für einen trockenen Gemüsereis oder u Currys, den festeren, kleineren Rundkornreis ür Risotto (zum Beispiel Arborio) oder Paella Bomba), den intensiv rotbraunen bis schwarzen Reis für attraktive Reismischungen oder um inem Gericht noch mehr Biss und Aroma zu erleihen.

Reis zu kochen ist eine Wissenschaft für sich. Es kommt ganz darauf an, für welches Gericht er gedacht ist und ob er weich und klebrig sein soll, zum Beispiel für Sushi, saftig und noch leicht bissfest sein muss wie im Risotto, noch etwas körniger und trotzdem sämig wie für eine Paella oder ob man leichten, flockigen Reis wünscht, dessen Körner zwar weich sind, aber noch von der Gabel rieseln müssen wie für eine Beilage zu Currys oder anderen Gerichten. Dafür wählt man je nachdem ein Verhältnis 1:1 bis zu 1:2,5 Menge Kochflüssigkeit zu Reis.

Auch die Zubereitungsweise variiert stark. Reis kann man gut in der Flüssigkeit aufkochen und langsam ausquellen lassen, oder man rührt die Flüssigkeit nach und nach beim Garen in den Reis, damit er sämiger wird wie zum Beispiel bei einem Risotto. Reismehl eignet sich sehr gut zum Binden von Saucen und Suppen und zum Herstellen von leichten Teigen für Strudel oder Nudeln.

ROGGEN

Das robuste Getreide wächst langsam, ist höchst genügsam in seinen Anforderungen an das Klima und überzeugt durch eine Vielzahl an wertvollen Inhaltsstoffen.

Das ganze Korn, kohlenhydrat- und ballaststoffreich, bietet Kalium, Kalzium, Magnesium, Eisen, Zink, Silizium, Vitamin C, E, B_1, B_2, Niacin und Lysin in nennenswerten Mengen.

Hauptsächlich wird das herb schmeckende Getreide in unseren Breitengraden zu herzhaftem Sauerteigbrot verarbeitet. Gekeimte Roggenkörner sind eine knackige Zutat in würzigen Salaten (siehe Seite 78).

WEIZEN

Weizen ist die in Mitteleuropa vorherrschende Getreideart und wichtigste Kohlenhydratquelle. Das Klebereiweiß (Gluten) des Weizens ermöglicht die Fertigung elastischer Teige. Vor allen Dingen Weichweizen bildet für die Brotherstellung eine unverzichtbare Grundlage.

Der bei uns seltenere eiweißreiche Hartweizen, auch Durum-Weizen genannt, benötigt warmes, trockenes Klima, wie es beispielsweise im Mittelmeerraum vorherrscht. Er ist formstabiler beim Kochen, was ihn perfekt für bissfeste Pasta und Grießgerichte macht.

Das ganze, ungeschälte Weizenkorn liefert reichlich gesunde Inhaltsstoffe. Die Verwendung frisch gemahlenen Vollkornmehls, Schrot oder Flocken ist deshalb aus gesundheitlicher Sicht höchst empfehlenswert.

Hervorzuheben ist sein Gehalt an wertvollem pflanzlichem Eiweiß, wichtigen Vitaminen der B-Gruppe, Vitamin E, den Mineralstoffen Kalium, Magnesium, Eisen und Zink sowie bioaktiven Pflanzenstoffen wie den antikanzerogen wirkenden Phytoöstrogenen.

Als Energiespender und zur Stärkung der Immunkräfte ist das volle Weizenkorn genauso nützlich wie zur Anregung der Darmperistaltik und zur Regulierung des Cholesterin- und Blutzuckerspiegels.

WILDREIS

Wildreis, der Samen eines ursprünglich in Nordamerika und Kanada beheimateten Wassergrases, hat sich mittlerweile kulinarisch einen festen Platz erobert.

Die langen, durch die Trochnung pechschwarz gewordenen Körner enthalten Eiweiß, Magnesium, Kalium und Phosphor. Sie wirken ähnlich entwässernd wie Reis, werden auch wie dieser verarbeitet und sind solo oder als Beimischung zu einer hellen Reissorte eine höchst attraktive, intensiv nussig und mild schmeckende Delikatesse.

HÜLSENFRÜCHTE

Aufgrund ihres hohen Eiweißgehalts sind Hülsenfrüchte ein besonders wichtiger Bestandteil in der vegetarischen Ernährung und sollten oft auf dem Speiseplan stehen. Sie haben eine sehr hohe Nährstoff- aber eine nur geringe Kaloriendichte.

KICHERERBSE

Zunächst hauptsächlich in der asiatischen und orientalischen Küche bekannt und dort zu den Grundnahrungsmitteln zählend, findet die Kichererbse mittlerweile ihre Liebhaber auch auf internationalem Parkett. Sie ist eine großartige Quelle für eine Menge wichtiger Inhaltsstoffe, zum Beispiel wertvolles pflanzliches Eiweiß (essenzielle Aminosäuren) und viel Magnesium, aber auch reichlich Kohlenhydrate in Form von Stärke, Ballaststoffen, Betacarotin, Vitamin B_1, B_2, C, Niacin, Folsäure, Kalium, Phosphor, Eisen und Kupfer. Regelmäßiger Genuss von Kichererbsen soll helfen, den Cholesterinspiegel in Balance zu halten.

Vor dem Garen müssen Kichererbsen einige Stunden in Wasser eingeweicht werden. Dabei verdoppeln sie fast ihre Größe. Gekochte Kichererbsen lassen sich zu herrlich mehligen Pürees verarbeiten, wie das traditionelle Hummus in der arabischen Küche, oder für Eintöpfe, Bratlinge und Suppen verwenden.

Ihr Geschmack ähnelt dem von getrockneten Bohnen oder hellen Linsen. Sie vertragen kräftige Aromen wie Zwiebeln, Knoblauch, Chili, Zitronenschale, Paprika, Oliven, Petersilie, Thymian und Bohnenkraut. Sie eignen sich aber auch hervorragend zum Keimen (siehe Seite 80-81). Kichererbsensprossen sind besonders vitalstoffreich, etwa als Zugabe in Salaten oder geröstet als Snack. Kichererbsenmehl eignet sich zum Binden als Ei-Ersatz.

Einkaufstipp
Kichererbsen sollten unbeschädigt, trocken und hellbeige sein.

Lagerung
Trocken und luftdicht kann man sie bis zu 12 Monate aufbewahren.

LINSEN

Linsen sind die perfekte Gehirnnahrung und ein idealer Eiweißlieferant. Ihre wertvollen bioaktiven Substanzen schützen den Körper vor freien Radikalen und zudem enthalten sie viel Lecithin, gut für Herz und Gehirn, Ballaststoffe, Kalium, Kalzium, knochenstärkendes Phosphor, Eisen, Zink, Vitamin B_1, B_2, B_6, Folsäure, Pantothensäure und Niacin. Ihr Sortenreichtum ist so legendär wie ihre vielseitigen Verwendungsmöglichkeiten.

Die besonders kleinen, ungeschälten, pechschwarzen **Belugalinsen** sind sehr nussig im Geschmack und haben Biss. Man muss sie vor dem Kochen nicht einweichen und sie sind relativ schnell, in 15–20 Minuten, gar. Eine dekorative Beilage zu buntem Gemüse oder in Salaten. Auch die relativ festkochenden italienischen ungeschälten **kleinen Berglinsen** müssen vor dem Garen nicht eingeweicht werden. Ihre Kochzeit liegt bei etwa 20 Minuten. Ihr erdiges Aroma verträgt gut die Säure von Essig oder frischen Tomaten. Gut zum Keimen, für Salate, Pürees, Suppen und Eintöpfe. **Grüne Linsen** (Tellerlinsen) sind geschält und haben eine Garzeit von etwa 45 Minuten. Sie werden matschig, wenn man sie überkocht. Gut für Suppen, Pürees und Dhal. Die eher kleinen, mild und lieblich schmeckenden **roten Linsen** sind eine sehr weichkochende, geschälte Linsensorte, deren Kochzeit lediglich 8–12 Minuten beträgt. Sie machen sich gut in Eintöpfen, Suppen, Pürees und Dhal. Dunkelgrün, festkochend und klein sind die aromatischen französischen **Puy-Linsen**. Sie haben eine zarte Haut, ihr Geschmack ist kräftig und intensiv und sie passen gut in Salate, Bratlinge und Eintöpfe. Die **gelbe Linse** schmeckt mild, ist schnell gar und wird leicht matschig, wenn man sie zu lange kocht. Sie muss nicht eingeweicht werden und ist köstlich in Pürees, Dhal und Suppen.

Einkaufstipp

Linsen sollten unbeschädigt, trocken und frei von Verunreinigungen sein.

Lagerung

Trocken und luftdicht kann man sie bis zu 12 Monate aufbewahren.

ERBSEN UND ZUCKERSCHOTEN

Dieses wunderbar heitere Sommergemüse, das zur Familie der Leguminosen gehört, zählt zu den ältesten Pflanzen überhaupt. Ihre Wildform lässt sich bis in die Jungsteinzeit zurückverfolgen. Erbsen avancierten zu den geschätztesten Kulturpflanzen.

Karl der Große zum Beispiel befahl den Anbau von Erbsen im Capitulare de villis, deshalb waren sie in Klostergärten obligatorisch. Während man früher die Erbse hauptsächlich als Trockenerbse in Form von Mehl und in Eintöpfen verzehrte, sind die grünen, also noch unreifen Erbsen (Markerbsen, Pflückerbsen, Gartenerbsen) sowie die ganz jungen zarten Erbsenschoten, die man im Ganzen isst (Zuckererbse, Zuckerschote), erst später populär geworden. Die Zahl der Erbsensorten ist wie bei den Bohnen außerordentlich groß.

Die grünen Erbsen palt man aus der Schote, die Schote selbst wird nicht mitgegessen. Zuckerschoten putzt man wie Bohnen, indem man den Stielansatz abschneidet und eventuelle Fäden abzieht. Junge Erbsen und Zuckerschoten sollten vor der Zubereitung nur sehr kurz im Dampf gegart oder blanchiert und in Eiswasser abgeschreckt werden, damit sie ihren Biss und die schöne hellgrüne Farbe behalten.

Am besten schmecken sie einfach nur in Butter oder Olivenöl geschwenkt. Gut harmonieren sie mit frischer Minze, zartem Kerbel, Koriandergrün oder Schnittlauch. Trockenerbsen werden geschält und ungeschält angeboten.

Bei geschälten Erbsen wird die zellulosereiche Außenschicht entfernt, damit gehen zwar einige der Inhaltsstoffe verloren, aber die Erbsen sind leichter verdaulich und garen schneller. Geschälte Erbsen brechen leicht auseinander und kommen dann als preiswerte Spalterbsen auf den Markt.

In Erbsen, besonders in der Zuckerschote, stecken die Kohlenhydrate hauptsächlich in Form von Zucker. Sie enthalten zudem viel hochwertiges Eiweiß, B-Vitamine, Vitamin E, Folsäure und die Mineralstoffe Kalium und Eisen.

Einkaufstipp

Zuckerschoten sollten keine Druckstellen oder Verfärbungen aufweisen, prall und knackig sein, an den Spitzen und Stielenden frisch aussehen.

Lagerung

Frische Erbsen nur kurz bei 0–5 °C und 90 % Luftfeuchtigkeit im Gemüsefach des Kühlschranks.

Hauptsaison für heimische Ware

Früher Sommer für Zuckerschoten. Erbsen Juni bis August.

GRÜNE BOHNEN

Die sortenreiche, schmucke Kletterpflanze, die zur Familie der Schmetterlingsblütler zählt und die man in Buschbohnen, Stangenbohnen und Ackerbohnen unterteilt, bereichert die Küche durch unzählige verschiedene Früchte. Man findet viele Varianten: Zum Beispiel breit, flach und besonders zart, Stangenbohne oder Vanillebohne genannt; klein, fest, rund und dunkelgrün, die Prinzess- oder Kenyabohne oder die mild schmeckende hellgelbe Wachsbohne. Auch blaue Bohnen gibt es. Sie sind jedoch eher selten auf dem Markt im Angebot und ihre dunkelviolette Farbe wird beim Kochvorgang dunkelgrün.

Nicht zu vergessen jene Bohnen, deren Kerne man aus den Hülsen palen muss wie die hellgrünen Dicken oder Favabohnen, die braun, rot, schwarz oder violett gesprenkelten Käfer- oder Feuerbohnen, die rot-braun oder rot-weiß gefleckten Borlottibohnen oder die mit einem schwarzen Punkt versehenen Augenbohnen. Sie werden häufig getrocknet angeboten.

Alle Bohnen sind erstklassige Eiweißlieferanten mit hohem Ballaststoffanteil. Sie enthalten die Mineralstoffe Kalium, Kalzium, Phosphor und Magnesium, Spurenelemente, Carotin sowie Vitamine der B-Gruppe, C und E. Bohnen sollten nicht roh genossen werden, da in ihnen das gesundheitsschädliche Glykosid (Eiweißstoff) Phasin steckt, das durch den Kochvorgang oder durch Milchsäuregärung inaktiviert wird.

ische grüne Bohnen blanchieren und abschre-
.en oder im Dampf bissfest garen. Frische
icke Bohnen werden zuerst aus der Schote
epalt, dann kurz blanchiert und abgeschreckt,
amit man das zähe Häutchen, das jede Bohne
mschließt, entfernen kann. Danach lassen sie
ch entweder marinieren oder in Eintöpfen oder
emüseragouts verarbeiten.

Einkaufstipp
rische grüne Bohnen sollten keine Druckstellen
der Verfärbungen aufweisen, prall und kna-
kig sein, an den Spitzen und Stielenden frisch
ussehen.

Lagerung
rische grüne Bohnen und Bohnenkerne bei
)–5 °C und 90 % Luftfeuchtigkeit im Gemüse-
ach des Kühlschranks.

Hauptsaison für heimische Ware
3rüne Bohnen von Mai/Juni bis Oktober, Dicke
3ohnen Juni bis September.

KRÄUTER & BLÜTEN

Kräuter verleihen vielen Gerichten erst das gewisse Etwas und so manche Zubereitung wäre ohne sie gar nicht denkbar.

KAPUZINERKRESSE

Mehr noch als die einfache Kresse (siehe unten) ist Kapuzinerkresse ein Antibiotikum. Sie enthält eine Art natürliches Penizillin, das unsere Immunabwehr stärkt und antibakteriell wirksam ist, weshalb sie in der Naturheilkunde sehr geschätzt wird. Ihr Gehalt an Senfölen, Vitamin C, Betacarotin, Chlorophyll, Eisen, Phosphor, Kalium und Kalzium ist noch höher als in der Gartenkresse.

Für die Küche ist Kapuzinerkresse eine ebenso dekorative wie aromatische Zutat, die viel Spielraum für Kreativität lässt. Ihre Blätter sind tellerartig und werden groß genug, dass man damit eine Füllung umwickeln kann. Je größer das Blatt ist, desto schärfer schmeckt es. Die hübschen Blüten changieren von hellgelb bis tief dunkelrot. Sie schmecken lieblicher als die Blätter und sehen in Salaten sehr dekorativ aus.

Einkaufstipp
Kapuzinerkresse hat man am besten im Garten oder auf dem Balkon. Je mehr man die Blüten schneidet, desto blühfreudiger wird die Pflanze.

Lagerung
Die Kresse ist abgeschnitten nur 1–2 Tage im Kühlschrank haltbar. Besonders die Blüten sind empfindlich und verderben sehr schnell.

Hauptsaison für heimische Ware
Von Juni bis Oktober.

KRESSE

Vor allem im Winter ist man froh über die winzigen, rettichartig scharfen Blätter, die auf angefeuchteter Watte oder Erde oder im Keimgerät innerhalb von wenigen Tagen wachsen und die man einfach mit der Schere abschneiden und auf den Salat oder aufs Butterbrot streuen kann.

Sie sind willkommener Vitaminstoß und aromatischer Lichtblick zugleich. Die Kresse enthält wertvolle Inhaltsstoffe, vor allem die Mineralstoffe Kalium, Kalzium, Phosphor und Eisen, die Vitamine B_1, B_2, B_6, sehr viel Vitamin C und Carotin. Ihre scharfen Senföle charakterisieren ihren Geschmack. Kresse wirkt dadurch als natürliches Antibiotikum, regt den Lymphfluss an, fördert die Sekretion der Magensäfte und die Blutreinigung.

Kresse verzehrt man am besten roh, da die zarten Blättchen schnell an Inhaltsstoffen, Geschmack und Schönheit verlieren, wenn man sie erhitzt.

Einkaufstipp
Kresse sollte frisch aussehen und die Blätter auf kurzen, festen Stielen stehen und nicht ausgewachsen sein.

Lagerung
Frische Kresse bei 0–5 °C und 90 % Luftfeuchtigkeit im Gemüsefach des Kühlschranks.

Hauptsaison für heimische Ware
Von November bis Mai. Freilandkresse wächst in den kühleren Frühjahrsmonaten.

PETERSILIE

Sie ist in allen Küchen der Welt bestens bekannt. Die glatte Petersilie wird oft wegen ihres Aromas als die bessere angesehen. Die Blattrosetten der krausen Sorte sind dafür robuster und dekorativer und lassen sich gut knusprig frittieren. Petersilie schmeckt sellerieartig und erfrischend. Ihre Einsatzmöglichkeiten sind unerschöpflich: Sie kann gezupft in Salate gemengt, für Saucen und Suppen püriert, entsaftet, knusprig frittiert als Beilage oder einfach fein geschnitten unter allerlei Gerichte gemischt werden.

Das Kraut ist aber auch eine hervorragende Heilpflanze. Dunkelgrüne Petersilie ist eine außerordentlich reiche Quelle für Vitamin C, Betacarotin, B-Vitamine, Chlorophyll, Eisen, Mangan, Kalium, Folsäure und Bioflavone. Das macht sie zu einem wunderbaren Entwässerungs- und Entgiftungs-

mittel, das den Stoffwechsel aufs Angenehmste stimuliert und die Immunkräfte stärkt. Petersilie regt die Verdauung und den Appetit an.

Einkaufstipp
Petersilie sollte an den Spitzen und Stielenden frisch aussehen, die Blätter straff und grün sein und keine welken Stellen aufweisen.

Lagerung
Bei 2–5 °C und 90 % Luftfeuchtigkeit im Gemüsefach des Kühlschranks einige Tage.

Hauptsaison für heimische Ware
Von Mai bis November.

RINGELBLUME

Calendula oder Ringelblume ist eine ausgewiesene Heil- und Dekorationspflanze. Ihre leuchtend orangefarbenen Blüten schmücken den ganzen Sommer lang den Garten, und wenn man sie Samen bilden lässt, vermehrt sie sich ganz von selbst.

Die Blüten enthalten ätherische Öle, Bitter- und Schleimstoffe, Carotinoide und Flavonoide. Sie wirken antibakteriell, wundheilend, abschwellend und adstringierend.
Ihr Geschmack ist lieblich und frisch. Ringelblumenblütenblätter sind sehr dekorativ in einer Salat- oder Kräutermischung.

Die Blüten können frittiert, in Honig eingelegt, in Kräuterbutter oder getrocknet für Tees verwendet werden.

Einkaufstipp
Frische Ringelblumenblüten pflückt man am besten im Garten.

Lagerung
Abgeschnitten halten sich die Blüten in der Vase etwa 3 Tage. Getrocknete Ringelblumenblüten trocken, dunkel und luftdicht lagern. Haltbarkeit etwa 1 Jahr.

Hauptsaison für heimische Ware
Von Juni bis Oktober.

ROSENBLÜTEN

Die Rose ist Heil- und Dekorationspflanze zugleich. Die Naturmedizin lobt ihre harmonisierende, entspannende, nervenberuhigende und herzstärkende Wirkung, in der Kosmetik schätzt man ihre adstringierenden und hautberuhigenden

Eigenschaften. Das betörende Aroma der Rosen ist in der orientalischen Küche stark vertreten. Ungespritzte Duftrosenblüten eignen sich hervorragend für die Küche. Man kann sie frisch oder in manchen Fällen auch getrocknet verwenden. Rosen enthalten ätherisches Öl, Gerb- und Schleimstoffe und wichtige Flavonoide.

Einkaufstipp
Frische Rosenblüten am besten im Garten ernten. Sie sollten auf jeden Fall ungespritzt sein, um sie in der Küche zu verwenden.

Lagerung
Geschnitten sind Rosenblüten im Wasser etwa 4 Tage haltbar. Getrocknete Blütenblätter trocken, dunkel und luftdicht lagern. Haltbarkeit etwa 1 Jahr.

Hauptsaison für heimische Ware
Von Juni bis September.

SALBEI

Salbei gilt als Heil-, Schutz- und Würzpflanze gleichermaßen, besonders in den Mittelmeerländern ist er fester Bestandteil herzhafter Gerichte.

Die Sortenvielfalt der silbergrauen festen Blätter ist groß. Es gibt kleine und ausgesprochen groß-

blättrige Varianten, solche mit spitzen, langen oder mit runden, breiten Blättern, in die man sogar etwas einwickeln kann. Die lilafarbenen Blüten kann man ebenfalls essen. Tee aus frischen Salbeiblättern schmeckt wunderbar herbwürzig, gebratene oder frittierte Blätter werden leicht süßlich mit herber Note. Knoblauch oder Zwiebeln entlocken dem Salbei beim gemeinsamen Braten deftig herzhafte Züge.

Salbei wirkt antibiotisch, enthält ätherische Öle, Gerb- und Bitterstoffe und Flavonoide, denen reinigende und verjüngende Eigenschaften zugesprochen werden. Er regt die Fettverdauung an und hilft bei Halsentzündungen. Getrockneter Salbei wird gerne zum Räuchern verwendet.

Einkaufstipp
Frischen Salbei gibt es in fast jedem Kräutergarten. Aber auch Supermärkte bieten ihn im Töpfchen zum Kaufen an.
Getrocknete Salbeiblätter bekommt man in Apotheken, Reformhäusern oder Biomärkten.

Lagerung
Frische Salbeiblätter halten relativ lange bei Zimmertemperatur, wenn man sie in eine Vase mit Wasser stellt (bis zu 1 Woche). Im Kühlschrank werden sie schnell schwarz und verderben.

Hauptsaison für heimische Ware
Von Juni bis Oktober.

MILCHPRODUKTE UND EIER

HÜHNEREIER

Hühnereier spielen weltweit küchentechnisch gesehen eine bedeutende Rolle. Sie sind Erfolgsgrundlage für viele Torten und Kuchenteige, luftige Cremes und Saucen und außerdem in der westlichen Welt ein fester Baustein des klassischen Frühstücks – gekocht, als Spiegelei, Rührei oder Omelett. Wenn man den sprunghaften Anstieg des Pro-Kopf-Verbrauchs an Eiern über die vergangenen 150 Jahre betrachtet und dagegen die relative Bewegungsarmut in der heutigen Zeit mit dem relativen Bewegungsreichtum im Tagesablauf von vor 150 Jahren, wird klar, warum wir heute mit manchen ernährungsbedingten Beschwerden kämpfen.

Das Hühnerei enthält viel hochwertiges Eiweiß, Fett (vor allem im Eigelb), Lecithin, die Vitamine K, D, B_{12} und Carotin und zudem Kalzium, Eisen, Selen und relativ viel Cholesterin. Der übermäßige Genuss von Letzterem wird als bedenklich betrachtet, weil Cholesterin durch seine blutgefäßverengende Wirkung zu den Mitverursachern von Arteriosklerose, Herzinfarkt und Schlaganfall zählt. Allerdings weiß man heute, dass der Körper auch selbst Cholesterin erzeugt und die Aufnahme durch die Nahrung bei Weitem nicht die ausschließliche Ursache eines zu hohen Cholesterinspiegels sein muss. Beeinflusst werden kann der Blutcholesterinspiegel in jedem Fall durch den regelmäßigen Verzehr von Vollkornprodukten, frischem Gemüse und Früchten, die ihrerseits cholesterinbindende Ballaststoffe liefern. Aus kulinarischer Sicht ist der maßvolle Genuss von Eiern, pur oder verborgen in Eis, Nudeln und vielen anderen Gerichten, durchaus empfehlenswert, aber da auch pflanzliche Lebensmittel wie Pilze, Getreide und Hülsenfrüchte durchaus Proteine enthalten, kann der menschliche Eiweißbedarf sogar bei einer rein veganen Ernährung abgedeckt werden.

Die Farbe des Dotters und der Nährwert des Eis werden stark durch das Futter der Hühner beeinflusst. Je mehr Grünfutter und Mais ein Huhn zu fressen bekommt, desto dunkler ist das Eigelb durch die natürlich enthaltenen Carotinoide. Nicht zu verwechseln mit einem deutlichen Rotton des Dotters, der oft durch synthetische Farbstoffe im Futter erzeugt wird. Ein guter Grund, Eier mit dem Biosiegel von frei laufenden und gut gefütterten Hühnern zu bevorzugen.

Die Farbe der Eierschale hängt von der Hühnerrasse ab. Die Farbe des Gefieders gibt darüber keine Auskunft, sondern die Farbe der Ohrscheiben. Hühner mit weißen Ohrscheiben produzieren meistens weißschalige Eier, während solche mit roten Ohrlappen meist braunschalige Eier legen.

Einkaufstipp
Der Stempel auf dem Ei verrät die Art der Hühnerhaltung, das Herkunftsland, den Legebetrieb und den Stall. So bedeutet die Zahl am Anfang des Stempels: Ökologische Erzeugung (Ziffer 0), Freilandhaltung (1), Bodenhaltung (2), Käfighaltung (3). Die Buchstaben danach etwa DE für Deutschland oder IT für Italien geben Auskunft über das Herkunftsland. Eier gibt es in den Größen L (63–73 g), M (53–63g) und S (unter 53 g). Güteklasse A kommt in den Handel, Güteklasse B zur industriellen Verarbeitung (sogenannte Knickeier)

Lagerung
Frische Eier bei 2–6 °C im Kühlschrank nicht länger als 2 Wochen.

PARMESAN

Parmesan wird traditionell in einem natürlichen Herstellungsverfahren seit etwa 600 Jahren ausschließlich in den Provinzen Parma, Reggio-Emilia und Modena sowie in Teilen der Provinzen Bologna und Mantua produziert. Der Käse ist EU-weit geschützt und nur der echte Parmigiano-Reggiano, der in etwa 430 ausgesuchten Käsereien entsteht, erhält das begehrte Gütesiegel. Das Verfahren der Parmesan-Herstellung ist bis heute nur zum Teil mechanisiert. Vieles wird weiterhin traditionell von Hand gemacht. Für ein Kilo Käse nimmt man 16 Liter frische Milch der speziellen Parmesan-Kühe, die von einer natürlich belassenen Futtermischung leben. Jeder Käselaib wird mindestens 12 Monate gelagert. Die italienische Küche ist ohne Parmesan, den harten Reibekäse aus Norditalien, kaum vorstellbar. Er bindet nicht nur Pastasaucen und ist ein fester Bestandteil vieler Pesto-Rezepte. Zu feinen Blättchen gehobelt ergänzt sein würziges Aroma den natürlichen Geschmack von gedünstetem Fenchel oder Spargel, würzt Suppen und Risotti, harmoniert mit Rucola, Bresaola oder Parmaschinken. In Stückchen vom Laib gebrochen passt er perfekt zu Antipasti, zu Schaumwein oder zu vollem Rotwein. Entscheidend für seinen Geschmack und seine Verwendung ist – wie etwa auch bei Gouda – der Reifegrad des Käses. Diese unterschiedlichen Reifegrade werden durch drei verschiedene Siegel gekennzeichnet:

Ein über 18 Monate gelagerter »Nuovo« (rotes Siegel) wird zum Beispiel zu Prosecco gereicht. Die meisten Parmesanlaibe reifen jedoch mindestens 22 Monate und erhalten dann die Bezeichnung »Vecchio« (silbernes Siegel). »Stravecchio« (goldenes Siegel) heißt der mehr als drei Jahre alte Parmesan, ein angemessener Begleiter für einen großen Rotwein. Für den sehr seltenen

»Stravecchione« muss Parmesan sogar mindestens vier Jahre in den speziellen klimatisierten Lagern liegen, wo die Laibe immer wieder gewendet, gesäubert und kontrolliert werden. Der Hartkäse ist ein wertvolles Lebensmittel, das auf 100 g nur noch 30 % Wasser enthält, dafür aber 33,0 % Eiweiß, 28,4 % hochwertiges Fett sowie Kalzium, Phosphor, Magnesium, Vitamine A, B_1, B_2. Parmesan immer erst kurz vor der Zubereitung reiben und vollständig aufbrauchen.

Einkaufstipp
Je nach der Art der Verwendung auf den Reifegrad achten: Je jünger (Nuovo) desto eher für Saucen – je älter (Vecchio, Stravecchio, Stravecchione), umso eher zu wertvollen Weinen.

Lagerung
Wer Parmesan länger aufheben will, sollte mindestens einen Vecchio kaufen. Er hält sich im Kühlschrank einige Wochen, wenn er nicht zu feucht liegt. Nicht in Frischhaltefolie wickeln. Ideal ist die Aufbewahrung Butterbrotpapier oder unter einer Käseglocke.

Hauptsaison
Parmesan ist das ganze Jahr über frisch erhältlich. Besonders empfohlen wird Parmesan aus der Herbstproduktion.

NÜSSE UND ÖLSAATEN

Nüsse und Ölsaaten sind durch ihre wertvollen Inhaltsstoffe wichtige Bestandteile für eine vollwertige vegetarische Ernährung. Vor allem liefern sie hochwertiges Eiweiß, Mineralstoffe und Spurenelemente. Durch ihren hohen Fettanteil sind sie auch sehr kompakte Energielieferanten.

LEINSAMEN

Die vielseitige Leinpflanze bringt neben anderen Rohstoffen besonders ölhaltige Samen hervor, die Ballast- und Schleimstoffe, ungesättigte Fettsäuren, reichlich Vitamin E und Biotin und die Mineralstoffe Kalium, Kalzium und Magnesium enthalten. Besonders der Ballast- und Schleimstoffe wegen wird Leinsamen für seine entzündungshemmende und den Darm stimulierende Wirkung gelobt. Das wertvolle Öl der Leinsamen mit seinem unverwechselbaren, feinen Geschmack ist ein sehr geschätztes, leider relativ schnell verderbliches Nahrungsmittel.

Braune Leinsamen schmecken erdig-intensiv, goldgelbe Leinsaat lieblich-mild. Am besten schrotet man sie portionsweise immer ganz frisch, um alle wertvollen Inhaltsstoffe zu erhalten.

Einkaufstipp
Goldgelbe oder braune Leinsamen sollten trocken sein und keine Verunreinigungen aufweisen.

Lagerung
Leinsamen sind, trocken und luftdicht aufbewahrt, relativ lange lagerfähig. Leinöl nur in kleinen Portionen kaufen und im Kühlschrank höchstens 8 Wochen aufbewahren. Die Samen und auch das Öl schmecken seifig-ranzig, wenn sie alt werden.

MANDELN

Man unterscheidet Bittermandeln und Süßmandeln. Ganze Bittermandeln enthalten Blausäure und gelten für den Verzehr als bedenklich. Bei dem aus ihnen gewonnenen aromatischen

Bittermandelöl wird die Blausäure entfernt, bevor es in den Handel kommt. Es dient zum Aromatisieren von Kuchen und Desserts. Der Samenkern der Süßmandeln hat viele Vorzüge: Er ist sowohl frisch (junge grüne Mandeln) als auch getrocknet ein köstlicher Snack und eignet sich genauso zum Herstellen von Desserts, Cremes, Kuchen und Kleingebäck. Süßes Mandelöl ist von feinem und mild-lieblichem Geschmack. Es enthält reichlich ungesättigte Fettsäuren. Zudem sind Mandeln eine gute Vitamin-B-Quelle, also Gehirn- und Nervennahrung pur, liefern Vitamin E, Kalium, Kalzium, Magnesium und Eiweiß.

Einkaufstipp
Frische grüne Mandeln gibt es nur saisonal im Handel. Die grünen pelzigen Mandelhüllen sollten frisch aussehen und keine Quetschungen oder Verfärbungen aufweisen.
Getrocknete Mandeln sollten trocken und unbeschädigt sein und keine Verunreinigungen aufweisen.

Lagerung
Frische Mandeln bis zu 5 Tage im Kühlschrank. Getrocknete Mandeln trocken und luftdicht aufbewahren, sie sind relativ lange lagerfähig. Mandelöl hält sich im Kühlschrank bis zu 6 Monate.

Saison
Für frische Mandeln von März bis Mai.

MARONEN/ESSKASTANIEN

Die Früchte der Edelkastanie werden je nach Sorte Esskastanien oder Maronen genannt und sind nahrhafte, sehr stärkehaltige und basenbildende Lebensmittel. In ihnen stecken viele Kohlenhydrate, kaum Fett, reichlich essenzielle Aminosäuren, viel Kalium und Vitamine der B-Gruppe. Ihr süßer Geschmack geht ein wenig in Richtung Kartoffeln und wird durch Rösten oder Backen der ganzen Kastanien noch intensiviert.

Etwas mühevoll jedoch ist das Schälen: Unter der ledrigen, festen Schale befindet sich ein relativ großer Kern. Die silberne, filzige Haut zwischen Kern und Schale löst sich beim Backen und Kochen etwas ab, sodass auch sie entfernt werden kann. Wer sich diese Arbeit sparen will, kann bereits gekochte und geschälte Kastanien vakuumverpackt kaufen. Eine gute Alternative, wenn es schnell gehen soll.

■ **Einkaufstipp**
[G]anze Kastanien sollten eine unbeschädigte [S]chale aufweisen, fest sein und keine Anzeichen [v]on Schimmel oder Austrocknung zeigen.

■ **Lagerung**
[F]rische Kastanien kühl aufbewahren und [i]nnerhalb von 3 Wochen verbrauchen. Vaku[u]mverpackte oder getrocknete Kastanien bzw. [K]astanienmehl halten sich bis zu 1 Jahr.

■ **Saison**
[V]on November bis Januar.

MOHN

Mohnsamen finden sich in vielen Gerichten – als Füllung für Strudel oder Hefeklöße, auf Brot und Brötchen gestreut, in Desserts, Soufflés, Parfaits oder allerlei Kuchen und Torten. Die winzigen Samen der Mohnblume enthalten 40–50 Prozent Öl, das reich an ungesättigten Fettsäuren – Linolsäure, Ölsäure und Linolensäure – ist, sodass sie schnell ranzig werden.

Deshalb ist es empfehlenswert, keinen gemahlenen Mohn zu kaufen, sondern den ganzen Samen, weil er so besser vor Oxidation geschützt ist. Am besten mahlt man Mohn in einer sogenannten Mohnquetsche oder im Mörser unmittelbar vor dem Gebrauch.

Kräftig und würzig schmeckt der dunkle Blaumohn, mild und fein der hellere Graumohn, nussig der weiße Samen. Mohn wird seit alters her auch für die Ölgewinnung verwendet. Öl aus weißem, blauem oder grauem Mohn ist eine ausgezeichnete Küchenzutat, jedoch sollte es kühl gelagert und schnell aufgebraucht werden.

■ **Einkaufstipp**
Mohn sollte nicht ranzig riechen oder bitter schmecken. Das Gleiche gilt für Mohnöl. Empfehlenswert ist es, Mohn in kleinen Mengen zu kaufen und zügig zu verbrauchen.

■ **Lagerung**
Mohnsamen trocken und luftdicht aufbewahren; Mohnöl kühl und dunkel.

PILZE

Pilzkenner haben es gut. Im Sommer und Herbst deckt die Natur ihren Tisch abwechslungsreich und gesund. Doch auch für alle anderen Pilzliebhaber wartet ein breites Angebot an Zucht- und Waldpilzen auf den Märkten. Sie enthalten für Vegetarier wertvolles pflanzliches Eiweiß und sollten deshalb öfter auf dem Speiseplan stehen.

AUSTERNPILZ

Der feine Austernpilz ist heute beinahe so populär wie der Champignon. Er ist hauptsächlich als Zuchtpilz, gezogen auf feuchten Strohballen, erhältlich. Er wächst jedoch in europäischen Wäldern auch wild auf morschen Baumstümpfen, nach den ersten Nachtfrösten im späten Herbst. Seine muschelförmigen Pilzköpfe, die dachziegelartig übereinander angeordnet in Büscheln wachsen, gibt es in Farbschattierungen von Weiß über Grau bis Gelb oder Lila.

Austernpilze schmecken hervorragend gebraten, in Saucen oder paniert. Ihr helles Fleisch ist saftig, hat einen festen Biss und ein feines Aroma. Der gezüchtete Austernpilz muss kaum gereinigt werden: Die Wurzeln am Stiel abtrennen, mit einem Küchenpapier eventuelle Verunreinigungen abwischen und der Pilz ist fertig für die weitere Verarbeitung. Wie bei allen Pilzen gilt auch hier: Wenn irgend möglich Pilze nicht waschen, sondern abbürsten oder abwischen.

■ **Einkaufstipp**
Ein frischer Austernpilz sollte glatt und prall sein, der Kopf an den Enden eingerollt und nicht fransig oder ausgetrocknet erscheinen und keine Verfärbungen aufweisen. Die Lamellen an der Unterseite sollten unbeschädigt und frisch sein.

■ **Lagerung**
Bei 2–4 °C und 90 % Luftfeuchtigkeit im Gemüsefach des Kühlschranks.

■ **Hauptsaison für heimische Ware**
Er wird als Zuchtpilz ganzjährig angeboten. Wild wächst er ab Oktober bis etwa Februar.

BRAUNER EGERLING

Der braune Zuchtchampignon, wie er auch heißt, ist der eigentliche Urvater des weißen Zuchtchampignons, und nur wenige wissen, dass er auch als Wildform vorkommt. Er wird neben dem weißen Champignon gezüchtet ganzjährig auf den Märkten angeboten und hat viele Liebhaber. Sein etwas intensiveres, nussartiges Aroma ist in manchen Gerichten passender als das des milderen weißen Champignons. Verwendet wird er wie der weiße Champignon.
Die beiden können in den meisten Rezepten gegeneinander ausgetauscht werden. Zum Reinigen die Pilze mit einem Küchenpapier abwischen und wenn irgend möglich nicht waschen, sonst saugen sie sich mit Wasser voll und verlieren an Geschmack.

Einkaufstipp
Ein frischer brauner Egerling ist samtig nussbraun, glatt und trocken, der Kopf bis zum Stiel hin eingerollt. Die Lamellen an der Pilzunterseite sollten unbeschädigt und frisch sein, die Schnittstelle am Stiel nicht ausgetrocknet.

Lagerung
Nur kurz bei 2–4 °C und 90 % Luftfeuchtigkeit im Gemüsefach des Kühlschranks.

Hauptsaison für heimische Ware
Der braune Egerling wird als Zuchtpilz ganzjährig angeboten.

CHAMPIGNON

Der Wiesenchampignon ist ein Wildpilz, der, wie sein Name schon sagt, auf saftigen Wiesen im Spätsommer bis in den Herbst hinein zu finden ist. Durch ganzjährige Züchtung in lichtdichten Kellern wurde er zum wohl beliebtesten und meistgekauften Speisepilz. Sein Geschmack ist mild und schwach aromatisch, das Fleisch fest und beim Kochen stabil. Champignons eignen sich zum Backen, Braten, Schmoren oder Füllen (besonders die Riesenchampignons mit extra großem Pilzkopf). Weiße und braune Champignons können in den meisten Rezepten gegeneinander ausgetauscht werden.

Zum Reinigen die Champignons mit einem Küchenpapier abwischen und wenn irgend möglich nicht waschen, sonst saugen sie sich mit Wasser voll und verlieren an Geschmack.

Einkaufstipp
Ein frischer Champignon ist weiß, sollte glatt und trocken sein, der Kopf bis zum Stiel hin eingerollt. Die Lamellen an der Pilzunterseite sollten unbeschädigt und frisch sein, die Schnittstelle am Stiel nicht ausgetrocknet.

Lagerung
Nur kurz bei 2–4 °C und 90 % Luftfeuchtigkeit im Gemüsefach des Kühlschranks.

Hauptsaison für heimische Ware
Der Champignon wird als Zuchtpilz ganzjährig angeboten. Wild findet man ihn im Spätsommer bis in den Herbst hinein.

HABICHTSPILZ

Er wird auch Rehpilz genannt und man findet ihn in fast jedem Nadelwald – er wächst besonders üppig gegen Ende des Sommers bis in den späten Herbst hinein. Der Hut des jungen Habichtspilzes ist an den Rändern eingerollt, später streckt er sich fast eben aus.

Er ist schokoladenbraun und mit fleischigen, sparrigen, großen Schuppen kreisförmig besetzt, die bei alten Exemplaren schwarzbraun werden. Das Fleisch ist schmutzig weiß. Sein Geruch kann

als eigenartig aromatisch bezeichnet werden. Er gilt frisch als nicht sehr edler Speisepilz, entwickelt aber ausgezeichnete Qualitäten beim Trocknen. Pilzpulver aus getrockneten Habichtspilzen wertet jedes Pilzgericht auf, da es das Aroma intensiviert. Wie alle Pilze enthalten sie wertvolles pflanzliches Eiweiß, Vitamine der B-Gruppe und Mineralstoffe. Den Habichtspilz vor der Zubereitung mit einer kleinen weichen Bürste oder einem Küchentuch abwischen, dann verarbeiten.

Einkaufstipp
Habichtspilze werden kaum auf dem Markt angeboten, man muss sie selbst sammeln. Am besten schneidet man die ganz jungen Pilzkappen in dünne Streifen und trocknet sie an der Luft.

Lagerung
Frische Pilze fein blättrig schneiden, lufttrocknen und im Mixer pulverisieren. Das Pulver dunkel, luftdicht und trocken lagern.

Hauptsaison für heimische Ware
Spätsommer bis Spätherbst.

KRATERELLE

Die goldgelbe **Kraterelle** ist ein in üppigen Flächen im feuchten Moos wachsender vielfach unterschätzter Wildpilz, der zur Familie der Pfifferlinge gehört.

Ein enger Verwandter und ebenso aromatisch ist die **schwarze Herbsttrompete** (Totentrompete). Die Kraterelle hat einen goldgelben Fuß und eine dunkelbraune bis graubraune trichterförmige Kappe mit Lamellen an der Unterseite.

Der relativ kleine, sehr saubere Pilz muss vor der Zubereitung lediglich von Moos und Wurzeln befreit werden. Er eignet sich exzellent für Suppen oder zum Mischen unter Pastagerichte. Man kann ihn auch trocknen. Wie alle Pilze enthält er wertvolles pflanzliches Eiweiß, Vitamine der B-Gruppe und Mineralstoffe.

Einkaufstipp
Eine frische Kraterelle ist saftig und zart, der Stiel gelb und hohl. Sie duftet intensiv nach Wald.

Lagerung
Wildpilze so frisch wie möglich genießen oder für den späteren Gebrauch einfrieren. Getrocknete Kraterellen dunkel, luftdicht und trocken lagern.

Hauptsaison für heimische Ware
Herbst bis Spätherbst.

RÄUTERSEITLING

er auf Strohballen gezüchtete Kräuterseitling at einen ausgesprochen festen, fleischigen eißen Stiel und beigebraune, im Verhältnis um Stiel kleine Köpfe mit Lamellen an der nterseite. Sein Geschmack ist angenehm ild und doch waldartig aromatisch. Er ist ein uchtpilz der neueren Sorte und erobert die erzen mit seiner festen Struktur, ganz ähnlich er des Steinpilzes, die es erlaubt, den ganzen der halbierten Pilz zu grillen oder zu braten, da r dabei bissfest bleibt.

er Kräuterseitling muss vor der Zubereitung neistens nur von etwaigen Wurzelansätzen efreit und leicht abgewischt werden.

Einkaufstipp
in frischer Kräuterseitling sollte fest und rocken, die Lamellen an der Pilzunterseite unbeschädigt und frisch sein.

Lagerung
Nur kurz bei 2–4 °C und 90 % Luftfeuchtigkeit im Gemüsefach des Kühlschranks.

Hauptsaison für heimische Ware
Der Zuchtpilz wird ganzjährig angeboten.

MORCHEL

Die sogenannte **Maimorchel** ist ein geschätzter Edelpilz, dessen Erscheinen auf dem Markt das Frühjahr einläutet. Der Wildpilz wächst gerne in Auwäldern und an Flussufern. Seine eiförmigen Hüte mit den wabenartigen Vertiefungen sind meist voll Sand und müssen sehr gut unter fließendem Wasser gereinigt werden. Die Stiele sind eher zäh und werden entfernt. Hat man sich jedoch die Mühe der gründlichen Reinigung gemacht, wird man mit dem ganz eigenen Geschmack dieses feinen und ungewöhnlichen Pilzes belohnt. Pur, einfach nur in Butter gebraten, schmeckt er auf einem knusprigen Brot sehr gut. Voller wird das Aroma, wenn es sich in Sahnesauce mit einem Schuss Sherry entfalten kann – zum Beispiel zu Pasta, auf einer Tarte oder zu Reis.

Morcheln können gut getrocknet werden, das intensiviert ihren Duft deutlich. Ihr Einweichwasser ist dann so aromatisch, dass man es für Saucen oder zum Kochen von einem entsprechenden Risotto verwenden kann. Wie alle Pilze besitzen auch Morcheln wertvolles pflanzliches Eiweiß und Vitamine der B-Gruppe.

Einkaufstipp
Frische Morcheln sollten trocken und nicht brüchig sein.

Lagerung
Nur kurz bei 2–4 °C und 90 % Luftfeuchtigkeit im Gemüsefach des Kühlschranks. Getrocknete Pilze dunkel, luftdicht und trocken lagern.

Hauptsaison für heimische Ware
Frische Morcheln von März bis Juni.

PFIFFERLING

Ein wilder Pilz, überall bekannt und kulinarisch hoch geschätzt, ist der Pfifferling. Wegen seiner gelben Farbe nennt man ihn auch Eierschwammerl oder Reherl. Die Pilze wachsen gerne in Gruppen auf demselben Boden wie die Steinpilze und verraten selbst unerfahrenen Sammlern deshalb oft unfreiwillig auch deren Versteck.

Die angenehm duftenden Pfifferlinge schmecken gebraten, in Saucen und Suppen. Man sollte sie vor der Zubereitung nicht waschen, sondern zum Reinigen sorgsam abbürsten oder -wischen. Wie alle Pilze enthalten sie wertvolles pflanzliches Eiweiß, Vitamine der B-Gruppe und Mineralstoffe.

Einkaufstipp
Ein frischer Pfifferling ist gelb, trocken und fest, weist keine dunklen Verfärbungen auf und die Lamellen an der Unterseite sind unbeschädigt. Er duftet intensiv nach Wald und ganz leicht nach Pfirsichen.

Lagerung
Bei 2–4 °C und 90 % Luftfeuchtigkeit im Gemüsefach des Kühlschranks. Wildpilze möglichst ganz frisch genießen oder für den späteren Gebrauch einfrieren.

Hauptsaison für heimische Ware
Früher Sommer bis Herbst.

REIZKER

Der **echte Reizker** (auch Blutreizker oder Wacholdermilchling) ist eine wahre Wildpilz-Delikatesse. Der Hut dieses vorzüglichen Pilzes ist deutlich orangefarben oder ziegelrot. Die Oberfläche ist in Zonen von orangefarbenen und grünen Ringen unterteilt. Die Kappe des jungen Pilzes ist flach mit nach unten gleichmäßig gebogenem Rand. Sein Fleisch ist rötlich gelb, wenn man den Pilz anschneidet, tropft orangerote Milch heraus. Sein Duft ist mild-aromatisch und zugleich würzig. Er bevorzugt als Standort dichtes Moos und feuchte Wiesen, wächst üppig auch im Heidekraut und in Nadelgehölzen von Ende

Juni bis November. Frisch gehört er zu unseren wertvollsten Gewürzspeisepilzen.

Sie haben eine leicht klebrige Oberfläche, an der gerne Moos und Erde haften bleiben. Hier hilft oft nur kurzes Abbrausen unter kaltem Wasser.

Einkaufstipp
Ein frischer Reizker ist orange und fest, weist keine dunklen Verfärbungen auf und die Lamellen an der Unterseite sind unbeschädigt. Er duftet intensiv nach seinem ganz eigenen betörenden Aroma.

Lagerung
Wildpilze so frisch wie möglich genießen. Der Reizker eignet sich nicht zum Einfrieren oder Trocknen, jedoch sehr gut zum Einmachen.

Hauptsaison für heimische Ware
Früher Sommer bis Spätherbst.

SHIITAKEPILZ
Dieser Zuchtpilz ist eigentlich ein Japaner. Dort und in China gilt er als medizinische Wunderwaffe. Er wird gegen zu hohen Blutdruck und Cholesterinspiegel, gegen das Altern, Viren und Tumore eingesetzt. Zudem enthalten Shiitakepilze wertvolles pflanzliches Eiweiß und die wichtigen Vitamine B_1, B_2, B_6 und B_{12}. Deshalb und wegen ihres hervorragenden Geschmacks sind sie in der Küche und Heilkunde sehr präsent.
Shiitakepilze werden frisch oder getrocknet angeboten. Man verwendet den dickfleischigen, intensiv schmeckenden, dunkelbraunen Pilzkopf: Die Stiele abtrennen, mit einem Küchenpapier eventuelle Verunreinigungen vom Kopf abwischen und diesen verarbeiten. Wie bei allen Pilzen gilt auch hier: Wenn irgend möglich nicht waschen, sondern abbürsten oder abwischen. Die Pilze eignen sich hervorragend zum Braten, Grillen, Dünsten und als Würzzutat (Shiitakepulver). Die zähen Stiele kann man zur Herstellung von Pilzfonds verwenden.

Einkaufstipp

Ein frischer Shiitakepilz ist samtig und trocken, der Kopf an den Rändern stark eingerollt. Die Lamellen an der Pilzunterseite sollten unbeschädigt und frisch sein.

Lagerung
Nur kurz bei 2–4 °C und 90 % Luftfeuchtigkeit im Gemüsefach des Kühlschranks. Getrocknete Pilze dunkel, luftdicht und trocken lagern.

Saison
Der Zuchtpilz wird ganzjährig angeboten.

STEINPILZ
Hoch geschätzt und begehrt ist der Steinpilz bei Gourmets und Pilzsammlern, wenn seine Saison im späten Sommer beginnt und bis in de Herbst hinein dauert. Er wächst in europäischen Nadel- und Mischwäldern, und wer ihn je frisch gefunden und sofort verarbeitet hat, gerät ins Schwärmen über den kugeligen, gedrungenen Pi mit seiner samtbraunen Kappe und dem weißen Stiel.

Das feste Fleisch eignet sich hervorragend zum Braten, Grillen, für Suppen, Saucen und zum Einmachen. Auch hier gilt: Die Pilze vor der Zubereitung nicht waschen, sondern zum Reinigen sorgsam abbürsten oder abwischen. Getrocknet entwickelt der Steinpilz ein sehr intensives Aroma, sodass man mit ihm hervorragend Pilzgerichte würzen kann. Der nahrhafte Steinpilz enthält wertvolles pflanzliches Eiweiß, einige Vitamine der B-Gruppe und Vitamin D.

Einkaufstipp
Ein frischer Steinpilz ist fest und knackig wie eine Kartoffel, seine Kappe samtig und trocken.

Lagerung
Wildpilze so frisch wie möglich genießen oder fein blättrig schneiden und für den späteren Gebrauch einfrieren. Getrocknete Pilze dunkel, luftdicht und trocken lagern. Ganz junge Steinpilze eignen sich auch sehr gut zum Einmachen.

Hauptsaison für heimische Ware
päter Sommer bis Herbst; nur Wildsammlung, ine Zucht.

RÜFFEL

Um die Trüffel ist ein regelrechter Kult entstanden und Kennern ist zur Trüffelsaison keine Reise zu weit, um sie vor Ort ganz frisch genießen zu können. Als Königin der Speisepilze bezeichnet man die wertvolle, weil aufwendig zu findende Trüffel. Sie ist eine marmorartig durchwachsene, der Kartoffel in Aussehen und Festigkeit nicht unähnliche Knolle, die fein gehobelt ihr unnachahmliches Aroma verströmt. Schwarzgrau bis beigebraun kann eine Trüffel sein, je nach Sorte. Die helleren Sorten (weiße Trüffel) sind in der Regel stärker im Aroma und Duft als die dunkleren, die Wintertrüffeln aromatischer als die milden Sommertrüffeln.

Man findet Trüffeln in den Eichenwäldern Italiens und Frankreichs, wo mittlerweile auch eine aufwendige Kultivierung der begehrten knolligen Pilze gelingt. Es gibt auch die sogenannte Sandtrüffel oder Wüstentrüffel, die im Geschmack jedoch eher an Champignons erinnert. Wie alle Pilze enthalten sie wertvolles pflanzliches Eiweiß, Vitamine der B-Gruppe und Mineralstoffe. Trüffeln muss man mit einer kleinen Bürste unter fließendem Wasser gründlich in allen Ritzen säubern.

Einkaufstipp
Eine frische Trüffel ist knollig, oft warzig, immer trocken und fest.

Lagerung
Trüffeln sollten trocken gelagert werden. Einmieten in Sand oder in Reiskörner. Man kann sie auch einmachen oder in Öl einlegen.

Saison
Sommer, Winter ... je nach Sorte.

ZIEGENBART

Der Ziegenbart (auch Bärentatze, Bocksbart oder Hahnenkamm) ist ein wohlschmeckender Wildpilz für Kenner. Sein weißgelblicher, knolliger Strunk teilt sich in eine Anzahl Äste, aus denen wiederum mehrere kleine Zweige emporsteigen. Die Äste enden in meist zweiteiligen, stumpfen Spitzen. Besonders beim frischen Pilz ist das Fleisch zart, die Äste sind brüchig. Der Geruch ist schwach und sehr angenehm nach Wald. Der Geschmack ist nussartig und fein, ältere Pilze schmecken jedoch eher bitter und sollten nicht verwendet werden.
Wie alle Pilze enthalten sie wertvolles pflanzliches Eiweiß, B-Vitamine und Mineralstoffe. Der Ziegenbart ist manchmal schwer zu reinigen – in

vielen Fällen hilft nur rasches Abbrausen der korallenartigen Verzweigungen mit kaltem Wasser.

Einkaufstipp
Ein frischer Ziegenbart ist hell- bis dunkelgelb, trocken und fest. Nur junge Pilze verwenden.

Lagerung
Wildpilze möglichst ganz frisch genießen oder fein blättrig schneiden und für den späteren Gebrauch einfrieren.

Hauptsaison für heimische Ware
Später Sommer bis Herbst.

SALAT

Salat darf in der heutigen, modernen Ernährung auf keinem Speiseplan fehlen. Er sieht dekorativ aus, ist kalorienarm und dennoch reich an wertvollen Inhaltsstoffen. Die besten Salate kommen aus dem Freiland und da die Sortenvielfalt groß ist, muss man auch im Winter nicht auf das knackige Grün auf dem Teller verzichten.
Der wichtigste Inhaltsstoff von Salat ist Chlorophyll. Dieser Pflanzenfarbstoff hilft Zellen zu reparieren und aufzubauen, er unterstützt die Leber bei der Entgiftung, ist beteiligt an der Bildung roter Blutkörperchen und bei der Infektabwehr. Zudem enthalten Salate besonders Vitamin C, Carotin, die Vitamine B_1 und B_2, Phosphor, Natrium, Kupfer und sind ein wichtiger Basenlieferant.

CHICORÉE

Dieser beliebte Wintersalat mit leicht bitterer Note und gelben oder roten Blattspitzen stammt von der wilden Zichorie ab, von der man eigentlich nur die Wurzeln verwendete, bis man eher aus Versehen entdeckte, dass deren Knospen, wenn man sie im Dunkeln sprießen lässt, äußerst zart und fein sind. Er hat einen saftigen und knackigen Biss. Sein Bitterstoff Intybin regt den Gallenfluss und die Lebertätigkeit an und ist im weißen Milchsaft enthalten, der beim Anschneiden des Chicorées

austritt. Da die Sprossen im Dunkeln wachsen, bildet sich praktisch kein Chlorophyll.

Chicorée ist köstlich roh als Salat, die Blätter kann man als Schiffchen füllen, zu Dips reichen oder ganz einfach in Stücke schneiden und mit einem Joghurtdressing und Orangenfilets anmachen. Gekocht schmeckt Chicorée mild und harmoniert mit kräftigen Aromen, er lässt sich karamellisieren, überbacken oder füllen.

Einkaufstipp
Die Knospen sollten keine Druckstellen oder Verfärbungen, knackige Blätter ohne braune oder welke Blattspitzen und eine frisch aussehende Schnittstelle am Strunk aufweisen.

Lagerung
Im Frischhaltebeutel bei 0–5 °C; vor Licht geschützt – damit er schön weiß bleibt – und bei 90 % Luftfeuchtigkeit im Gemüsefach des Kühlschranks bis zu 8 Tage.

Hauptsaison für heimische Ware
Von Oktober bis Februar.

EICHBLATTSALAT

Eichblattsalat verdankt seinen Namen seinem Aussehen. Die hübschen Blätter sind grün oder rötlich braun, verzweigt wie Eichenlaub und zart wie Kopf- oder Pflücksalat und sollten ebenso vorsichtig behandelt werden. Sie werden einzeln vom Kopf gelöst, gewaschen, in kleineren Stücken von der Blattrispe gezupft und dann

schnellstmöglich verarbeitet. Am besten macht sich Eichblattsalat in gemischten Blattsalaten oder auch solo mit leichten Dressings oder einer Vinaigrette angemacht. Er schmeckt ein klein wenig nussiger als Kopfsalat.

Einkaufstipp
Auf knackige Umblätter ohne Knicke oder welke Stellen und eine frisch aussehende Schnittstelle am Strunk achten.

Lagerung
Im Frischhaltebeutel bei 4–6 °C und 90 % Luftfeuchtigkeit im Gemüsefach des Kühlschranks 2–4 Tage.

Hauptsaison für heimische Ware
Für Freilandsalat von Mai bis Oktober.

EISBERGSALAT

Eisbergsalat ist eine kalifornische Züchtung, deren ausgesprochen knackige, robuste Blätter besonders feste Köpfe bilden. Er ist saftig und fleischig, hat Biss und ein herzhaftes und leicht nussartiges Aroma. Es gibt relativ große Qualitätsunterschiede: Am besten schmeckt Eissalat, wenn er im Freiland wachsen durfte und schöne grüne oder rötliche Blätter (je nach Sorte) bilden konnte. Häufig jedoch bekommt man nur blass aussehende Köpfe, fest in Folie verpackt, zu kaufen. Ihr Geschmack ist eher wässrig und nichtssagend. Hinsichtlich ihrer Inhaltsstoffe ähneln sich alle Salate (siehe oben).

Zur Zubereitung zupft man die einzelnen Blätter oder man schneidet die Köpfe in Spalten oder Streifen. Sobald der Salat geschnitten ist, sollte er weiterverarbeitet werden, denn er wird an den Schnittstellen braun und verliert dort schnell seine Vitamine. Wegen seiner festen Blätter ist Eisbergsalat klassischer Bestandteil in Sandwiches, er passt sehr gut zu schwereren Salatdressings und auch warme Kartoffeln oder andere gegarte Zutaten wie gedämpfte grüne Bohnen sind perfekt für diesen stabilen Salat.

Einkaufstipp
Auf knackige Umblätter und eine frisch aussehende Schnittstelle am Strunk achten. Kräftig grüne oder rötliche Köpfe sind das Merkmal von Freiland-Eisbergsalat.

Lagerung
Im Frischhaltebeutel bei 0–5 °C und 90 % Luftfeuchtigkeit im Gemüsefach des Kühlschranks bi zu 10 Tage.

Hauptsaison für heimische Ware
Für Freilandsalat von Mai bis Oktober.

ENDIVIE

Endiviensalat ist verwandt mit dem Chicorée und zählt zu den klassischen Bittersalaten. Seine festen Blätter variieren von intensivem Grün im äußeren Ring bis hellem Gelb im Herz des Salatkopfs. Man unterscheidet den Escariol mit breiten, festen und nur wenig gekrausten Blättern und den Friséesalat (Krause Endivie) mit ebenso stabilen, aber sehr fransig zerzausten und krausen Blättern, die sich hervorragend zum Dekorieren eignen.

Die einzelnen Blätter der Endivie können entweder gezupft werden oder man schneidet den ganzen Kopf in breite Streifen. Sobald der Salat zerkleinert ist, sollte er zügig weiterverarbeitet werden, denn die Schnittstellen werden braun und der Salat verliert dort schnell seine Vitamine. Früher galt die Empfehlung, Bittersalate in Wasser auszulaugen, heute schätzt man zum Glück die Bitterstoffe sowohl wegen ihrer gesundheitlichen Wirkung als auch wegen ihres kulinarischen Werts.

Vor allem im Milchsaft steckt der Bitterstoff Intybin, der die Gallensekretion fördert. Ansonsten besitzt Endivie die im Salat üblichen Inhaltsstoffe iehe Seite 389). Endivien schmeckt nussartig nd verträgt warme Dressings mit geschmorten chalotten oder heißen Kartoffeln und Ei.

Einkaufstipp
uf frische Köpfe ohne braune oder welke Blattpitzen und eine frisch aussehende Schnittstelle m Strunk achten.

Lagerung
n Frischhaltebeutel bei 0–6 °C und 90 % Lufteuchtigkeit im Gemüsefach des Kühlschranks bis u 10 Tage.

Hauptsaison für heimische Ware
on Mai bis Januar.

ELDSALAT

eldsalat ist ursprünglich eine Wildpflanze, deren Rosetten erst seit etwa 130 Jahren kultiviert werden. Lässt man ihn im Garten blühen, samt er sehr schnell wild aus und wächst nahezu überall wie Unkraut. Obwohl er in der Küche arbeitsintensiv ist, da die schwer zu reinigenden Blattrosetten meist erdig oder sandig sind, erfreut sich der Feldsalat in seiner Sortenvielfalt ausgesprochener Beliebtheit. Unter Feinschmeckern ist der besonders kleinblättrige Mausohr-Feldsalat hoch geschätzt. Seine zarten, intensiv nach Nuss schmeckenden Blätter sind eine Delikatesse.

Feldsalat ist sehr zart und leider nicht sehr lange haltbar. Er ist extrem druckempfindlich und sollte deshalb äußerst vorsichtig gewaschen werden. Leider muss man ihn oft mehrmals waschen, um Sand und Erde vollständig zu entfernen. Nussöle wie Walnuss- oder Haselnussöl unterstreichen sein Aroma optimal – leichte Vinaigrettes sind seine perfekten Begleiter. Klassisch wird Feldsalat gerne in Kartoffelsalaten und ganz generell als Garnitur bei winterlichen Vorspeisen verwendet. Er ist neben Petersilie ein bedeutender pflanzlicher Eisenlieferant, enthält mehr Carotin und Vitamin C als andere Salate und zudem das ätherische nervenstärkende Baldrianöl.

Einkaufstipp
Auf feste, tiefgrüne Blattrosetten und frisch aussehende Schnittstellen an den Wurzeln achten.

Lagerung
Im Frischhaltebeutel bei 0–4 °C und 90 % Luftfeuchtigkeit im Gemüsefach des Kühlschranks 2–3 Tage. Vor Druck schützen.

Hauptsaison für heimische Ware
Von Oktober bis Februar.

KOPFSALAT

Er ist der bekannteste und beliebteste Salattyp in Europa. Seine butterzarten grünen Blätter mit

einem hellgelben Herz sind der Klassiker unter den Blattsalaten. Allerdings gibt es auch roten Kopfsalat. Die Blätter schmecken mild und ganz leicht säuerlich. Hinsichtlich ihrer Inhaltsstoffe ähneln sich alle Salate (siehe Seite 389).

Die einzelnen Blätter werden vom Kopf gelöst, gewaschen und dann in kleineren Stücken von der Blattrispe gezupft. Danach sollte der Salat möglichst rasch zubereitet werden, beispielsweise mit klassischen Vinaigrettes. Seine Blätter lassen sich auch mit anderen, festeren Rohkostsalaten füllen und dichte Köpfe kann man vierteln und mit einem Dressing servieren.

Im Sommer, wenn es reichlich Kopfsalat gibt und seine Blätter viel stabiler und grüner sind als im Frühling, eignet er sich auch für Suppen.

Einkaufstipp
Auf knackige Umblätter ohne Knicke oder welke Stellen und eine frisch aussehende Schnittstelle am Strunk achten.

Lagerung
Im Frischhaltebeutel bei 4–6 °C und 90 % Luftfeuchtigkeit im Gemüsefach des Kühlschranks 2–4 Tage.

Hauptsaison für heimische Ware
Für Freilandsalat von Mai bis Oktober.

LOLLO ROSSO

Er ist eine Pflücksalatzüchtung und ein Verwandter des Eichblattsalats. Seine grünen Blätter sind an den Blattspitzen rosettenartig gekraust und rötlich braun. Es gibt auch einen durch und durch hellgrünen Lollo bianco oder biondo.

Verwendet werden beide wie der Eichblattsalat und hinsichtlich ihrer Inhaltsstoffe ähneln sie den anderen Salaten (siehe Seite 389).

Einkaufstipp
Auf knackige Umblätter ohne Knicke oder welke Stellen und eine frisch aussehende Schnittstelle am Strunk achten.

Lagerung
Im Frischhaltebeutel bei 4–6 °C und 90 % Luftfeuchtigkeit im Gemüsefach des Kühlschranks 2–4 Tage.

Hauptsaison für heimische Ware
Für Freilandsalat von Mai bis Oktober.

RADICCHIO

Er heißt auch Rote Endivie und ist eng verwandt mit den Bittersalaten Endivie und Chicorée. Seine weinroten weiß geäderten, stabilen Blätter bilden sehr feste, eng gelegte Köpfe. Sie schmecken angenehm kräftig, leicht bitter und

knackig. Radicchio kann man gut roh als Salat zubereiten, meist sorgt er, gemischt mit anderen Blattsalaten, für schöne rote Farbtupfer. Dort verträgt er kräftige Dressings, zum Beispiel mit Blauschimmelkäse, oder warme Vinaigrettes, die sein Aroma unterstreichen. Radicchio lässt sich auch wunderbar braten oder karamellisieren, und er passt hervorragend in Risotto oder Pastagerichte.

Früher galt die Empfehlung, Bittersalate in Wasser auszulaugen, heute schätzt man die Bitterstoffe sowohl wegen ihres gesundheitlichen als auch wegen ihres kulinarischen Werts. Radicchio besitzt neben den im Salat üblichen Inhaltsstoffen (siehe Seite 389) den Bitterstoff Intybin, der den Stoffwechsel und die Gallensekretion anregt.

Radicchio di Treviso, der elegante schlanke Bruder des »normalen« Radicchio, bildet lange Blätter ohne festen Kopf ähnlich dem Romana und wird meist mit einem kleinen Wurzelstück verkauft, das man mitessen kann.

Einkaufstipp
Knackige Umblätter ohne welke Blattspitzen und eine frisch aussehende Schnittstelle am Strunk sind Merkmale für Frische.

Lagerung
Im Frischhaltebeutel bei 0–6 °C und 90 % Luftfeuchtigkeit im Gemüsefach des Kühlschranks bis zu 10 Tage.

Hauptsaison für heimische Ware
Von Oktober bis Februar.

ROMANA

Der römische Salat, wie er auch heißt, weist feste, leicht raue, längliche grüne Blätter mit einer relativ starken Mittelrispe auf. Er ist zwar verwandt mit dem Kopfsalat, bildet jedoch keine eigentlichen Köpfe und ist in der Blattstruktur wesentlich robuster. Klassisch bereitet man aus ihm den beliebten *Caesar Salad* zu. Er verträgt kräftige Dressings, kann entweder geschnitten oder gezupft werden und große Blätter eignen sich zum Füllen. Romanasalat lässt sich aber auch schmoren oder anbraten. Seine Inhaltsstoffe ähneln denen anderer Salate (siehe Seite 389).

Einkaufstipp
Auf knackige Umblätter und eine frisch aussehende Schnittstelle am Strunk achten.

Lagerung
Im Frischhaltebeutel bei 0–5 °C und 90 % Luftfeuchtigkeit im Gemüsefach des Kühlschranks bis zu 3 Tage.

Hauptsaison für heimische Ware
Von Mai bis Oktober.

RUCOLA

Der kresse- oder rettichähnlich scharf schmeckende Rucola (Rauke), enthält die im Salat üblichen Inhaltsstoffe (siehe Seite 389), hat eine belebende Wirkung auf den Organismus, beson-

ders auf die Lymphdrüsen, und wirkt appetit- und verdauungsanregend. Sein herb aromatischer Geschmack macht ihn zu einem hervorragenden ürzkraut, das sehr gut in gemischte Salate passt und so einfachen Gerichten wie Rührei überraschende Nuancen gibt.

■ **Einkaufstipp**
Die Blätter dürfen nicht welk oder gelb sein, die Schnittstellen müssen frisch aussehen.

■ **Lagerung**
Im Frischhaltebeutel bei 0–5 °C und 90 % Luftfeuchtigkeit im Gemüsefach des Kühlschranks bis zu 3 Tage.

■ **Hauptsaison für heimische Ware**
Von April bis September.

WINTERPOSTELEIN

Das spinatähnliche Kraut mit kleinen fleischigen, fast glasigen runden Blättern an relativ langen Stielen wird auch Portulak genannt. Es schmeckt angenehm mild, saftig und ganz leicht säuerlich. Winterpostelein eignet sich gut zum Mischen unter Blattsalate und passt am besten zu leichten Vinaigrettes. Man muss ihn vorsichtig anfassen, er bekommt leicht Druckstellen oder fällt zusammen. Seine Inhaltsstoffe ähneln denen von allen Salaten (siehe Seite 389).

■ **Einkaufstipp**
Portulak ist sehr zart und empfindlich. Die Blätter sollen frisch und knackig sein, ohne Druckstellen oder gelbe Verfärbungen.

■ **Lagerung**
Im Frischhaltebeutel bei 0–4 °C und 90 % Luftfeuchtigkeit im Gemüsefach des Kühlschranks 2–3 Tage.

■ **Hauptsaison für heimische Ware**
Von November bis April.

SPROSSEN UND KEIME

Frisch gekeimte Pflanzensamen sind lebendige Nahrung. Die durch Wasser und Licht zum Leben erweckten Samen oder Körner bieten extrem viel Vitamin C und wertvolles Vitamin B_{12}. Sie wirken

basenbildend, kräftigend und antioxidativ auf unseren Körper. Nicht allein deshalb zählt man sie zu den sogenannten verjüngenden Superfoods.

Egal ob Roggen, Weizen, Nüsse, Kichererbsen, Quinoa, Braunhirse, Amaranth, Mungbohnen, Radieschen- Rucola- und Rettichsamen, man kann fast alles keimen und es geht ganz leicht. Benötigt werden nur Keimgläser (Gläser mit passendem Siebdeckel aus Metall), Keimschalen, die sich übereinanderstapeln lassen, oder ein kleines Tablett mit feuchtem Küchenkrepp.

Zum Keimen die Samen oder Körner gut anfeuchten oder einige Stunden in Wasser einweichen, abspülen und entweder im Keimglas, im Keimgerät oder auf Küchenkrepp bei Zimmertemperatur und Licht 2–3 Tage keimen lassen. Dazwischen immer wieder befeuchten (Tablett) oder spülen (Keimglas, -schale). Je nachdem, ob Sie nur kurz angekeimte Samen (hierfür ist das Keimglas, die -schale, empfehlenswert) haben möchten oder grüne Blättchen züchten wollen, die Sie wie Kresse abschneiden können (da eignet sich das Tablett), dauert der Prozess 3–6 Tage.

Schnell keimende Samen sind Radieschen, Quinoa, Kichererbsen und Mungbohnen. Weicht man **Quinoa** in Wasser ein, bilden sich bereits nach einigen Stunden kleine Keimansätze, die spätestens nach 24 Stunden zum Verzehr geeignet sind. **Radieschensamen**, **Mungbohnen** und **Kichererbsen** sind bereits nach 18 Stunden so weit gekeimt, dass man sie für Salate verwenden kann.

Beim längeren Keimen werden die Sprossen grün und reifen weiter aus, das heißt, der Samen entwickelt sich in Richtung Pflanze und erinnert, wie zum Beispiel Radieschensamen, mehr an Kresse. Man sollte diese Keime spätestens nach 4 Tagen Wachstum verbrauchen.

Langsamer keimende Samen sind **Dinkel**, **Amaranth** und **Braunhirse**. Nach 3–5 Tagen Keimzeit sind sie ideal. Dinkel etwa bildet schon nach 2 Tagen kleine Keime, ist dann aber noch sehr kernig.

■ **Einkaufstipp**
Zum Keimen nur unbehandeltes Saatgut verwenden. Fertige Sprossen und Keime sollten frisch und knackig sein und keine Spuren von Schimmel aufweisen oder braune Enden haben. Man findet sie im Bioladen, Reformhaus und gut sortierten Supermarkt.

■ **Lagerung**
Frische Keime zügig verbrauchen. Im Kühlschrank sind sie nur wenige Tage haltbar. Wichtig: Da die Keime einen Stoffwechsel haben, sollten sie zweimal täglich gut gespült werden.

■ **Saison**
Sprossen und Keime sind die ideale Vitaminergänzung im Winter, wenn das Angebot an guten Freilandsalaten gering ist.

TOFU UND FERMENTIERTE SOJAPRODUKTE

Die Sojabohne gehört zur Familie der Hülsenfrüchte und kommt ursprünglich aus Asien, wo sie seit jeher auf verschiedenste Art traditionell zubereitet wird. Geschätzt als hervorragende Quelle für leicht verdauliches pflanzliches Eiweiß und Kalzium sind heute Sojaprodukte weltweit populär.

Die Sojabohne enthält zudem wertvolle sekundäre Pflanzenstoffe, Magnesium, Eisen, Zink, die Vitamine B_1, B_2, B_6, C, E, Niacin und relativ viel Fett.

MISO

Miso ist ein fermentiertes Sojaprodukt, das zum Würzen dient. Grundzutat sind Sojabohnen, denen man Reis oder Gerste zusetzt. Durch Hinzufügen von Salz und Kojikin-Hefepilzkulturen wird ein Fermentationsprozess in Gang gesetzt, der mindestens einige Wochen, für manche Produkte aber auch mehrere Jahre dauert.

Die traditionelle japanische Würzpaste ist reich an Vitamin B_{12}, das durch den Hefepilz entsteht. Das salzige Aroma der Pasten kann sehr unterschiedlich ausfallen, je nach Dauer der Fermentation. Miso ist perfekte Würzzutat für Suppen, Saucen und Tofugerichte.

Es gibt verschiedenfarbige Misopasten. Man unterscheidet Shiromiso, weißes Miso; Akamiso, rotes Miso; Awasemiso, gemischtes Miso, und Hatchomiso, sehr dunkelbraunes Miso. Letzteres ist von besonders guter Qualität, da es rein aus Sojabohnen hergestellt wird, nicht so salzig ist und weniger Wasser enthält, wodurch die Paste fester ist.

Einkaufstipp

Miso bekommt man im Asia- und Bioladen.

Lagerung

Die Pasten nach dem Öffnen kühl aufbewahren, sie sind im Kühlschrank mehrere Monate haltbar.

SHOYU UND TAMARI

Ein weiteres fermentiertes Produkt und Fundament der japanischen Küche ist Sojasauce, auch unter dem Namen Shoyu bekannt. Shoyu ist die klassische japanische Sojasauce aus Weizen, Sojabohnen, Wasser, Salz und Gärungsmitteln. Traditionell hergestelltes Tamari enthält keinen Weizen und ist dunkler.

Ein Mönch soll bei der jahrelangen Misoreifung in Holzfässern von dem abtropfenden Saft gekostet und so Tamari entdeckt haben. Beide Würzsaucen schmecken intensiv maggiartig, salzig – Shoyu ist etwas milder – und würzen Salatdressings, Suppen, asiatisches Gemüse und Tofu.

Lagerung

Tamari und Shoyu sind mehrere Jahre haltbar und müssen nach dem Öffnen nicht gekühlt werden.

TOFU

Sojabohnenquark, hergestellt in sogenannten Tofureien, ist der gepresste Eiweißkuchen der mit Salz oder Säure zum Gerinnen gebrachten Sojamilch. Diese uralte traditionelle Herstellungsweise wurde in Asien gepflegt und verfeinert.
Die Angebotsformen reichen von weichem, zum Zerfallen zartem Seidentofu bis hin zum festen Tofu, den man sogar frittieren kann. Ungewürzt ist der Quark beinahe geschmacksneutral. Man kann ihn jedoch in vielen Zubereitungen kaufen wie mit Gemüse, Kräutern, Algen, geräuchert und mit Nüssen. Und natürlich gewinnt er an Aroma, wenn man ihn mit Sojasauce, Zitronensaft, Ingwer, Chili oder Knoblauch mariniert.

Einkaufstipp

Tofu, Sojamilch und -joghurt sind für Milcheiweißallergiker ein guter Ersatz für ähnliche Produkte tierischer Herkunft. Man bekommt sie im Reformhaus, Bioladen und gut sortierten Supermarkt.

Lagerung

Sojamilch und Joghurt bei 2–6 °C im Kühlschrank bis zu 10 Tage. Tofu bis zu 4 Wochen.

REGISTER

UNSER VERLAGSPROGRAMM FINDEN SIE UNTER
WWW.CHRISTIAN-VERLAG.DE

Produktmanagement: Sabine Ammer, Verena Zemme
Idee und Konzept: Florentine Schwabbauer
Textredaktion: Anja Ashauer-Schupp
Korrektur: Petra Tröger
Layout und Satz: Medienfabrik GmbH, Stuttgart
Umschlaggestaltung: Caroline Daphne Georgiadis

Text und Rezepte: Christel Kurz
Fotografie: Klaus-Maria Einwanger, Food Art Factory
Foodstyling: Christel Kurz

Druck und Bindung: Printer Trento
Printed in Italy

Die Deutsche Nationalbibliothek verzeichnet diese Publikation in der Deutschen Nationalbibliografie; detaillierte bibliografische Daten sind im Internet über http://dnb.d-nb.de abrufbar.

1. Auflage 2011

ISBN 978-3-88472-968-7

Wir danken dem Consorzio del PARMIGIANO REGGIANO für die Unterstützung.

Wir danken Margot Mueller Kreibich für das zur Verfügung gestellte Geschirr aus Ihrem Atelier für Porzellanunikate.

Alle Angaben in diesem Werk wurden von der Autorin sorgfältig recherchiert und auf den aktuellen Stand gebracht sowie vom Verlag geprüft. Für die Richtigkeit der Angaben kann jedoch keinerlei Haftung übernommen werden. Für Hinweise und Anregungen sind wir jederzeit dankbar.

Bitte richten Sie diese an:
Christian Verlag
Postfach 400209
80702 München
E-Mail: lektorat@verlagshaus.de